Gläßer IT-Lösungen im E-Business

IT-Lösungen im E-Business

Die technischen Grundlagen:
einfach, praxisnah, zukunftsorientiert

von Lothar Gläßer

Publicis Corporate Publishing

Bibliografische Information Der Deutschen Bibliothek
Die Deutsche Bibliothek verzeichnet diese Publikation in der Deutschen Nationalbibliografie;
detaillierte bibliografische Daten sind im Internet über http://dnb.ddb.de abrufbar.

Autor und Verlag haben alle Texte in diesem Buch mit großer Sorgfalt
erarbeitet. Dennoch können Fehler nicht ausgeschlossen werden. Eine Haftung
des Verlags oder des Autors, gleich aus welchem Rechtsgrund, ist ausgeschlossen.
Die in diesem Buch wiedergegebenen Bezeichnungen können Warenzeichen
sein, deren Benutzung durch Dritte für deren Zwecke die Rechte der
Inhaber verletzen kann.

http://www.publicis-erlangen.de/books

ISBN 3-89578-203-3

Herausgeber: Siemens Aktiengesellschaft, Berlin und München
Verlag: Publicis Corporate Publishing, Erlangen
© 2003 by Publicis KommunikationsAgentur GmbH, GWA, Erlangen
Das Werk einschließlich aller seiner Teile ist urheberrechtlich geschützt.
Jede Verwendung außerhalb der engen Grenzen des Urheberrechtsgesetzes
ist ohne Zustimmung des Verlags unzulässig und strafbar. Das gilt
insbesondere für Vervielfältigungen, Übersetzungen, Mikroverfilmungen,
Bearbeitungen sonstiger Art sowie für die Einspeicherung und Verarbeitung
in elektronischen Systemen. Dies gilt auch für die Entnahme von einzelnen
Abbildungen und bei auszugsweiser Verwendung von Texten.

Printed in Germany

Vorwort

Immer mehr Menschen kommen heute privat und beruflich mit Internet-Technologien in Berührung. Der Umsatz der über das Internet verkauften Produkte hat in vielen Branchen ansehnliche Ausmaße erreicht. Aber auch innerhalb von Unternehmen hat die Abwicklung von Geschäften und Verfahren über das Internet längst große Bedeutung erlangt.

IT-Verantwortliche, Projektleiter, Systemarchitekten und Entwickler werden aus diesem Grund immer stärker mit dem Thema E-Business sowie den zugrunde liegenden Architekturen und Technologien konfrontiert.

Aber auch der eine oder andere technisch interessierte Anwender mag sich fragen, welche Technologien sich eigentlich hinter einer der großen Einkaufs-Webseiten oder dem Intranet eines großen Unternehmens verbergen.

Inzwischen gibt es eine beachtliche Auswahl an Fachbüchern und -zeitschriften; und unzählige Workshops und Kongresse beschäftigen sich mit diesen Themen. Auch die Internetseiten der Plattform- und Softwarehersteller enthalten Unmengen von Informationen. Nur ist es leider nicht einfach sich einen Überblick zu verschaffen und die Zusammenhänge zu verstehen.

Das ist es letztlich, was mich zum Schreiben dieses Buches veranlasst hat. Dabei kommt es mir nicht darauf an, alle Themen vollständig und im Detail darzustellen, was im Rahmen eines einzigen Buches ohnehin nicht möglich wäre. Es ist vielmehr mein Ziel, dem Leser ein grundlegendes Verständnis der wichtigsten Technologien und des Aufbaus einer modernen IT-Lösung zu vermitteln.

Ich habe mich bemüht, die wesentlichen Technologien, die im Rahmen von IT-Lösungen im E-Business eine Rolle spielen, auszuwählen und bei der Darstellung jeweils die Kernthemen herauszuarbeiten mit dem Ziel Ihnen ein grundsätzliches Verständnis zu vermitteln.

Dabei spielen natürlich immer der eigene technische Background und persönliche Interessen eine Rolle. Ich bin deshalb für Anregungen und Kritik jederzeit sehr dankbar.

Die dargestellten Programmlistings habe ich weitestgehend mit den aktuellen Tools und APIs getestet. Da viele der dargestellten Technologien sich aber immer noch weiterentwickeln, sind Probleme leider nicht ganz auszuschließen. Auch hier bin ich für jedes Feedback dankbar.

Bedanken möchte ich mich beim Leiter der Systemstrategie von Siemens Business Services, Johann Breidler, ohne dessen Unterstützung es mir nicht möglich gewesen wäre dieses Buch zu schreiben und bei meiner Frau Gabi, die mich stets zum Schreiben ermutigt hat.

Sie erreichen mich über meine E-Mail-Adresse Lothar.Glaesser@siemens.com.

München, Juli 2003   Lothar Gläßer

Inhaltsverzeichnis

Teil I

1	**TCP/IP**	16
2	**Unified Resource Identifiers**	19
2.1	Unified Resource Locators	20
3	**HTTP**	22
3.1	Proxy-Server	23
3.2	Firewall	23
3.3	Gateway	24
3.4	HTTP-Nachrichten	24
3.4.1	HTTP-Requests	24
3.4.2	HTTP-Response	26
3.4.3	Message Header	26
3.4.4	Message Body	27
3.5	HTTP und Sicherheit	28
3.5.1	Authentisierung	28
3.5.2	Verschlüsselung	28
3.6	Session-Management mit HTTP	29
4	**SGML**	30
4.1	Elemente und Attribute	30
4.2	Dokumenttypen	33
5	**HTML**	37
5.1	HTML-Tags	38
5.2	Struktur einer HTML-Datei	39
5.3	Webseiten-Gestaltung mit HTML	40
5.3.1	Einfache Strukturierungsmöglichkeiten	40
5.3.2	Verwendung von Links	42
5.3.3	Komplexe Seiten mit Frames	43
5.4	Interaktive Webseiten	45
5.4.1	CGI-Programme	47
5.5	Mime-Typen	49
6	**Cascaded Stylesheets**	51
6.1	Inline Stylesheets	52
6.2	Embedded Stylesheets	53
6.3	External Stylesheets	55
6.4	Fonts und Farben	56

6.4.1	Der Zeichensatz	56
6.4.2	Die Schriftart	56
6.4.3	Die Schriftgröße	56
6.4.4	Farben	57
7	**JavaScript**	58
8	**XML**	61
8.1	XML-Sprachdefinition	63
8.2	Wohlgeformte und gültige Dokumente	66
8.3	Namespaces	67
8.4	XML-Schema	68
8.5	Darstellung von XML-Dokumenten	71
8.5.1	Cascaded Stylesheets und XML	72
8.5.2	XSL	72
8.6	XPath	85
8.7	XLink	86
8.7.1	Einfache Links	86
8.7.2	Erweiterte Links	87
8.7.3	Weitere XLink-Attribute	88
8.8	XPointer	88
8.9	Verarbeitung von XML-Dokumenten	89
8.10	XML und Sicherheit	89
9	**XHTML**	91

Teil II

10	**CORBA**	94
10.1	Die Object Management Architecture	94
10.2	Der ORB	96
10.2.1	Statische Typisierung mit Client Proxy und Objekt Skeleton	97
10.2.2	Dynamische Typisierung mit dem Dynamic Invocation Interface	98
10.2.3	Portable Object Adapter	99
10.3	Die Interface Definition Language	99
10.4	GIOP/IIOP	103
10.5	Das CORBA Component Model	103
11	**Java**	104
11.1	Die Java Virtual Machine	104
11.2	Die Sprache Java	105
11.3	Anwendungen und Applets	106
11.3.1	Java-Anwendungen	107
11.3.2	Java-Applets	108
11.4	Sicherheit	110
11.5	Java 2 Standard Edition	111
11.5.1	J2SE APIs	112

11.5.2	Werkzeuge	115
11.6	Java 2 Micro Edition	116
11.7	Java 2 Enterprise Edition	117
11.7.1	J2EE-Technologien	117
11.7.2	Enterprise JavaBeans	119
11.7.3	Servlets	128
11.7.4	Java Server Pages	130
11.7.5	JCA	131
11.8	Java-Anwendungsarchitektur	132
12	**.NET Framework**	**134**
12.1	Common Language Runtime	134
12.1.1	Assemblies	136
12.1.2	Application Domains	138
12.2	.NET-Sprachen	139
12.2.1	Das Common Type System	139
12.2.2	Sprachintegration in .NET	141
12.2.3	VB.NET	142
12.2.4	C#	143
12.2.5	C++	143
12.2.6	J#	144
12.2.7	JScript	144
12.3	Die Framework Class Library	145
12.3.1	.NET Remoting	146
12.3.2	Enterprise Services	147
12.3.3	ADO.NET	148
12.3.4	Windows Forms	151
12.3.5	ASP.NET	153
12.4	NET-Anwendungsarchitektur	159
12.5	NET Compact Framework	160
13	**Web Services**	**162**
13.1	Definition und Architektur von Web Services	162
13.1.1	Web-Services-Protokoll-Stack	163
13.2	SOAP	164
13.2.1	Die Struktur einer SOAP-Nachricht	165
13.2.2	SOAP Encoding	167
13.2.3	Nachrichtenaustausch mit SOAP	168
13.2.4	Session Management mit SOAP	172
13.3	WSDL	172
13.3.1	Service Interface Definition	175
13.3.2	Service Implementation Definition	176
13.4	UDDI	177
13.4.1	UDDI-Datenmodell	177
13.4.2	UDDI APIs	179
13.5	Sicherheit bei Web Services	180
13.5.1	Verwendung digitaler Signaturen in SOAP	180
13.5.2	Verwendung von Encryption in SOAP	181

Teil III

14	**Mainframe-Anwendungen**	184
15	**Client-Server-Architektur**	185
16	**3-Tier-Architektur**	187
16.1	Middleware	187
16.1.1	Datenbanken	188
16.1.2	Transaktionsmonitore	189
16.1.3	Directory-Server	190
17	**Web-Anwendungen**	191
17.1	Web-Server	192
18	**Multi-Tier-Architektur**	193
18.1	Application-Server	194
19	**Mobile Anwendungen**	195
19.1	WAP-Gateway und WAP-Server	197
20	**Portale**	198
20.1	Portal-Server	200
21	**Enterprise Application Integration**	202
21.1	Integration-Server	204
22	**Multichannel-Integration**	207
22.1	Contact-Server	208
23	**Systemarchitektur einer E-Business-Lösung**	209
	Literaturverzeichnis	211
	Stichwortverzeichnis	214

Einleitung

Dieses Buch gliedert sich in drei Teile. Im ersten Teil werden die wesentlichen Basistechnologien des World Wide Web beschrieben. Im zweiten Teil beschäftige ich mich mit Komponentenmodellen, ohne die heute die Entwicklung neuer Anwendungen nicht mehr vorstellbar wäre, und mit Web Services. Im dritten und letzten Teil wird dargestellt, wie sich die Anwendungsarchitektur von den ersten Mainframe-Anwendungen bis zu modernen E-Business-Lösungen entwickelt hat, welche Systembausteine dabei entwickelt wurden und welche Rolle die in den ersten beiden Teilen dargestellten Technologien dabei spielen.

Kaum eine andere Technologie hat innerhalb so kurzer Zeit Menschen und Unternehmen so stark beeinflusst wie das World Wide Web (WWW). Seinen Ursprung hat es in einem 1989 von Tim Berners-Lee beim European Laboratory for Particle Physics (CERN) begonnenen Projekt, das zum Ziel hatte, mit Hilfe von Hypertext-Dokumentmodellen den Informationsaustausch unter Wissenschaftlern zu verbessern.

Die wachsende Verbreitung von Web-Browsern wie Mosaic, Netscape Navigator und Microsoft Internet Explorer ermöglichte ab 1994 neben wissenschaftlichen Einrichtungen auch Nutzern von PCs, Macs und UNIX-Workstations auf Inhalte überall auf der Welt zuzugreifen und führte zu einer enormen Weiterentwicklung des Web. Heute ist das World Wide Web zu einem weltweit verbreiteten Netz geworden, das praktisch das gesamte Wissen der Menschheit enthält.

Der Transport von Daten im WWW in seiner heutigen Form basiert auf dem TCP/IP-Protokoll als Transportinfrastruktur und dem Konzept der Unified Resource Identifier (URI) zur Identifikation von Resourcen im Netz. Kapitel 1 und 2 führen in diese Themen ein. Auf der Basis des TCP/IP-Protokolls gibt es eine Reihe von Anwendungen, die jeweils spezielle Protokolle für die Kommunikation einsetzen. Das am weitesten verbreitete Protokoll ist HTTP, das die Basis für den Transport von Daten im World Wide Web darstellt und zur Einführung vorab in Kapitel 3 beschrieben wird.

Damit die im WWW vorhandenen Informationen von einem Browser dargestellt werden können, wird eine einheitliche Sprache zur Beschreibung dieser Informationen benötigt. Hier hat sich die Hypertext Markup Language (HTML) durchgesetzt. Der Vorläufer von HTML ist SGML, eine Auszeichnungssprache, die vor allem für die Formatierung von Texten entwickelt wurde. Vor dem Einstieg in HTML in Kapitel 5 stelle ich Ihnen daher in Kapitel 4 zunächst einige der wichtigsten Konzepte von SGML vor.

Die Kapitel 6 und 7 stellen sich mit zwei Technologien vor, die beide entwickelt wurden, um erkannte Schwächen von HTML zu beheben: Cascaded Stylesheets erlauben in HTML-Seiten den eigentlichen Inhalt von der Beschreibung der Darstellung zu trennen und helfen damit eines der größten Probleme von HTML zu vermeiden. JavaScript ermöglicht die Einbettung von Programmcode in HTML-Seiten und stellt damit eine wichtige Basis für die Realisierung dynamischer Webseiten dar.

XML (eXtensible Markup Language) ist eine in den letzten Jahren neu entwickelte Auszeichnungssprache, die viele Gemeinsamkeiten mit SGML und HTML besitzt, aber auch viele Nachteile dieser Technologien vermeidet. XML hat sich mit bisher beispielloser Geschwindigkeit als Beschreibungssprache für alle Arten von Informationen weltweit verbreitet und bildet auch die Basis für eine ganze Reihe von neuen, bisher nicht möglichen Anwendungsszenarien. Ich beschreibe daher in Kapitel 8 nicht nur die Eigenschaften dieser Sprache, sondern werde auch auf die wichtigsten Technologien eingehen, die auf der Basis von XML bereits entstanden sind. Dazu gehört insbesondere auch XHTML, eine Reimplementierung von HTML auf der Basis von XML, die HTML-Anwendern einen einfachen Migrationspfad in die XML-Welt bietet (Kapitel 9).

Der zweite Teil des Buches, der sich mit Komponententechnologien und Web Services befasst, beginnt mit einer Darstellung von CORBA, der Common Object Request Broker Architecture der Object Management Group (siehe Kapitel 10). Dies war der erste Versuch, eine Infrastruktur für heterogene, verteilte Anwendungen zu standardisieren. CORBA hat sich allerdings nur in Teilbereichen, zum Beispiel in der Telekommunikation durchsetzen können. Das in CORBA definierte Kommunikationsprotokoll IIOP wurde jedoch später zur Grundlage für die Kommunikation zwischen verteilten Java-Objekten bzw. für die Integration von Java-Anwendungen mit anderen Programmiersprachen.

Aus der ursprünglich für die Realisierung dynamischer Funktionen in Form von Applets auf Web-Seiten genutzten Sprache Java hat sich bis heute eine Plattform für unternehmenskritische Anwendungen entwickelt. In Kapitel 11 werden die unterschiedlichen Ausprägungen der Java-Plattform für mobile Endgeräte, für Desktops und Workstations sowie für die Realisierung von Server-Anwendungen dargestellt. Dabei wird der Server-seitigen Komponententechnologie von Java, den Enterprise JavaBeans, besonderer Wert beigemessen. Das Konzept eines Java Application Servers, die wichtigsten Technologien und die Architektur einer Java-Anwendung werden dargestellt.

Die Java-Plattform und die Microsoft-Plattform liefern sich seit Jahren ein erbittertes Wettrennen. Getreu dem Motto – Konkurrenz belebt das Geschäft – werden Innovationen der einen Plattform zum Wohle der Anwender in der Regel von der anderen Plattform übernommen und dabei häufig noch verbessert. Der bislang letzte größere Schritt in dieser Konkurrenz war die Entwicklung von .NET durch Microsoft (Kapitel 12). .NET stellt ein Framework für die Entwicklung von Windows-Anwendungen dar, angefangen von mobilen Endgeräten bis hin zu Unternehmensanwendungen. Microsoft übernimmt mit .NET das Konzept der virtuellen Maschine von Java, allerdings primär zur Optimierung der Sprachunabhängigkeit, während ja bei Java die Plattformunabhängigkeit im Vordergrund steht. .NET verbessert nicht nur viele Konzepte von Vorgängertechnologien wie Active-Server-Pages oder COM, sondern ist insbesondere für die Realisierung von Web Services konzipiert und bietet hier eine sehr weitgehende Unterstützung.

Aufgrund der schnellen Verbreitung und der zunehmenden Bedeutung von Web Services über alle Plattformen hinweg widme ich dieser Technologie ein eigenes Kapitel (Kapitel 13). Web Services sind Komponenten oder Anwendungen im Netz, die über XML-basierte Protokolle aufgerufen werden. Auch wenn das auf den ersten Blick nicht besonders aufregend erscheinen mag, hat es doch weit reichende Konsequenzen. Im Gegensatz zu bisherigen Verteilmechanismen ist die Web-Service-Schnittstelle, da sie auf XML-Protokollen basiert, plattformunabhängig. Damit bieten sich für die Integration von Anwendungen in heterogenen Umgebungen und für die Automatisierung von Geschäftsprozessen bisher nicht da gewesene Möglichkeiten. Die im Rahmen der Bereitstellung und Nutzung von Web Services zur Verfügung stehenden Basistechnologien werden dargestellt.

In Teil III beschäftige ich mich mit dem Thema Anwendungsarchitektur. Ich mache mit Ihnen einen kurzen Ausflug in die Vergangenheit um zu sehen, wie sich die Architektur von IT-Lösungen, angefangen bei monolithischen Mainframeanwendungen der 70er-Jahre, bis zu heutigen modernen komponentenorientierten Anwendungen entwickelt hat (Kapitel 14 bis 16 und 23).

Dabei hat die Komplexität der von den Anwendungen benötigten Software-Infrastruktur ständig zugenommen. Zwischen der Anwendungslogik und dem Betriebssystem ist deshalb mit der so genannten Middleware eine Softwareschicht entstanden, die Funktionen und Services bereitstellt, die von Anwendungen immer wieder benötigt werden. Die Aufgaben der wichtigsten Systembausteine werden dargestellt (Kapitel 17 bis 22) und die Beziehungen zu den in den ersten beiden Teilen des Buches diskutierten Technologien aufgezeigt.

Teil I
Internet-Basistechnologien

In diesem Teil des Buches geht es um Technologien, die die Grundlage für die Kommunikation zwischen einem Web-Browser und einem Web-Server bzw. für die Darstellung von Daten im Internet bilden.

Für die Datenübertragung im Internet hat sich das TCP/IP-Protokoll durchgesetzt. Dieses stellt die Grundlage für das HTTP-Protokoll dar, mit dessen Hilfe Informationen im World Wide Web (WWW) übertragen werden. Die Adressierung von Resourcen des WWW, zum Beispiel der Zugriff auf Webseiten, erfolgt dabei mit Hilfe eindeutiger Adressen, den Unified Resource Identifiers (URI).

Zur Darstellung von Daten in einem Browser wird heute fast ausschließlich das auf SGML basierende HTML verwendet. HTML-Erweiterungen wie Cascaded Stylesheets oder JavaScript vereinfachen die optische Gestaltung von Seiten bzw. ermöglichen die Realisierung dynamischer Webseiten.

Trotz seiner großen Verbreitung beinhaltet HTML aber noch viele Schwächen, insbesondere bei der automatischen Verarbeitung der Inhalte von Webseiten durch Programme. XML, eine neuere Auszeichnungssprache, die HTML eines Tages ablösen wird, weist diese Probleme nicht mehr auf und bietet viele zusätzliche Möglichkeiten. XML erlaubt die plattformunabhängige Darstellung beliebiger Daten und stellt damit die Grundlage für zahlreiche neue Anwendungsszenarien dar.

1 TCP/IP

Die TCP/IP-Protokollfamilie des Internet basiert auf den sieben Schichten der Kommunikationsarchitektur des OSI-Modells. Dabei besteht zwischen den Kommunikationspartnern, zum Beispiel zwei Computern, auf jeder Ebene eine logische Verbindung. Eine physikalische Verbindung existiert jedoch nur auf der untersten Ebene.

Die Schichten dieses OSI-Modells müssen nicht unbedingt separat implementiert werden. In vielen Fällen werden mehrere Schichten von einem Programm realisiert (Bild 1.1).

Die Aufgaben dieser Schichten sind wie folgt:

1. Bitübertragungsschicht (physical layer)

    Diese Schicht stellt die Hardware für die Übertragung von Daten bereit. Hier finden die Codierung, Synchronisierung und Übertragung von Bits statt. Dabei wird nicht unterschieden, ob es sich um Daten im eigentlichen Sinne handelt oder um Steuerinformationen. Beispiele verwendeter Schnittstellen sind V.24 bei einer Verbindung über ein Modem, X.21 beim Anschluss von Computern an öffentliche Datennetze oder DSL bei einer Übertragung über Glasfaserkabel.

2. Sicherungsschicht (data-link layer)

    Aufgaben dieser Schicht sind das Leitungsprotokoll, die Zeichensynchronisierung, die Datensicherung und die gegen Fehler gesicherte Übertragung der Daten zwischen benachbarten Knoten. Implementierungen dieser Schicht sind im LAN-Bereich das wohl am meisten bekannte Ethernet, aber auch Token-Ring und FDDI. Im WAN-Bereich sind ISDN und ATM weit verbreitet, im zunehmend an Bedeutung gewinnenden Bereich der mobilen Kommunikation sind GSM und WLAN bekannte Beispiele.

3. Vermittlungsschicht (network layer)

    Hier finden die Wegefindung (Routing) und die Vermittlung von Nachrichten statt. Im Internet wird hier das Internet-Protokoll (IP) [24] verwendet. Die Vermittlungsschicht ist zuständig für das Routen, Zerlegen und Zusammensetzen der Pakete, die über das Netz zum Empfänger geschickt werden. Dabei kann es durchaus vorkommen, dass gesendete Pakete in anderer Reihenfolge beim Empfänger ankommen als sie gesendet wurden, z. B. weil sie über verschiedene Wege zum Empfänger gelangt sind. IP ist ein verbindungsloses Protokoll, es gibt also keine kontinuierliche Verbindung zwischen Sender und Empfänger.

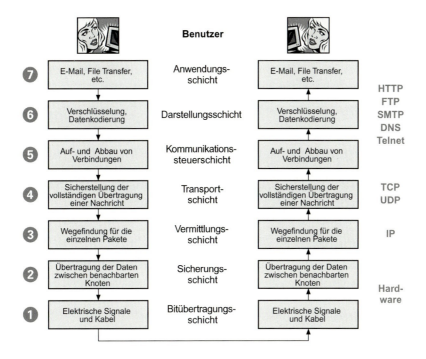

Bild 1.1 Aufbau des OSI-Schichtenmodells

Die Adressierung eines Rechners im Internet erfolgt über dessen IP-Adresse, eine 32-Bit-Zahl, z. B. 139.25.94.139. Heute ist noch die Version 4 des Internet-Protokolls (IP v4) verbreitet. Mit der Nachfolgeversion IP v6 wurde die IP-Adresse von 32 Bit auf 128 Bit verlängert, um dem erwarteten zukünftigen Wachstum des Internet gerecht zu werden. IP v6 ist zu IP v4 aufwärtskompatibel. Während einer vermutlich längeren Übergangszeit können daher beide Protokolle parallel verwendet werden.

Da Menschen besser mit Namen umgehen können als mit den relativ unanschaulichen IP-Adressen, wurde mit dem Domain Name Service (DNS) ein System geschaffen, bei dem diese Adressen in anschaulichere Namensadressen übersetzt werden. Das System ist genau wie das der IP-Adressen hierarchisch aufgebaut. Die einzelnen Namensteile werden ebenfalls wie bei IP-Adressen durch Punkte voneinander getrennt. Beispiele hierfür sind „mozilla.org", „yahoo.com" oder „bundestag.de". Die so genannten Top-Level-Domains stehen in diesen Namen an letzter Stelle (also rechts vom Punkt) und bezeichnen entweder Landeskennungen (z. B. „de" = Deutschland, „at" = Österreich, „it" = Italien) oder Typenkennungen (z. B. „com" = kommerzieller Namensinhaber, „org" = Organisation).

4. Transportschicht (transport layer)

Mit IP übertragene Pakete können verloren gehen, dupliziert werden oder in anderer Reihenfolge als gesendet eintreffen. Da die meisten Anwendungen eine zuverlässige, flussgesteuerte Verbindung benötigen, wird ein weiteres Protokoll benötigt, das auf IP aufsetzt. Im Internet ist dies das Transmission Control Protocol (TCP) [25]. Es sorgt für eine zuverlässige und verbindungsorientierte Kommunikation zwischen zwei Prozessen. TCP ist verbindungsorientiert, d. h. es wird eine Verbindung aufgebaut, die so lange bestehen bleibt, bis alle Nachrichten ausgetauscht worden sind.

Die Arbeitsweise des TCP-Protokolls können Sie sich leicht anhand eines Beispiels verdeutlichen:

Wenn etwa eine HTML-Datei von einem Webserver an einen Browser geschickt wird, so sorgt TCP auf diesem Server dafür, dass die Datei in viele kleine Pakete zerteilt wird, die Pakete werden nummeriert und an die IP-Programmschicht übergeben. Auf Empfängerseite wartet TCP bis alle Pakete angekommen sind, bringt sie in die richtige Reihenfolge und liefert sie als eine Datei ab.

5. Kommunikationssteuerschicht (session layer)

    Hier wird der Verbindungsauf- und abbau zwischen Anwendungen verwaltet. Durch eine Port-Nummer, die der IP-Adresse hinzugefügt wird, kann auf Empfängerseite der Prozess angesprochen werden, der für die Verarbeitung der Daten zuständig ist. Für die wichtigsten Internet-Anwendungen wurden feste Port-Nummern festgelegt.

    Um zum Beispiel einen Request zum FTP-(File Transfer Protocol)-Server des Empfängers zu leiten, muss die Port-Nummer 21 angegeben werden. Dem HTTP Server wurde die Port-Nummer 80 zugeordnet.

6. Darstellungsschicht (presentation layer)

    Sie stellt sicher, dass die Daten im richtigen Format beim Empfänger ankommen. Es kann zum Beispiel sein, dass die Daten zum Verschicken umcodiert werden müssen, weil das sendende System ASCII-Codierung verwendet, das empfangende System jedoch EBCDIC.

7. Anwendungsschicht (application layer)

    Diese Schicht unterstützt Anwendungen durch die Bereitstellung von Services zum Öffnen, Schließen, Lesen und Schreiben von Dateien sowie Verschicken von E-Mails und Starten von Remote-Jobs. Hier werden Sprache und Syntax für die Kommunikation mit anderen Programmen festgelegt. So stellt zum Beispiel das HTTP-Protokoll, mit dem ich mich im weiteren Verlauf dieses Buches noch ausführlicher beschäftigen werde, dem Client Kommandos zur Verfügung um Daten vom Server abzurufen oder Daten auf den Server zu übertragen. Auch die Anwendungen FTP und Telnet gehören vollständig zu dieser Schicht.

2 Unified Resource Identifiers

Im Internet ist eine Vielzahl unterschiedlicher Informationsresourcen, zum Beispiel Webseiten, Mailadressen oder Newsgroups weltweit verteilt. Um auf diese Informationen zugreifen zu können, ist ein Mechanismus zu deren Adressierung notwendig. Aus diesem Grund wird jeder dieser Resourcen ein eindeutiger Identifier zugeordnet.

Identifier, die innerhalb des WWW benutzt werden, nennt man Unified Resource Identifier (URI) [26].

Die allgemeine URI-Syntax hat die Form

<scheme>://<authority><path>?<query>

Die einzelnen Komponenten dieses Ausdrucks haben dabei folgende Bedeutung:

- scheme

  Es steht für einen Bezeichner, der die Anwendung festlegt, die für den Zugriff auf die Resource verwendet wird, und damit auch die Semantik der nachfolgenden Komponenten. Bekannte Schemes sind http, ftp, news, mailto oder telnet. Ein URI, der mit „ftp://" beginnt, verweist z. B. auf eine Resource im Internet, die über das FTP heruntergeladen werden kann, während ein mit „news://" beginnender URI auf eine USENET-Newsgroup verweist, mit der über das Network Transfer Protocol kommuniziert wird. In unserem Zusammenhang spielt „http://" eine sehr wichtige Rolle, da es auf Resourcen verweist, auf die über das noch genauer zu behandelnde HTTP-Protokoll zugegriffen werden kann.

- authority

  Viele Schemes arbeiten mit hierarchischen Strukturen. In solchen Fällen kann eine Authority zum Beispiel den Server spezifizieren, auf dem sich eine Resource befindet. Die Authority kann aber auch Elemente bezeichnen, die in einem Naming-Service registriert sind.

- path

  Der Path enthält Daten, die die Resource noch weiter spezifizieren, zum Beispiel den Pfadnamen eines Dokumentes auf einem Server.

- query

  Die Query enthält einen String, der von der Resource zu verarbeiten ist. Dies ist vor allem dann sinnvoll, wenn es sich um Resourcen handelt, die Abfragen verarbeiten können.

Beispiele für gültige URIs sind:

ftp://ftp.is.co.za/rfc/rfc1808.txt (für FTP)
http://www.dot.com:80/e-shop/catalog.html (für HTTP)
mailto:lothar.glaesser@siemens.com (für E-Mail)
telnet://melvyl.ucop.edu/ (für TELNET)

2.1 Unified Resource Locators

Ein URI ist per Definition entweder ein Unified Resource Name (URN) oder ein Unified Resource Locator (URL) oder beides. Der Unterschied zwischen beiden besteht darin, dass der URN die gesuchte Resource spezifiziert, während der URL angibt, wo man diese findet. Wird eine Resource durch einen URN spezifiziert, so muss dieser erst von einem Naming Service auf einen URL abgebildet werden (Bild 2.1), um einem Client den Zugriff auf diese Resource zu ermöglichen.

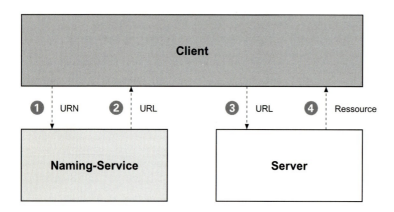

Bild 2.1 Zusammenspiel zwischen URN und URL

Als Beispiel für die sinnvolle Verwendung eines URN kann die Angabe der Homepage einer Person herangezogen werden. Der normalerweise verwendete URL enthält den Namen des Rechners im Internet, auf dem die gewünschte Seite zu finden ist. Ändert sich der physikalische Ablageort der Daten, zum Beispiel beim Wechsel des Internet Service Providers, wird auch der URL ein anderer. Alle existierenden Verweise auf die betreffende Seite müssen geändert werden. Bei Verwendung des URN müsste dagegen nur der Eintrag im Naming-Service aktualisiert werden.

2.1 Unified Resource Locators

Im Internet werden in der Regel URLs verwendet. Die allgemeine Syntax eines URL für das HTTP-Schema hat die folgende Form (die eckigen Klammern bedeuten, dass die jeweiligen Elemente optional sind):

http://<host>[:<port>][<path>[?<query>]]

Dabei ist host der Name eines Servers oder dessen IP-Adresse. Port ist die Port-Nummer der Anwendung, die auf Empfängerseite angesprochen werden soll. Fehlt die Angabe einer Port-Nummer, so wird für das HTTP-Protokoll immer die Standard-Port-Nummer 80 verwendet. Die ebenfalls optionale Angabe path gibt den Pfad an, unter dem sich auf dem Server die Resource befindet. Query kann verwendet werden, um der Resource Daten zu übergeben. Eine verbreitete Anwendung hierfür ist ein CGI-Programm (siehe Kapitel 5.4.1), das über HTTP aufgerufen wird, und dem mit Hilfe dieser Konstruktion Parameter übergeben werden können.

3 HTTP

HTTP ist ein von der Internet Engineering Task Force (IETF) genormtes Anwendungsprotokoll, das im WWW und in Intranets zum Abrufen von Informationen eingesetzt wird. In dem in Kapitel 1 beschriebenen TCP/IP-Modell ist es, wie schon erwähnt, der Anwendungsschicht zuzuordnen. Seine aktuellste Version (Stand Juni 2003) ist HTTP 1.1 [27].

HTTP ist ein Protokoll für Anfragen und Antworten zwischen einem Client (HTTP-Client) und einem Webserver: Der Client, in der Regel ein Browser, möglicherweise aber auch ein Web Service, baut zunächst eine Verbindung zum Server auf und sendet dann eine Anfrage (Request) an den Webserver, der zur Behandlung von HTTP-Requests über einen HTTP-Server verfügt, also ein Programm, das auf HTTP-Requests wartet und sie nach einer gegebenenfalls benötigten Verarbeitung beantwortet. Nach erfolgter Antwort wird die Verbindung vom Server wieder geschlossen. HTTP ist daher ein zustandsloses Protokoll, d. h. es werden keine Zustandsinformationen über das Ende eines Request-Response-Zyklus hinweg aufbewahrt.

Das Zusammenspiel von Client und Server ist in Bild 3.1 dargestellt.

Im Internet findet die Übertragung der Daten in der Regel nicht direkt zwischen Client und Server statt, sondern wird über zwischengeschaltete Systeme geleitet, die zusätzliche Aufgaben im Rahmen der Optimierung von Zugriffszeiten oder der Datensicherheit erfüllen. In den meisten Fällen handelt es sich dabei um einen Proxy-Server, um einen Firewall oder um einen Gateway.

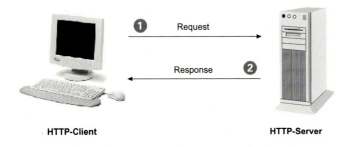

Bild 3.1 Zusammenspiel HTTP-Client und HTTP-Server

3.1 Proxy-Server

Ein Proxy-Server ist ein Programm, das sowohl als Client als auch als Server arbeitet. Es erhält Requests von einem Client und leitet sie an den gewünschten Server weiter. Client-Requests sind dabei ausdrücklich an den Proxy-Server adressiert.

Client Requests werden vom Proxy-Server an den in dem Request-URI des Clients angegebenen Server weitergeleitet (Bild 3.2). Bereits heruntergeladene Webseiten werden in einem Cache gespeichert, um sie auch anderen Clients sehr schnell zur Verfügung stellen zu können.

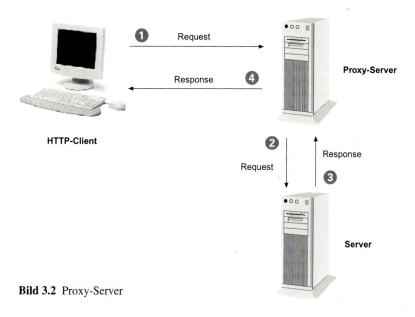

Bild 3.2 Proxy-Server

Proxy-Server werden häufig auch in Unternehmen eingesetzt. In diesem Fall kann durch eine entsprechende Filterung auch der Zugriff von Mitarbeitern auf unerwünschte Webseiten unterbunden werden.

3.2 Firewall

Eine Firewall hat die Aufgabe, die Resourcen eines privaten Netzes, z. B. eines Firmen-Intranets, das mit dem Internet verbunden ist, vor unerlaubten Zugriffen zu schützen. Dazu werden alle Nachrichten, die das Intranet erreichen oder verlassen, auf die Einhaltung von Sicherheitsrichtlinien geprüft und gegebenenfalls blockiert.

3.3 Gateway

Ein Gateway ist ein Server, der als verbindendes System zu einem anderen Netzwerk dient, etwa zwischen einem Firmennetzwerk und dem öffentlichen Internet. Dieses Weiterleiten von Nachrichten zwischen Sub-Netzen bezeichnet man auch als Routing. Im Gegensatz zu einem Proxy ist der Gateway für den Client jedoch nicht sichtbar.

In vielen Fällen übernimmt ein Gateway gleichzeitig die Funktionen des Proxy-Servers und des Firewalls.

3.4 HTTP-Nachrichten

In diesem Abschnitt möchte ich etwas genauer auf den Aufbau einer HTTP-Nachricht eingehen. Grundsätzlich ist eine HTTP-Nachricht entweder ein Request eines Clients an einen Server, oder eine Response, den ein Server an einen Client zurückschickt. Beide Nachrichtentypen haben ein einfaches gemeinsames Format mit dem in Bild 3.3 dargestellten Aufbau: Nach einer Start-Line folgen mehrere optionale Message-Header, ein CRLF (ASCII-Zeichen 13 und 10) sowie der optionale Message-Body.

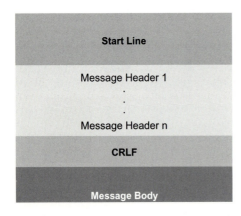

Bild 3.3
Struktur einer HTTP-Nachricht

3.4.1 HTTP-Requests

Die erste Nachricht eines Dialoges zwischen Client und Server ist immer ein Request. Dieser wird nach erfolgreichem Verbindungsaufbau an den Server gesendet.

Die Start-Line hat bei einem HTTP-Request die folgende Form:

Method SP Request-URI SP HTTP-Version CRLF

wobei als Trennzeichen zwischen den einzelnen Items Leerzeichen (SP) und als Abschlusszeichen ein CRLF (Carried Return Line Feed) zu verwenden sind. Die Bedeutung der einzelnen Felder in dem Request wird im Folgenden beschrieben.

Method bezeichnet eine der folgenden vordefinierten Methoden:

- OPTIONS

  Erlaubt dem Client sich über die mit dem angegebenen Request-URI bzw. dem Server selbst verbundenen Kommunikationsoptionen zu informieren ohne sonstige Aktionen auszulösen.

- GET

  Diese Methode wird verwendet, um die durch einen Request-URI spezifizierte Resource abzurufen. GET wird zum Beispiel immer dann verwendet, wenn HTML-Seiten aus dem WWW auf den Browser ausgegeben werden sollen. Eine weitere Verwendung findet die Methode GET, wenn ein Programm angesprochen werden soll, das Daten mit Hilfe eines CGI-Programmes dynamisch generiert.

- HEAD

  Die HEAD-Methode ist identisch zu GET mit dem Unterschied, dass der Server in seiner Response nur die Message-Header aber keinen Message-Body zurückgibt. Sie kann beispielsweise verwendet werden um die Verfügbarkeit einer Resource zu überprüfen.

- POST

  Die Methode POST wird eingesetzt, wenn ein Client Informationen an eine Resource senden möchte. Dabei werden die vorher unter der angegebenen Resource vorhandenen Daten ersetzt. POST wird zum Aktualisieren von Daten, zur Ablage von Nachrichten oder auch bei der Übertragung von Daten an CGI-Programme verwendet.

- PUT

  Hiermit werden die im Message-Body enthaltenen Daten auf dem Server unter der angegebenen Request-URI abgelegt.

- DELETE

  Ein Client kann diese Methode verwenden um eine auf dem Server befindliche Resource zu löschen.

- TRACE

  Der Server schickt den von dem Client erhaltenen Request an diesen zurück. Dies kann für Diagnosezwecke interessant sein.

- CONNECT

  Ist für den Gebrauch im Zusammenhang mit Proxy-Servern und SSL reserviert.

Request-URI gibt den URI der auf dem Server angesprochenen Resource an.

HTTP-Version ist normalerweise die derzeit aktuelle HTTP/1.1.

3.4.2 HTTP-Response

Die Antwort des Servers an einen Client erfolgt durch eine Response. Die Response hat natürlich auch hier wieder das allgemeine Format einer HTTP-Nachricht.

Die Start-Line hat bei einer HTTP-Response die folgende Form:

> HTTP-Version SP Status-Code SP Reason-Phrase CRLF

wobei als Trennzeichen zwischen den einzelnen Items Leerzeichen (SP) und als Abschlusszeichen ein CRLF zu verwenden sind. Die Bedeutung der einzelnen Felder in dem Request ist wie folgt:

HTTP-Version hat das Format HTTP/x.y, bei Verwendung der aktuellen HTTP-Spezifikation also HTTP/1.1.

Status-Code ist eine dreistellige Integerzahl, die den Status, Erfolg oder Misserfolg eines Requests beschreibt, z. B. 404 für den Fall, dass die gewünschte Resource nicht gefunden werden konnte.

Reason Phrase ist eine Meldung, die der Server an den Client schickt. Für den eben beschriebenen Fall, dass eine Resource nicht gefunden werden konnte, steht der Text „Not found".

3.4.3 Message Header

HTTP-Nachrichten können mehrere optionale Message Header enthalten. Diese haben alle das Format

> Feld-Name : Wert CRLF

Sie dienen dazu, Informationen über den Client bzw. den Server zu übertragen oder auch die übertragene Nachricht selbst genauer zu beschreiben.

Die HTTP-Spezifikation definiert vier unterschiedliche Typen von Message Headern:

- General Header
- Entity Header
- Request Header
- Response Header

Im Gegensatz zu Request- und Response-Header-Feldern, die nur mit einem Request bzw. einer Response Verwendung finden, können General-Header-Felder und Entity-Header-Felder bei jeder HTTP-Nachricht verwendet werden. General-Header-Felder liefern Informationen, die nichts mit den übertragenen Nutzdaten, dem so genannten Entity, zu tun haben. Dies sind z. B. „Date" um das Entstehungsdatum einer Nachricht anzugeben, oder „Transfer Encoding" um die Art der Verschlüsselung der übertragenen Nachricht anzugeben.

Entity-Header-Felder dagegen enthalten Metadaten, die den Message Body, also das Entity, oder, falls dieses nicht vorhanden ist, die spezifizierte Resource beschreiben. Zum Beispiel gibt Content Encoding das Codierungsverfahren an, mit dem der Body codiert wurde. Content Language definiert die Sprache des enthaltenen Entities, Content Length gibt die Größe des Message Bodys in Bytes an und Content Type legt den Medientyp (Kapitel 5.5) des enthaltenen Entity fest, z. B. text/html für eine HTML-Datei oder image/gif für ein Bild im GIF-Format.

In einem Request können General, Entity und Request Header verwendet werden. Im Request Header kann der Client Informationen über den Request und den Client selbst an den Server weitergeben. Beispiele für Request-Header-Felder sind From zur Angabe der E-Mail-Adresse des Benutzers, der den Client kontrolliert, Host zur Angabe von Internet-Adresse und Port-Nummer der angeforderten Resource sowie User-Agent, das den Namen des Programms enthält, das den Request schickt.

Beispiel:

```
GET http://www.apache.org/HTTP/1.0
User-Agent: Mozilla/4.0
Host: www.apache.org
```

In einer Response können General, Entity und Response Header verwendet werden. Im Response Header kann der Server dem Client zusätzliche Informationen schicken, die in der Status Line nicht unterzubringen sind, entsprechende Felder sind Server (Typ des Servers und eingesetzte Software), Retry After um anzugeben, wie lange ein Dienst voraussichtlich nicht verfügbar sein wird oder Last Modified mit Angabe des letzten Änderungsdatums der übertragenen Resource.

Beispiel:

```
HTTP/1.0 200 OK
Date: Wed, 24 Jul 2002 06:39:10 GMT
Content-Type: text/html
Content-Length: 7687
Server: Apache/2.0.40-dev (Unix)
<html> HTML Code </html>
```

Die genaue Beschreibung aller vorhandenen Message Header kann in der HTTP/1.1-Spezifikation [27] nachgelesen werden.

3.4.4 Message Body

In dem ebenfalls optionalen Message Body werden die Nutzdaten der Nachricht, zum Beispiel der Inhalt einer angeforderten HTML-Datei, als Folge von 8-Bit-Zeichen übertragen.

3.5 HTTP und Sicherheit

3.5.1 Authentisierung

In vielen Fällen, zum Beispiel beim normalen Browsen, wird das Web verwendet, ohne dass besondere Zugriffsrechte nachgewiesen werden müssen. Es kann aber sein, dass bestimmte Informationen nur Nutzern mit einer nachgewiesenen Berechtigung zugänglich gemacht werden sollen. Im Falle von Request-Methoden, bei denen ein Client Informationen auf einem Server ablegt, z. B. bei der in Abschnitt 3.4.1 beschriebenen PUT-Methode, kann es ebenfalls wünschenswert sein, den Kreis der Berechtigten einzuschränken.

HTTP bietet hierfür eine Erweiterung, die Digest Access Authentication [28]. Dieses Authentifizierungsschema sorgt dafür, dass die für die Authentisierung benötigten Daten, also zum Beispiel eine Benutzerkennung und ein Passwort, in verschlüsselter Form zusammen mit dem Request übertragen werden.

3.5.2 Verschlüsselung

Über die Authentisierung hinaus kann es zusätzlich noch notwendig sein, auch die übertragenen Daten selbst vor Abhören oder Manipulation des Kommunikationsverkehrs zu schützen, z. B. wenn es sich um die Daten einer Kreditkarte handelt.

Das Problem kann prinzipiell auf zwei unterschiedliche Arten gelöst werden: Entweder durch Erweiterung des Anwendungsprotokolls oder durch Verwendung einer Transportinfrastruktur, die sicherer ist als das eingangs beschriebene TCP/IP-Modell. Für beide Alternativen wurden Lösungen realisiert: S-HTTP (Secure HTTP) ist eine entsprechende Erweiterung des HTTP-Protokolls, während HTTPS (Hypertext Transfer Protocol over SSL) auf einer Erweiterung des TCP/IP-Modells beruht.

Während S-HTTP in der Praxis keine große Rolle spielt, stellt HTTPS heute die übliche Architektur für sichere Verbindungen über das HTTP-Protokoll dar. Die Sicherheit wird durch Secure Socket Layer (SSL) gewährleistet, ein von Netscape entwickeltes Protokoll für die sichere Datenübertragung im Internet.

Wie bereits der Name nahe legt, beruht HTTPS darauf, HTTP über die um SSL erweiterte Transportschicht des TCP/IP-Modells zu nutzen. In dem eingangs diskutierten Schichtenmodell befindet sich SSL also zwischen HTTP und TCP (Bild 3.4).

Die Verwendung von HTTPS hat den Vorteil, dass sich für die Anwendung der Kommunikationsverkehr nicht ändert, da erst beim Übergang auf die in der Protokollhierarchie tiefer liegende Schicht die Verschlüsselung der Nutzinhalte stattfindet, und dass neben HTTP auch andere Anwendungsprotokolle wie zum Beispiel LDAP oder IMAP, die sich oberhalb der TCP/IP-Schicht befinden, die sichere Datenübertragung nutzen können.

Obwohl aus Sicht des Clients nach wie vor das HTTP-Protokoll für die Kommunikation mit dem Server genutzt wird, muss natürlich trotzdem bekannt sein, dass anstelle einer normalen eine sichere Verbindung aufgebaut und ein anderer Port genutzt werden

3.6 Session-Management mit HTTP

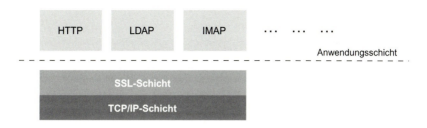

Bild 3.4 Nutzung von HTTP über SSL

muss. Dies wird durch Angabe des Präfixes „https://" anstelle von „http://" erreicht. Der Port für die Kommunikation über HTTPS mit dem Client ist auf Serverseite Port 443.

3.6 Session-Management mit HTTP

HTTP ist ein zustandsloses Protokoll. Das bedeutet, dass Request/Response-Interaktionen nicht in einen größeren Rahmen eingebettet sind. Jede dieser Interaktionen steht damit für sich und hat weder mit vorausgehenden noch mit nachfolgenden Interaktionen irgendetwas zu tun. Insbesondere kann der Server bei aufeinander folgenden Requests auch nicht feststellen, ob sie von demselben Client kommen.

Aus Sicht einer Anwendung, z. B. einer Geschäftstransaktion ist das völlig anders. Das Absenden einer Bestellung hängt natürlich von vorausgegangenen Schritten wie etwa der Auswahl der zu bestellenden Artikel ab.

Um solche Abläufe auf der Basis des HTTP-Protokolls nachbilden zu können, sind zusätzliche Vorkehrungen zu treffen. Eine wie SSL von Netscape stammende Lösung, genannt Cookies, erlaubt den Austausch von Zustandsinformationen zwischen Client und Server.

Dieser Cookie-Mechanismus beruht darauf, dass der Server dem Client mit einer Response (unter Verwendung des Response Headers Set-Cookie) von der Anwendung generierte Daten schickt, die dieser in einer speziellen Datei, einem so genannten Cookie, abspeichert. Sendet der Client mit einem nachfolgenden Request (unter Verwendung des Request Headers Cookie) das Cookie zurück, so kann die Anwendung auf Serverseite aufgrund der enthaltenen Daten den Client und damit den Zustand innerhalb eines mehrteiligen Dialoges identifizieren. Problematisch bei Cookies ist jedoch, dass deren Verwendung häufig aus Sicherheitsgründen nicht zugelassen wird.

4 SGML

Nach den Grundlagen der Datenübertragung im Internet möchte ich mich nun dem Thema der Darstellung von Informationen zuwenden.

Die ersten von Computern gebotenen Möglichkeiten zur elektronischen Darstellung von Texten unterstützten zunächst nur einfache Darstellungsformen und Strukturierungsmöglichkeiten. Später wurden dann spezielle Auszeichnungen, so genannte Markups verwendet, um Dokumentteilen Eigenschaften wie Fettdruck, Unterstreichen oder Überschrift zuzuweisen und die Art, Größe und Farbe von Zeichen festzulegen.

Für die Umsetzung eines so ausgezeichneten Dokumentes zur Ausgabe auf einem Bildschirm oder Drucker sind dann natürlich spezielle Programme erforderlich, die die Markups verarbeiten können.

Mit der zunehmenden elektronischen Verarbeitung von Texten war eine wachsende Anzahl so genannter Markup- oder Auszeichnungssprachen für verschiedene Anwendungsbereiche entstanden, mit denen man Texten für den Druck oder für die Ausgabe auf den Bildschirm Formatierungseigenschaften zuweisen konnte. Alle diese Sprachen erforderten für die Bearbeitung der jeweiligen Dokumente eigene Werkzeuge. Der Wunsch, diese Sprachen auf ein gemeinsames Fundament zu stellen, war der Ausgangspunkt für die Entwicklung der Metasprache SGML (Standard Generalized Markup Language).

Ziel bei der Entwicklung von SGML war die Definition einer Meta-Sprache, von der man die unterschiedlichen, bereits existierenden Dialekte ableiten konnte.

SGML wurde von ISO [29] 1986 standardisiert. Es bietet eine sehr große Flexibilität und ist insbesondere in der Luftfahrt-, Automobil- und Telekommunikationsindustrie sowie bei amerikanischen Behörden weit verbreitet.

Dabei spezifiziert SGML selbst keine Formatierungseigenschaften, sondern beschreibt lediglich syntaktische Regeln, die ein Dokument erfüllen muss. Preis für diese Flexibilität ist eine sehr große Komplexität, die eine weitere Verbreitung von SGML insbesondere auch im Rahmen des World Wide Web verhindert hat.

4.1 Elemente und Attribute

Elemente eines SGML-Dokumentes können zum Beispiel eine Überschrift, ein Abschnitt, die Beschreibung eines Bauteils oder eine Bestellung sein. Die Definition dieser Elemente ist grundsätzlich anwendungsspezifisch. Damit können auf der Basis von SGML für unterschiedliche Zielsetzungen verschiedene Auszeichnungssprachen definiert werden. Diese bezeichnet man auch als SGML-Anwendungen.

Auch die Interpretation der Elemente eines konkreten Dokumentes kann je nach Zielsetzung des verarbeitenden Programms völlig unterschiedlich ausfallen. Für die Ausgabe eines Dokumentes auf einem Computerbildschirm wird in der Regel eine andere Darstellung gewählt werden als für die Ausgabe auf ein Gerät, das nur über ein kleines Display verfügt. Bei Weiterverarbeitung des Dokumentes durch ein Programm werden unter Umständen Teile des Dokumentes einfach ignoriert, weil sie in dem jeweiligen Zusammenhang irrelevant sind.

Syntaktisch bestehen Elemente immer aus einem Start-Tag, das sich aus „<", dem Elementnamen und „>" zusammensetzt, dem eigentlichen Inhalt des Elementes und dem Ende-Tag, das aus „</", gefolgt vom Elementnamen und „>" besteht, zum Beispiel:

```
<bestellung>...</bestellung>
```

Natürlich ist es sinnvoll, den Elementen im Dokument möglichst aussagekräftige Namen zuzuordnen. SGML macht dabei aber keine Aussage über die Semantik, also die Bedeutung dieser Elemente, sondern legt nur die Beziehungen zu anderen Elementen fest.

Den einzelnen Elementen können zur genaueren Beschreibung zusätzlich noch Attribute zugeordnet werden. Diese werden im Start-Tag in Form eines Name-Wert-Paares angegeben, zum Beispiel:

```
<bestellung datum="2002-10-02">...</bestellung>
```

Da die Elemente sowohl aufeinander folgen als auch andere Elemente enthalten können, besitzt ein SGML-Dokument immer eine Baumstruktur.

Listing 1 zeigt eine mit SGML formulierte Buchbestellung. Sie besteht aus den Elementen *besteller* und *buch*, die sich ihrerseits wieder aus den Elementen *name*, *adresse*, *kundennummer* bzw. *titel*, *isbn* u.s.w. zusammensetzen. Dabei wurde dem Element *bestellung* das Bestelldatum in Form des Attributes *datum* zugeordnet.

```
<bestellung datum="2002-10-02">
  <besteller>
    <name>Hans Huber</name>
    <adresse>
      <postleitzahl>98765</postleitzahl>
      <ort>Mittelstadt</ort>
      <strasse>Feldweg</strasse>
      <hausnummer>1</hausnummer>
```

Listing 1 Buchbestellung (**Anfang**)

4 SGML

```
      </adresse>
      <kundennummer>43210</kundennummer>
      <kreditkarte>
         <kartennummer>111122223333</kartennummer>
         <bank>A-Bank</bank>
      </kreditkarte>
   </besteller>
   <buch>
      <titel>HTML</titel>
      <isbn>1-123-12345-1</isbn>
      <autor>Monika Meier</autor>
      <verlag>Bauer Verlag</verlag>
      <preis>27.00</preis>
   </buch>
</bestellung>
```

Listing 1 Buchbestellung **(Fortsetzung)**

Bild 4.1 stellt die Buchbestellung als Baumstruktur dar. Das Root-Element, in diesem Fall *bestellung*, bildet die Wurzel eines Baumes, der sich nach unten hin immer weiter verzweigt, bis zu Knoten, die keine weiteren Elemente mehr, sondern nur noch Daten enthalten.

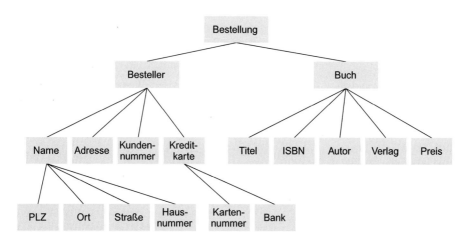

Bild 4.1 Baumstruktur einer SGML-Datei

4.2 Dokumenttypen

Geht man davon aus, dass es sich bei unserem Dokument um eine Instanz einer Klasse von Dokumenten mit ähnlicher Struktur, z. B. weitere Bestellungen, handelt, so macht es Sinn, diese Klasse formal zu beschreiben. Dies geschieht mit Hilfe einer Document Type Definition (DTD), die damit eine spezifische Auszeichnungssprache, in unserem Beispiel zur Beschreibung von Bestellungen, definiert.

Das Konzept der DTD erlaubt speziellen Programmen, so genannten Parsern, die Zugehörigkeit eines Dokumentes zu einem bestimmten Dokumenttyp zu überprüfen. Dokumente, die zum gleichen Dokumenttyp gehören, können mit den gleichen Programmen formatiert oder weiterverarbeitet werden.

In einer DTD werden Dokumentstruktur, Elemente und die diesen Elementen zugeordneten Attribute beschrieben.

Element-Deklarationen haben die folgende Form:

```
<!ELEMENT name content-model>
```

Die Namen der Elemente können frei gewählt werden, ihre Bedeutung wird erst im Kopf des DTD-Designers bzw. durch die verarbeitende Anwendung festgelegt.

Das Inhaltsmodell (content-model) eines Elementes gibt entweder an, aus welchen anderen Elementen es sich zusammensetzt oder es legt den Datentyp des Elementes fest.

Falls ein Element sich aus anderen untergeordneten Elementen zusammensetzt, werden diese einfach aufgelistet, zum Beispiel:

```
<!ELEMENT bestellung (besteller, buch) >
```

Durch Anordnung eines der Zeichen +,*,? hinter dem Elementnamen kann zusätzlich festgelegt werden, wie oft ein Element vorkommen kann. Dabei bedeuten

- +   einmal oder öfter
- *   entweder gar nicht oder beliebig oft
- ?   kann vorkommen, oder auch nicht.

Die Definition

```
<!ELEMENT bestellung (besteller, buch+) >
```

bedeutet also, dass ein *bestellung*-Element genau ein *besteller*-Element enthalten muss, aber beliebig viele *buch*-Elemente enthalten kann.

Setzt sich ein Element nicht mehr aus anderen Elementen zusammen, so ist sein Datentyp anzugeben. Dieser ist entweder #PCDATA (parsed character data) oder #CDATA (character data). Im Unterschied zu #CDATA-Bereichen werden HTML-Auszeichnungen in #PCDATA-Bereichen erkannt und interpretiert.

Mit dem Ausdruck

```
<!ELEMENT kundennummer #PCDATA>
```

wird festgelegt, dass es sich bei dem Element *kundennummer* um einen solchen Endknoten handelt.

Attribute werden genau wie die Elemente, die sie beschreiben, in der DTD deklariert. Auch die Namen der Attribute können, genau wie die Elementnamen, frei vergeben werden. Zusätzlich ist der Name des Elementes anzugeben, zu dem das Attribut gehört. Weitere Parameter sind eine Typangabe und ein Defaultwert.

```
<!ATTLIST elementname attributname Typ Defaultwert >
```

Die Typangabe kann wahlweise ein Datentyp oder eine explizite Liste von erlaubten Werten sein. Dabei sind unter anderem folgenden Datentypen erlaubt:

- CDATA: Attributwert darf aus einer beliebigen Zeichenkette bestehen
- IDREF: Attributwert ist die ID eines anderen Elementes im Dokument
- NMTOKEN: Attributwert muss ein gültiger SGML-Name sein

Bei Angabe eines Datentyps ist der Defaultwert eines Attributes eines der folgenden Schlüsselwörter:

- #REQUIRED: erzwingt die Angabe eines Wertes
- #IMPLIED: die Angabe eines Wertes ist möglich, wird aber nicht vorgeschrieben
- #FIXED: legt einen Vorgabewert für das Attribut fest, ohne dass dieser geändert werden kann.

Wurde als Typ eine Liste angegeben, dann kann der Defaultwert immer nur einer der angegebenen Werte sein.

Im folgenden Beispiel wird für das Element *bestellung* das Attribut *datum* definiert. Da für eine Bestellung die Angabe des Datums immer vorhanden sein soll, hat es als Defaultwert #REQUIRED.

```
<!ATTLIST bestellung
  datum CDATA #REQUIRED >
```

Listing 2 zeigt die vollständige DTD für die beschriebene Buchbestellung.

```
<!-- DTD BESTELLUNG -->
<!ELEMENT bestellung (besteller,buch+)>
<!ELEMENT besteller (name,adresse,kundennummer?,kreditkarte?)>
<!ELEMENT name (#PCDATA)>
<!ELEMENT adresse (postleitzahl,ort,strasse,hausnummer)>
```

Listing 2 DTD für die Buchbestellung (**Anfang**)

```
<!ELEMENT postleitzahl (#PCDATA)>
<!ELEMENT ort (#PCDATA)>
<!ELEMENT strasse (#PCDATA)>
<!ELEMENT hausnummer (#PCDATA)>
<!ELEMENT kundennummer (#PCDATA)>
<!ELEMENT kreditkarte (kartennummer,bank)>
<!ELEMENT kartennummer (#PCDATA)>
<!ELEMENT bank (#PCDATA)>
<!ELEMENT buch (titel,isbn,autor,verlag,preis)>
<!ELEMENT titel (#PCDATA)>
<!ELEMENT isbn (#PCDATA)>
<!ELEMENT autor (#PCDATA)>
<!ELEMENT verlag (#PCDATA)>
<!ELEMENT preis (#PCDATA)>

<!ATTLIST bestellung
   datum CDATA #REQUIRED >
```

Listing 2 DTD für die Buchbestellung **(Fortsetzung)**

Damit der Empfänger eines SGML-Dokumentes dieses verarbeiten kann, muss er wissen, um welchen Dokumenttyp es sich handelt, d. h. er muss die verwendete DTD kennen. Diese kann sowohl Bestandteil des SGML-Dokumentes sein, kann aber auch separat übermittelt werden.

In beiden Fällen beginnt das SGML-Dokument mit einer so genannten DOCTYPE-Deklaration. Diese enthält als ersten Parameter den Namen des Root-Elementes des SGML-Dokuments. Nach dem Namen des Root-Elementes folgt die in eckige Klammern gesetzte DTD in der beschriebenen Form:

```
<!DOCTYPE bestellung [
<!-- Definition von Elementen und Attributen -->
]>
```

Eine solchermaßen integrierte DTD kann zum Beispiel sinnvoll sein, wenn es sich um eine spezielle Anwendung handelt, bei der der Schreiber des SGML-Dokumentes gleichzeitig der Autor der DTD ist.

Wenn eine DTD dagegen von mehreren Anwendungen verwendet werden soll, wird man sie bevorzugt in einem separaten Dokument abspeichern. In diesem Fall enthält die DOCTYPE-Deklaration nach dem Namen des Root-Elementes ein Schlüsselwort, das anzeigt, ob es sich um eine öffentlich zugängliche oder um eine nur von einem einzelnen Autor verwendete DTD handelt. Bei einer öffentlich zugänglichen DTD folgt danach der Name des Dokumenttyps, der von der DTD beschrieben wird. In beiden

Fällen ist eine Angabe erforderlich, in welcher Datei oder unter welchem URL sich die DTD befindet:

```
<!DOCTYPE bestellung PUBLIC "DTD_bestellung"
    "http://www.mysite.de/bestellung.dtd">
<!-- Definition von Elementen und Attributen -->
```

Eine öffentliche DTD stellt für verschiedene Anwendungen eine Möglichkeit dar, sich auf einen gemeinsamen Auszeichnungsstandard festzulegen.

5 HTML

Um Webseiten weltweit von jedem Computer aus lesen zu können, bedarf es einer einheitlichen Beschreibungssprache für Dokumente. Diese Sprache, die ursprünglich beim European Laboratory for Particle Physics (CERN) als wesentlicher Teil des World-Wide-Web-Projektes entwickelt wurde, ist HTML (Hypertext Markup Language), eine Markup-Sprache zur Auszeichnung von Dokumenten im Internet. HTML ist eine W3C-Recommendation, die aktuelle Version ist 4.01 [30].

HTML-Dokumente sind reine Textdateien und können daher prinzipiell mit jedem beliebigen Texteditor erstellt werden. In der Praxis werden dafür in der Regel allerdings meist spezialisierte Editoren eingesetzt, die die Elemente und Regeln von HTML kennen und damit auch nichttechnischen Anwendern einfacheren Zugang zu der Sprache verschaffen.

Zur Ausgabe von HTML-Seiten auf den Bildschirm dienen spezielle Programme, so genannte Browser. Die heute am weitesten verbreiteten Browser sind der Internet Explorer von Microsoft, der Netscape Navigator von Netscape sowie das Open-Source-Produkt Mozilla.

Eine Web-Seite, die von einem Browser heruntergeladen werden kann, besteht normalerweise aus einer HTML-Datei und aus Bildern, die auf dieser Seite dargestellt werden. Die HTML-Datei enthält den darzustellenden Text sowie Layoutinformationen, die dafür sorgen, dass Text und Bilder in der gewünschten Form dargestellt werden. Zur Beschreibung von Darstellungseigenschaften wie zum Beispiel Fettdruck und Zentrierung einer Überschrift, zum Einfügen von Bildern oder zum Verweisen auf andere Seiten werden Tags verwendet, die schon für SGML beschrieben wurden.

Dies legt den Verdacht nahe, dass HTML auf bestimmte Art und Weise mit SGML verwandt ist. Tatsächlich ist der Sprachumfang von HTML durch eine SGML-DTD (Kapitel 4.2) festgelegt, HTML ist also nichts anderes als eine SGML-Anwendung. Nach der Einführung in SGML wissen Sie damit bereits eine Menge über HTML.

Genauer betrachtet gibt es drei unterschiedliche DTDs, die vom W3C-Konsortium verabschiedet wurden und die unterschiedlichen Anwendungsszenarien von HTML dienen. Der Grund dafür ist, dass HTML, so wie alle anderen Web-Technologien auch, einer ständigen Weiterentwicklung unterliegt.

- Transitional DTD

    Zwar sollten veraltete Konstrukte, vom W3C-Konsortium als Deprecated Language Constructs bezeichnet, nicht mehr zum Erstellen von Webseiten verwendet werden.

In einzelnen Fällen kann die Verwendung dieser Konstrukte aber trotzdem erforderlich sein, wenn zum Beispiel eine ältere Browser-Version noch unterstützt werden muss.

- Strict DTD

    Zum Erstellen neuer Dokumente soll nur noch diese DTD eingesetzt werden. Veraltete Elemente und Attribute stehen hier nicht mehr zur Verfügung, weil sie mittlerweile durch neuere Technologien, z. B. Cascaded Style Sheets (siehe Kapitel 6) ersetzt wurden.

- Frameset DTD

    Diese kommt dann zum Einsatz, wenn die verwendeten HTML-Seiten Frames (siehe Kapitel 5.3.3) einsetzen.

Zur Unterscheidung der verschiedenen Varianten muss ein HTML-Dokument immer die Angabe enthalten, welche DTD bei seiner Erstellung verwendet wurde. Dies geschieht wie bei SGML mit Hilfe der DOCTYPE-Deklaration. Zum Beispiel gibt

```
<!DOCTYPE HTML Public "-//W3C//DTD HTML 4.01//EN"
   "http://www.w3.org/TR/REC-html4/strict.dtd">
```

an, dass das Dokument eine öffentlich verfügbare HTML-DTD in der Variante STRICT verwendet, die vom W3C-Konsortium herausgegeben wurde und in der Elemente und Attribute englische Namen haben. Über den angegeben URL kann die verarbeitende Software die DTD im Bedarfsfall abrufen.

5.1 HTML-Tags

Wie bereits im Kapitel 4.1 beschrieben, werden Tags verwendet um die Inhalte einer HTML-Datei zu beschreiben. Start-Tags und Ende-Tags markieren Anfang und Ende eines Elementes. Elemente können zusätzlich mit Attributen versehen werden, deren Werte dann im Start-Tag mit angegeben werden.

Ein HTML-Element hat demnach die allgemeine Form:

```
<Elementname attribute_1="value_1" attribute_2="value_2" ...>Text
   </Elementname>
```

Es gibt auch einige Elemente mit so genannten stand-alone-Tags. Das sind Elemente, die keinen Inhalt haben und deshalb nur aus einem Tag bestehen:

```
<Elementname>
```

Eine spezielle Art von Tag ist der Kommentar. HTML erlaubt das Dokumentieren von Dateien mit Kommentaren, die dann vom Browser nicht interpretiert werden. Solche Kommentare beginnen stets mit **<!--** und enden mit **-->**, zum Beispiel

```
<!-- Dies ist ein Kommentar -->
```

5.2 Struktur einer HTML-Datei

Eine HTML-Datei enthält genau ein *html*-Element, d. h. sie beginnt mit <html> und endet mit </html>. Die interne Struktur der Datei setzt sich normalerweise (eine Ausnahme gibt es bei der Verwendung von Frames) aus einem Header und einem Body zusammen (Bild 5.1).

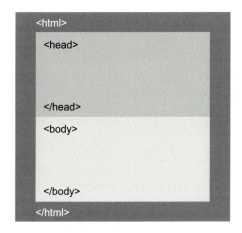

Bild 5.1
Struktur einer HTML-Datei

Im Header können Informationen über das Dokument selbst abgelegt werden, z. B. der Name des Dokumentes mit dem *title*-Element oder Schlüsselworte zur Charakterisierung des Inhalts bei einer maschinellen Verarbeitung durch programmatische Clients, z. B. Suchmaschinen.

Im Body ist der Nutzinhalt des Dokumentes enthalten, also diejenigen Informationen, die von einem Browser angezeigt werden. Der Body besteht aus einer Anzahl von Elementen, die aufeinander folgen oder auch selbst wieder andere Elemente enthalten können. Eine HTML-Datei besteht also genau wie bei SGML aus Tags und Text, ihr Inhalt kann als Baumstruktur mit dem *html*-Element als Wurzel dargestellt werden.

HTML unterscheidet im Gegensatz zu XHTML (siehe Kapitel 9) übrigens nicht zwischen Groß- und Kleinschreibung. Bei neu zu erstellenden HTML-Dateien ist es aber empfehlenswert, die Groß-/Kleinschreibung zu beachten, damit die Datei auch von einem XHTML-Browser verarbeitet werden kann. Als File Extension von HTML-Dateien wird .htm oder .html verwendet.

5.3 Webseiten-Gestaltung mit HTML

Für die Gestaltung von HTML-Seiten gibt es eine Vielzahl von Elementen und Attributen, die wie bereits beschrieben, in den für HTML verfügbaren DTDs definiert sind. Im Rahmen dieses Kapitels möchte ich beispielhaft auf einige ausgewählte Konstruktionen eingehen, die entweder sehr elementar sind, oder solche, auf die ich im weiteren Verlauf des Buches wieder zurückkommen werde. Alles andere würde den Rahmen dieses Buches sprengen. Für eine detaillierte Beschreibung wird auf die Fachliteratur für die jeweiligen Sprachen oder Programme verwiesen.

5.3.1 Einfache Strukturierungsmöglichkeiten

Wie schon erwähnt, enthält der HTML-Body den Nutzinhalt der Datei, der bei Betrachtung mit einem Browser entsprechend den enthaltenen Tags aufbereitet wird.

Zur einfachen Strukturierung längerer Texte in Abschnitte kann beispielsweise das *p*-Element verwendet werden.

Listing 3 zeigt ein Beispiel für eine HTML-Datei, die im Header ein *title*-Element zur Angabe des Titels der HTML-Seite und im Body einen mit dem *p*-Element definierten Absatz enthält.

```
<!DOCTYPE HTML PUBLIC "-//W3C//DTD HTML 4.01//EN"
  "http://www.w3.org/TR/REC-html4/strict.dtd">
<html>
  <head>
    <title>My HTML Document</title>
  </head>
  <body>
    <p>Hello, World !</p>
  </body>
</html>
```

Listing 3 Ausgabe von Titel und Text

Bild 5.2 zeigt, wie dieser HTML-Code von einem Browser angezeigt wird.

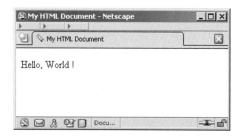

Bild 5.2
Ausgabe von Titel und Text

5.3 Webseiten-Gestaltung mit HTML

Da man natürlich in der Regel mehr möchte, als einfachen Text auszugeben, gibt es zahlreiche weitere Strukturierungsmöglichkeiten. Zum Beispiel bietet HTML sechs Stufen von Überschriften, gekennzeichnet durch die Elemente *h1, h2, h3, h4, h5, h6*.

Wie beim *p*-Element handelt es sich in diesen Fällen um nichtleere Elemente, d. h. Überschriften und Texte werden jeweils zwischen öffnenden und schließenden Tags eingeschlossen. Ein Beispiel für ein leeres Element ist *br*, das angibt, dass an dieser Stelle ein manueller Zeilenumbruch eingefügt werden soll.

Listing 4 zeigt die Verwendung von Überschriften und Zeilenvorschub, Bild 5.3 zeigt die zugehörige Darstellung im Browser.

Fast alle Webseiten enthalten neben Texten auch Bilder. Zum Einfügen von Bildern dient das *img*-Element. Dieses ist wie das *br*-Element ein leeres Element, jedoch besitzt es ein Attribut, das die Angabe einer Grafikdatei erlaubt.

```html
<!DOCTYPE HTML PUBLIC "-//W3C//DTD HTML 4.01//EN"
"http://www.w3.org/TR/REC-html4/strict.dtd">
<html>
   <head>
      <title>My HTML Document</title>
   </head>
   <body>
      <h1>Kapitel</h1>
      <h2>Unterkapitel</h2>
      <p>Normaler Text<br/>
      Noch mehr Text</p>
   </body>
</html>
```

Listing 4 Einfache Textstrukturierung mit HTML

Bild 5.3
Einfache Textstrukturierung mit HTML

In der Regel wird für Grafiken im Internet entweder das GIF- oder das JPEG-Format verwendet. Dies sind Formate, bei denen das ursprüngliche Bildformat komprimiert wird, um die Dateigröße zu verkleinern und damit auch die Zeit für den Download zu verkürzen. Während GIF (Graphics Interchange Format) eine verlustlose Kompression ist, handelt es sich dagegen bei JPEG (Joint Photographic Expert Group) um ein verlustreiches Format, d. h. dass bei der Komprimierung tatsächlich Daten verloren gehen. Dabei gilt: je stärker die Kompression, umso schlechter wird die Bildqualität. PNG (Portable Network Graphic), ein neues Format, das vom W3C als Recommendation herausgegeben wurde, vereinigt viele Vorteile von GIF und JPEG.

Wird zu Listing 4 noch die Zeile

```
<img src="Grafik.gif">
```

hinzugefügt, dann erscheint im Browser die in Bild 5.4 gezeigte Darstellung.

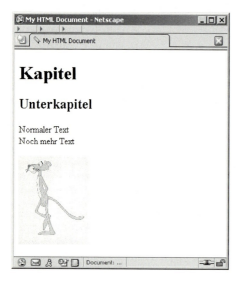

Bild 5.4
Einbetten von Grafik

5.3.2 Verwendung von Links

Die ursprüngliche Zielsetzung von HTML war die Verknüpfung von Dokumenten mit Hyperlinks. Deswegen spielen Elemente, mit denen diese Verknüpfungen definiert werden können, natürlich eine wichtige Rolle.

Das meistgenutzte HTML-Element überhaupt ist das *a*-Element. Dieses Element definiert einen Link (Anchor) aus einem Dokument auf eine andere Webseite, der durch das Attribut *href* spezifiziert wird. Fügen Sie zu Listing 4 die folgende Zeile hinzu, die einen Link „Sonderangebote" auf die Seite angebote.html der Website www.mysite.de definiert,

```
<a href="http://www.mysite.de/angebote.html">Sonderangebote</a>
```

Bild 5.5
Darstellung eines Links auf ein anderes Dokument

dann liefert der Browser die Darstellung wie in Bild 5.5.

Links können natürlich auch hinter Bilder gelegt werden und außer auf andere Webseiten auch auf andere Stellen innerhalb der gleichen Webseite verweisen.

5.3.3 Komplexe Seiten mit Frames

Komplexe Informationsangebote lassen sich häufig am übersichtlichsten mit Hilfe von Frames darstellen. Das sind Seiten, die sich zwar aus mehreren HTML-Seiten zusammensetzen, sich aber wie eine einzige Seite verhalten. Dabei kann jeder Frame unabhängig von allen anderen geändert werden. So kann in einem Frame eine Übersicht angezeigt werden, während in einem anderen Frame detaillierte Informationen zu einem ausgewählten Thema dargestellt werden.

Die Festlegung von Frames erfolgt mit dem *frameset*-Element. Es erlaubt die Aufteilung des Bildschirms bzw. eines Frames in mehrere Teilbereiche, wobei mit den Attributen *rows* und *cols* die Eigenschaften der Aufteilung festgelegt werden. Ein wichtiger Unterschied zu anderen HTML-Dateien ist, dass Dateien, die mit *frameset* arbeiten, kein *body*-Element besitzen. Vielmehr folgt das *frameset*-Element direkt auf das *header*-Element und ersetzt das *body*-Element.

Die einzelnen Teilbereiche können dann entweder mit weiteren *frameset*-Elementen noch weiter unterteilt oder verschiedenen HTML-Seiten zur Darstellung zugeordnet werden. Damit eine HTML-Seite Frames benutzen kann, muss sie die Frameset-DTD verwenden.

Ein Beispiel für die Verwendung von Frames ist in den Listings 5 bis 7 dargestellt. Diese zeigen die Implementierung des Hauptdokuments sowie der beiden HTML-Dateien, die in den Frames des Hauptdokumentes dargestellt werden sollen.

```
<!DOCTYPE HTML PUBLIC "-//W3C//DTD HTML 4.01 Frameset//EN"
    "http://www.w3.org/TR/html4/frameset.dtd">
```

Listing 5 Hauptdokument (**Anfang**)

```html
<html>
  <head>
    <title>Frames</title>
  </head>
  <frameset cols="200,300">
    <frame src="Frame_datei1.html" name="Frame1">
    <frame src="Frame_datei2.html" name="Frame2">
  </frameset>
</html>
```

Listing 5 Hauptdokument **(Fortsetzung)**

```html
<!DOCTYPE HTML PUBLIC "-//W3C//DTD HTML 4.01//EN"
  "http://www.w3.org/TR/REC-html4/strict.dtd">
<html>
  <head>
    <title>Frame1</title>
  </head>
  <body>
    <p>Text in Frame1</p>
  </body>
</html>
```

Listing 6 Inhalt der Datei Frame-datei1.html

```html
<!DOCTYPE HTML PUBLIC "-//W3C//DTD HTML 4.01//EN"
  "http://www.w3.org/TR/REC-html4/strict.dtd">
<html>
  <head>
    <title>Frame2</title>
  </head>
  <body>
    <p>Text in Frame2</p>
  </body>
</html>
```

Listing 7 Inhalt der Datei Frame-datei2.html

Der Browser stellt die Frames wie in Bild 5.6 dar.

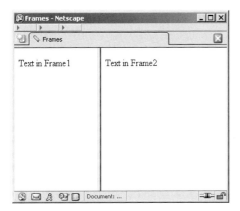

Bild 5.6
Verwendung von Frames

5.4 Interaktive Webseiten

Fast alle HTML-Tags dienen dazu, textuelle und grafische Elemente zu formatieren und anzuzeigen. Das ist in vielen Fällen ausreichend, in zunehmendem Maß wird aber mehr Interaktion mit dem Besucher einer Webseite gebraucht. Im einfachen Fall kann dies zum Beispiel der Dialog mit einer Suchmaschine sein. Ein weiterer, inzwischen weit verbreiteter Anwendungsfall ist auch der Dialog mit einer Anwendung, deren Funktionen über eine Web-Oberfläche genutzt werden sollen.

Hier ist nicht nur die Frage zu klären, wie die Eingabe von Daten überhaupt erfolgt, sondern auch, was mit diesen Daten passiert, wenn der Benutzer die Eingabe abgeschlossen hat.

HTML besitzt zu diesem Zweck die *form*- und *input*-Elemente, die nun etwas genauer beschrieben werden sollen.

Das *input*-Element dient der Eingabe von Daten. Es bietet eine Vielzahl verschiedener Eingabemöglichkeiten. Einzeilige und mehrzeilige Eingabefelder können definiert werden. Es gibt Auswahllisten, Radiobuttons, Checkboxen und viele andere, auf die ich hier jedoch nicht weiter eingehen kann [30].

Das *form*-Element spezifiziert, was mit den eingegebenen Daten passieren soll, wenn der Anwender das Formular absendet. Die durchzuführenden Aktionen werden mit dem *action*-Attribut angegeben. Hier gibt es mehrere Möglichkeiten.

Eine Möglichkeit besteht darin, mit

```
action="http://www.mysite.de/test.html"
```

eine HTML-Datei anzugeben. Diese wird dann beim Absenden des Formulars aufgerufen und kann die Formulardaten mit Hilfe von JavaScript weiterverarbeiten. Das ist besonders für mehrseitige Formulare interessant.

Eine andere Möglichkeit besteht darin, die Daten durch Angabe von

```
action="mailto:Lothar.Glaesser@mysite.de"
```

an eine E-Mail-Adresse zu schicken.

Die meistgenutzte Variante ist jedoch, auf dem Server ein Programm zu starten (siehe Kapitel 5.4.1), das die Daten weiterverarbeitet. Die Angabe

```
action="http://www.mysite.de/cgi-bin/prog"
```

führt dazu, dass auf dem Server mit der Adresse www.mysite.de im Verzeichnis /cgi-bin das Programm *prog* gestartet wird und diesem die Daten des Formulars zur weiteren Verarbeitung übergeben werden.

Zur Festlegung, welche Übertragungsmethode HTTP verwendet um die Daten zu übertragen, gibt es das Attribut *method*. Es kann folgende schon aus (Kapitel 3.4.1) bekannte Werte annehmen:

- ```
  method="get"
  ```

  Die Daten des ausgefüllten Formulars werden in diesem Fall als Parameter an die Aufrufadresse angehängt, zum Beispiel /cgi-bin/login?kennung=glaesser&passwort=ax5793u

  Dies ist auch die von HTTP verwendete Voreinstellung. Mit

- ```
  method="post"
  ```

  werden die Daten des Formulars dem CGI-Programm vom Web-Server über den Standardeingabekanal zur Verfügung gestellt und können dann wie eine Benutzereingabe verarbeitet werden, die auf der Kommandozeile gemacht wurde. Diese Methode wird man dann bevorzugen, wenn die Daten sehr umfangreich sind.

Listing 8 zeigt die Verwendung der *form-* und *input*-Elemente zur Abfrage von Benutzerkennung und -passwort.

```
<!DOCTYPE HTML PUBLIC "-//W3C//DTD HTML 4.01//EN"
  "http://www.w3.org/TR/REC-html4/strict.dtd">
<html>
  <head>
    <title>Passwort</title>
  </head>
  <body>
    <form action="http://www.mysite.de/cgi-bin/prog">
      Kennung:
      <br>
```

Listing 8 Abfrage von Benutzerkennung und Passwort in einem Formular **(Anfang)**

```
            <input name="kennung" type="text" size="12" maxlength="12">
            <br>
            Passwort:
            <br>
            <input name="passwort" type="password" size="12" maxlength="12">
            <br><br>
            <input type="submit" value="Submit">
        </form>
    </body>
</html>
```

Listing 8 Abfrage von Benutzerkennung und Passwort in einem Formular **(Fortsetzung)**

Das *action*-Attribut verweist in diesem Fall auf ein Programm, das ausgeführt wird, sobald die eingegebenen Daten abgeschickt werden. Bild 5.7 zeigt die von dem Formular erzeugte Browserdarstellung.

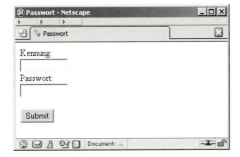

Bild 5.7
Abfrage von Benutzerkennung und Passwort in einem Formular

5.4.1 CGI-Programme

Ich habe bereits im vorhergehenden Abschnitt bei der Besprechung des *form*-Elementes eine Möglichkeit erwähnt, wie Eingabedaten aus einem Formular zur weiteren Verarbeitung an ein Serverprogramm übergeben werden können. Dies bedeutet letztlich nichts anderes, als dass der Browser als Benutzeroberfläche für eine Serveranwendung verwendet wird – schließlich werden ja Benutzereingaben an eine Anwendung zur weiteren Verarbeitung übergeben, die gewünschten Ergebnisse werden an den Browser zurückgeschickt.

Auch wenn es heute modernere Technologien gibt um derartige C/S-Anwendungen zu realisieren, so ist hier das Common Gateway Interface (CGI) noch immer sehr weit verbreitet. Es beruht auf einem simplen Protokoll, das die Schnittstelle zwischen einem Webserver und einem externen Programm festlegt und das man zum Kommunizieren zwischen HTML-Forms und diesem Programm verwenden kann.

5 HTML

Dazu gibt der Webserver Daten, die in einem HTTP-GET- oder -POST-Request (Kapitel 3.4) übermittelt wurden – je nachdem, welche Methode der Entwickler der HTML-Seite gewählt hat – an ein so genanntes CGI-Skript weiter.

Dieses Skript ist ein Programm, das prinzipiell in jeder Sprache geschrieben sein kann. Einzige Voraussetzung ist, dass es in der Lage sein muss, von Standardeingabe zu lesen, auf Standardausgabe zu schreiben und Umgebungsvariablen zu interpretieren. Seine Aufgabe ist, die Formulardaten zu verarbeiten und einen HTML-Zeichenstrom zu erzeugen, der vom Browser dargestellt werden kann.

Listing 9 zeigt die Struktur eines CGI-Programmes anhand eines einfachen in C geschriebenen Beispiels. Zunächst werden in der Routine *lies_parameter* die Namen und Werte der Formulardaten gelesen und in der Liste "parameter" als Name-Wert-Paare abgelegt. Der restliche Programmcode ist ausschließlich dazu da, einen HTML-Datenstrom zu erzeugen, der vom Browser verstanden werden kann.

```c
/** Programm zur Ausgabe der CGI Parameter **/

int main() {
  char **parameter ;
  int i ;

  /* Namen und Werte der CGI Parameter einlesen */
  parameter= lies_parameter() ;

  /* CGI response header ausgeben */
  printf("Content-type: text/html\n\n") ;

  /* HTML Code erzeugen */
  printf("<html>\n") ;
  printf("<head><title>CGI Programm</title></head>\n") ;
  printf("<body>\n") ;
  printf("<ul>\n") ;

  /* Namen und Werte der CGI Parameter ausgeben */
  for (i=0; parameter[i]; i+= 2)
     printf("<li>[%s] = [%s]\n", parameter[i], parameter[i+1]) ;

  /* Restlichen HTML Code ausgeben */
  printf("</ul>\n") ;
  printf("</body>\n") ;
  printf("</html>\n") ;
}
```

Listing 9 Beispiel für ein in C geschriebenes CGI-Programm

Bei diesem Beispiel enthält der Body des so erzeugten HTML-Codes einfach wieder die Namen und Werte der CGI-Parameter. In einer realistischen Anwendung könnte man diese Werte zur Abfrage einer Datenbank verwenden und stattdessen die gewünschten Datenbankinhalte an den Browser senden.

CGI-Skripts können, wie schon erwähnt, in mehreren Programmiersprachen implementiert werden. Neben den ohnehin weit verbreiteten Programmiersprachen C und C++ ist hier vor allem Perl zu nennen, eine Sprache, die eine Mischung aus C Unix und Shellskripts darstellt und die gerade auf dem Gebiet der CGI-Programmierung sehr weite Verbreitung gefunden hat.

Leider sind CGI-Anwendungen nicht gut skalierbar: Bei vielen gleichzeitigen Benutzern führt diese Technologie zu einer großen Anzahl von Prozessen auf dem Webserver und damit zu einer oft nicht mehr akzeptablen Performance. Auf alternative Techniken, die dieses Problem nicht aufweisen, wie ASP (Kapitel 12.3.5) und JSP (Kapitel 11.7.4) werde ich in genauer eingehen.

5.5 Mime-Typen

Mime steht für Multipurpose Internet Mail Extensions und wurde ursprünglich für Attachments von E-Mails verwendet. Bei diesen so genannten Multipart-Mails wurde damit dem Empfänger mitgeteilt um welchen Datentyp es sich bei einem Attachment handelte.

Inzwischen wird dieses Schema auch in vielen anderen Bereichen, wo entfernte Programme wegen einer bevorstehenden Datenübertragung miteinander kommunizieren, verwendet, insbesondere bei der Kommunikation zwischen Web-Browser und Web-Server.

Auch im weiteren Verlauf dieses Buches werden Mime-Typen noch an vielen Stellen auftauchen. Zum Beispiel werden beim Einsatz von Scripts (Attribut *type* des *script*-Elementes) oder Stylesheets (Attribut *type* des *link*-Elementes) oder bei der Verwendung von Java-Applets (Attribut *codetype* des *object*-Elementes) Mime-Typen verwendet, um dem Browser mitzuteilen, um was für eine Art von Daten es sich konkret handelt. JavaScript besitzt ein spezielles Objekt, um die verfügbaren Mime-Typen eines Browsers zu ermitteln. Auch im Header einer HTTP-Nachricht werden Mime-Typen verwendet.

Sowohl jeder Web-Browser als auch jeder Webserver führen eine Liste der ihnen bekannten Mime-Typen. Bei der Kommunikation müssen sie sich darauf einigen, ob der Empfänger den Mime-Type akzeptiert, den der Sender senden will. Moderne Browser akzeptieren in der Regel jeden Mime-Typ und bieten dem Anwender einfach an – falls sie den Mime-Typ nicht kennen – die zu empfangenden Daten als Download-Datei abzuspeichern.

Ein Mime-Type besteht aus zwei Teilen: der Angabe eines Medientyps und der Angabe eines Subtyps. Die gebräuchlichsten Medientypen sind „text" für Textdateien, „image" für Grafikdateien, video für Videodateien, „audio" für Sounddateien und „application" für Dateien, die an ein bestimmtes Programm gebunden sind, zum Beispiel bei Java-Applets.

Ein Subtype spezifiziert das übertragene Dateiformat noch genauer. Beide Angaben werden durch einen Schrägstrich voneinander getrennt. Beispiele sind „text/html" für HTML-Dateien, „image/gif" für GIF-Grafiken, „application/msword" für Word-Dokumente, „text/javascript" für JavaScript-Dateien und „application/java-vm" für Java-Applets.

6 Cascaded Stylesheets

Wie Sie gesehen haben, enthält HTML eine Vielzahl von Elementen, mit denen das Layout einer Seite gestaltet werden kann. Allerdings gibt es keine Garantie, wie diese Elemente von einem Browser dargestellt werden. Tatsächlich kommt es auch vor, dass HTML-Elemente von verschiedenen Browsern unterschiedlich dargestellt werden. Zwar kann man davon ausgehen, dass alle Browser ein *h1*-Element größer darstellen als ein *h2*-Element, aber welcher Zeichensatz, welche Schriftgröße und welche Farbe verwendet werden, bleibt letztlich dem Browser überlassen. Auch die pixelgenaue Positionierung von Elementen im Browser-Fenster ist bei HTML nicht möglich.

Daher wurden Cascaded Stylesheets (CSS) als eine Ergänzung zu HTML entwickelt, die das beliebige Formatieren aller HTML-Elemente erlaubt. CSS hat wie HTML den Status einer W3C-Recommendation [31, 32].

Genau wie HTML ist CSS eine Klartextsprache, d. h. prinzipiell ist für die Bearbeitung von Cascaded Stylesheets ein einfacher Texteditor ausreichend.

Wie schon in Kapitel 5 besprochen, ist die Strict DTD zu verwenden, wenn für die Formatierung einer Seite ausschließlich CSS verwendet wird. Wenn CSS und normale HTML-Formatierung gemischt werden, muss die Transitional DTD, bzw. für die Unterstützung von Frames die Frameset DTD verwendet werden.

Bei Cascaded Stylesheets erfolgt die Zuordnung stilistischer Merkmale zu den Elementen eines HTML-Dokumentes über Regeln. Das Format einer Regel (vgl. Bild 6.1) besteht dabei immer aus einem Selektor und einer Deklaration.

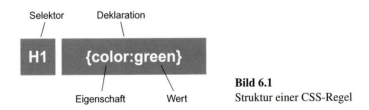

Bild 6.1
Struktur einer CSS-Regel

Der Selektor ist der Name eines Elementes im HTML-Dokument; er stellt die Verbindung zu diesem Element her. Die Deklaration gibt an, welchen Effekt die Regel auf die entsprechenden HTML-Elemente haben soll, indem einer Eigenschaft ein bestimmter Wert zugewiesen wird.

Cascaded Stylesheets bieten etwa 120 Eigenschaften, denen Argumente zugewiesen werden können, z. B. zur Gestaltung des Hintergrundes, für Ränder um Texte und Bilder, Zeichensätze, Schriftgröße etc. Der Leser wird hierfür auf die CSS-Spezifikation oder auf entsprechende Fachliteratur verwiesen

Eine sehr wichtige Eigenschaft ist die Möglichkeit der Vererbung von Eigenschaften innerhalb einer HTML-Baumstruktur. Dabei werden stilistische Eigenschaften von Elementen an alle in der Baumstruktur unterhalb des betreffenden Elementes liegenden Knoten weitervererbt. Bei Konflikten überschreiben spezifische Regeln diejenigen von übergeordneten Elementen. Wird also zum Beispiel dem *body*-Element einer Seite eine spezielle Schriftfarbe zugewiesen, so wirkt sich das auf alle Unterknoten aus, für die keine eigene Schriftfarbe festgelegt wurde.

Um Dokumente, die Cascaded Stylesheets verwenden, darstellen zu können, ist natürlich ein Browser Voraussetzung, der CSS unterstützt. Davon kann heute aber bei allen verbreiteten Browsern ausgegangen werden.

Neben dem Designer einer Webseite können Styles auch vom Browser und vom Benutzer, der die Webseite in einem Browser betrachtet, festgelegt werden. Aufgabe des Browsers ist es dann, alle Stylesheets zu mischen. Dabei hat normalerweise das Stylesheet des Designers Vorrang vor dem des Benutzers und dem des Browsers.

Je nachdem, ob Stylesheets einem einzelnen HTML-Element, einer gesamten HTML-Datei oder einer ganzen Gruppe von HTML-Dateien zugeordnet werden, spricht man von

- Inline Stylesheets
- Embedded Stylesheets oder
- External Stylesheets

Die unterschiedlichen Stylesheet-Arten können sogar miteinander kombiniert werden, Inline Stylesheets überschreiben dann Embedded Stylesheets, diese wiederum überschreiben External Stylesheets.

6.1 Inline Stylesheets

Bei Inline Stylesheets erfolgt die Bindung des Formats (Styles) an ein Element mit Hilfe des *style*-Attributes. Wollen Sie ein Inline Stylesheet verwenden, um in dem bereits in Kapitel 5 verwendeten Beispiel Größe und Farbe des Textes „Hello World" zu verändern, dann weisen Sie den font-size- und color-Eigenschaften des *p*-Elementes mit Hilfe des *style*-Attributes die gewünschten Werte zu (Listing 10).

Wie erwartet, erscheint im Browser die Darstellung gemäß Bild 6.2.

```
<!DOCTYPE HTML PUBLIC "-//W3C//DTD HTML 4.01//EN"
   "http://www.w3.org/TR/REC-html4/strict.dtd">
<html>
   <head>
      <title >My HTML Document</title>
   </head>
   <body>
      <p style="font-size:48pt; color:#FF0000">Hello, World !</p>
   </body>
</html>
```

Listing 10 Verwendung von Inline Stylesheets

Bild 6.2
Hello-World-Beispiel mit
Inline Stylesheet

6.2 Embedded Stylesheets

Bei Embedded Stylesheets werden Styles im Header einer HTML-Datei mit dem *style*-Element zentral für die gesamte Datei definiert. Alle Elemente dieser Datei erhalten dann die zentral definierten Formateigenschaften. Damit können Änderungen leichter durchgeführt werden und die Dateien werden kleiner. Dies ist vor allem dann geeignet, wenn eine einzelne Seite anders dargestellt werden soll als andere.

Die Anwendung von Embedded Stylesheets zeigt Listing 11, in dem den Elementen *body*, *h1*, *h2* und *li* einer HTML-Seite spezielle Formatierungseigenschaften zugewiesen werden.

Dies ergibt die in Bild 6.3 gezeigte Darstellung im Browser.

6 Cascaded Stylesheets

```
<!DOCTYPE HTML PUBLIC "-//W3C//DTD HTML 4.01//EN"
  "http://www.w3.org/TR/REC-html4/strict.dtd">
<html>
  <head>
    <title>CSS Beispiel</title>
    <style>
      body {background-color : #FFFFCC; margin-left : 100px; color: #FF00FF; }
      h1 {font-size : 48pt; color : #FF0000; font-style : bold; }
      h2 {font-size : 24pt; font-style : italic; }
      li {font-size : 12pt; color : #FF0000; }
    </style>
  </head>
  <body>
    <h1>Kapitel</h1>
    <h2>Unterkapitel</h2>
    <ul>
      <li>Normaler Text 1</li>
      <li>Normaler Text 2</li>
      <li>Normaler Text 3</li>
    </ul>
  </body>
</html>
```

Listing 11 HTML-Seite mit Embedded Stylesheet

Bild 6.3
Mit Listing 11 erzeugte
Darstellung im Browser

6.3 External Stylesheets

Bei externen Stylesheets befinden sich die Style-Anweisungen in einer separaten Datei. Das HTML-Dokument wird in diesem Fall über ein *link*-Element mit dem Stylesheet verbunden.

Damit kann das komplette Layout einer ganzen Webseite sehr einfach durch Änderung eines zentralen Stylesheets geändert werden. Externe Stylesheets ermöglichen insbesondere einheitliche Formatvorgaben für viele Webseiten in großen Projekten und befreien den HTML-Code von darstellungsspezifischem Ballast.

```
<!DOCTYPE HTML PUBLIC "-//W3C//DTD HTML 4.01//EN"
  "http://www.w3.org/TR/REC-html4/strict.dtd">
<html>
  <head>
    <title>CSS Beispiel</title>
    <link rel="stylesheet" type="text/css" href="formate.css">
  </head>
  <body>
    <h1>Kapitel</h1>
    <h2>Unterkapitel</h2>
    <ul>
      <li>Normaler Text 1</li>
      <li>Normaler Text 2</li>
      <li>Normaler Text 3</li>
    </ul>
  </body>
</html>
```

Listing 12 HTML-Seite mit External Stylesheet

In Listing 12 ist das vorhergehende Beispiel diesmal mit einem externen Stylesheet dargestellt. Die Style Definitionen befinden sich in diesem Fall in der Datei „formate.css" auf die in der HTML-Seite verwiesen wird (Listing 13).

```
body {background-color : #FFFFCC; margin-left : 100px; color: #FF00FF; }
h1 {font-size : 48pt; color : #FF0000; font-style : bold}
h2 {font-size : 24pt; font-style : italic; }
li {font-size : 12pt; color : #FF0000; }
```

Listing 13 Zugehörige Style-Definitionen in der Datei formate.css

6.4 Fonts und Farben

In den Beispielen dieses Kapitels wurden bereits wiederholt einige der meistgenutzten Texteigenschaften wie Fettdruck, Schrägschrift, Zeichengröße und -farbe verwendet. Aus diesem Grund möchte ich an dieser Stelle noch kurz darauf eingehen, welche Möglichkeiten Cascaded Stylesheets bieten, die Eigenschaften von Zeichen zu beeinflussen.

6.4.1 Der Zeichensatz

Die Auswahl des Zeichensatzes erfolgt mit dem Schlüsselwort „font-family". Da nicht garantiert werden kann, dass der gewünschte Font von jedem Browser unterstützt wird, kann hier auch eine Liste angegeben werden.

```
h1 {font-family: Verdana, sans-serif;}
```

legt für Überschriften vom Typ *h1* den Zeichensatz Verdana fest. Sollte dieser nicht dargestellt werden können, würde stattdessen der Zeichensatz Sans serif verwendet.

6.4.2 Die Schriftart

Das Schlüsselwort „font-style" legt die Art und Weise fest, in der die Zeichen ausgegeben werden.

```
p {font-style: italic;}
```

legt fest, dass für Textabschnitte vom Typ *p* in Schrägschrift dargestellt werden.

6.4.3 Die Schriftgröße

Die Größe der darzustellenden Zeichen wird mit dem Schlüsselwort „font-size" angegeben. Sie kann sowohl absolut in Pixel angegeben werden, zum Beispiel

```
p {font-size: 48 pt;},
```

aber häufig werden auch relative Angaben wie in

```
h1 {font-size: 200%;}
h2 {font-size: 150%;}
p {font-size: 100%;}
```

verwendet, wobei die gewünschte Größe in Relation zur Schriftgröße des in der DTD (Kapitel 4.2) übergeordneten Elementes angegeben wird.

6.4.4 Farben

Zeichenfarbe und Farbe des Hintergrundes werden mit dem Schlüsselwort „color" spezifiziert. Als Wert kann der Name einer Farbe angegeben werden. Die Namen der wichtigsten Farben, z. B. black, blue oder red sind in HTML definiert.

```
body {color: black; background: red;}
```

legt als Voreinstellung für das Browserfenster schwarze Farbe auf rotem Hintergrund fest.

Alle anderen Farben werden über ihren RGB-Wert spezifiziert. Das ist ein aus sechs Byte bestehender Wert, bei dem jeweils zwei Byte die Werte für Rot, Grün und Blau angeben.

```
p {color: #FF0000;}
```

bestimmt daher, dass *p*-Elemente in roter Farbe dargestellt werden.

7 JavaScript

Wie Sie bereits gesehen haben, bietet HTML eine Reihe von Möglichkeiten um Interaktionen mit dem Benutzer zu realisieren. Mit Hilfe von Formularen können Benutzereingaben abgefragt und an einen Web-Server gesendet werden, wo die eingegebenen Daten von einem Skript oder Programm weiterverarbeitet werden. Dennoch gibt es Szenarien, die sich mit HTML allein nicht realisieren lassen.

Was zum Beispiel fehlt, ist eine Möglichkeit, die Benutzereingaben vor dem Absenden auf Richtigkeit zu prüfen. Ob eine Eingabe das richtige Format für ein Datum oder einen Geldbetrag hat, kann so erst auf der Serverseite geprüft werden. Effizienter wäre es, die Eingaben vor dem Absenden bereits wenigstens einem Plausibilitätstest zu unterziehen.

Häufig werden in HTML-Seiten Multimediadaten eingebettet, die nur mit entsprechenden Plugins dargestellt werden können. Hier wäre es praktisch, wenn sich zur Laufzeit die Verfügbarkeit des Plugins feststellen ließe, um dann gegebenenfalls auf das Herunterladen größerer Mengen solcher Daten zu verzichten.

Eine Möglichkeit, die beschriebenen und andere, ähnliche Probleme zu lösen, besteht im Einsatz von JavaScript. Es handelt sich dabei um eine von Netscape entwickelte Sprache, die inzwischen von der ECMA (European Computers Manufacturers Association) unter dem Namen ECMAScript standardisiert wurde. Microsoft entwickelte zur Umgehung von Lizenzproblemen mit Netscape JScript als eine eigene Variante dieser Sprache. Diese umfasst außer dem Sprachumfang von JavaScript noch viele zusätzliche Befehle.

In JavaScript geschriebene Programme lassen sich in HTML-Seiten einbetten und werden beim Aufruf einer Seite zusammen mit dem HTML-Code zum Client übertragen und dort von einem entsprechenden Interpreter, der in den Browser integriert ist, ausgeführt. HTML-Seiten verlieren dadurch ihren rein statischen Charakter und verhalten sich eher wie Programme: Daten können über Formulare eingegeben, intern verarbeitet und die Ergebnisse auf den Browser ausgegeben werden.

Aus Sicherheitsgründen unterliegt JavaScript, ähnlich wie Java-Applets, einigen wesentlichen Beschränkungen. Zum Beispiel können damit keine Dateien auf dem Client geändert oder gelöscht werden.

Ähnlich wie bei Cascaded Stylesheets gibt es auch bei JavaScript die Möglichkeit, den Code in die HTML-Datei einzubetten oder in einer eigenen Datei abzuspeichern, die dann beim Laden der HTML-Seite mit übertragen wird.

Im Listing 14 befindet sich der JavaScript-Code im *script*-Element im Header der HTML-Datei. Wie gezeigt, ist es empfehlenswert, das Skript zur Sicherheit in einen HTML-Kommentar einzuschließen, damit Browser, die JavaScript nicht unterstützen, keine Fehlermeldung ausgeben.

```
<!DOCTYPE HTML PUBLIC "-//W3C//DTD HTML 4.01//EN"
  "http://www.w3.org/TR/REC-html4/strict.dtd">
<html>
  <head>
    <title>JavaScript</title>
    <script type="text/javascript">
      <!--
      function Quadrat () {
        var Ergebnis = document.Formular.Eingabe.value *
        document.Formular.Eingabe.value; alert ("Das Quadrat von " +
        document.Formular.Eingabe.value + " = " + Ergebnis); }
      //-->
    </script>
  </head>
  <body>
    <form name="Formular" action="">
      <input type="text" name="Eingabe" size="3">
      <input type="button" value="Quadrat errechnen" onClick="Quadrat()">
    </form>
  </body>
</html>
```

Listing 14 Eingebettetes JavaScript

Der JavaScript-Code wird automatisch beim Laden der Datei ausgeführt, wenn er wie im Beispiel außerhalb jeder selbst definierten Funktion steht. Bild 7.1 zeigt die Ausführung von JavaScript im Browser.

Bild 7.1
Ausführung von JavaScript
im Browser

Ähnlich wie bei Stylesheets gibt es auch bei JavaScript die Möglichkeit, Skripts außerhalb der eigentlichen HTML-Datei zu definieren und in einer separaten Datei abzuspeichern. Diese Vorgehensweise verbessert die Übersichtlichkeit, da HTML- und JavaScript-Codes voneinander getrennt sind, und gestattet den JavaScript-Code auch in anderen HTML-Seiten zu verwenden. Listing 15 und Listing 16 zeigen für diesen Fall den Inhalt der HTML- und der JavaScript-Datei.

JavaScript enthält eine Vielzahl von Regeln, Variablen, Kontrollstrukturen, Schleifen, Funktionen, Methoden, sowie Parametern und Objekten. Sie haben in den aufgeführten Beispielen nur einen verschwindend kleinen Teil davon kennen gelernt. Um JavaScript vollständig zu beherrschen bleibt kein anderer Weg, als diese Programmiersprache, die es ja letztlich ist, zu lernen. Da es hier nur Ziel ist die Funktionsweise von JavaScript zu vermitteln, sei dafür auf die in großer Zahl vorhandene Fachliteratur verwiesen.

```
<!DOCTYPE HTML PUBLIC "-//W3C//DTD HTML 4.01//EN"
  "http://www.w3.org/TR/REC-html4/strict.dtd">
<html>
  <head>
    <title>JavaScript</title>
    <script src="quadrat.js" type="text/javascript"></script>
  </head>
  <body>
    <form name="Formular" action="">
      <input type="text" name="Eingabe" size="3">
      <input type="button" value="Quadrat errechnen" onClick="Quadrat()">
    </form>
  </body>
</html>
```

Listing 15 HTML-Datei mit externem JavaScript

```
function Quadrat () {
  var Ergebnis = document.Formular.Eingabe.value *
document.Formular.Eingabe.value; alert("Das Quadrat von " +
document.Formular.Eingabe.value + " = " + Ergebnis);
}
```

Listing 16 Externes JavaScript in der Datei quadrat.js

8 XML

SGML ist – wie schon beschrieben – eine sehr leistungsfähige Sprache, deren Möglichkeiten diejenigen von HTML bei weitem übersteigen. Andererseits hat sich diese Sprache aber wegen ihrer großen Komplexität im Rahmen des WWW nicht verbreiten können. HTML dagegen ist leicht erlernbar, hat aber in vielen Anwendungsbereichen gravierende Einschränkungen und erfordert daher oft umständliche und aufwändige Speziallösungen.

Aus diesem Grund wurde 1996 beim W3C mit der Entwicklung einer Metasprache auf der Basis von SGML mit dem Namen XML (eXtensible Markup Language) begonnen. Designziele waren Einfachheit und Kompatibilität sowohl mit SGML als auch mit HTML. Im Jahr 1998 wurde XML 1.0 als Recommendation vom W3C-Konsortium verabschiedet [34].

Um die Vorteile von XML besser zu verstehen, möchte ich Ihnen zunächst noch einmal die wichtigsten Nachteile von HTML klarmachen.

- HTML vermischt Layout- und Nutzdaten

    Das World Wide Web wurde ursprünglich ausschließlich für die Präsentation statischer Daten im HTML-Format durch einen Browser konzipiert. Schon bald erkannte man jedoch sehr viel weitergehende Möglichkeiten. Zum Beispiel sollten auch von einer Datenbank oder einer Anwendung gelieferte Daten dargestellt werden können. Dafür wurden Technologien wie CGI (Kapitel 5.4.1), spezielle Web-Server-APIs (wie NSAPI, ISAPI) und später Techniken wie ASP und JSP (Kapitel 12.3.5 bzw. 11.7.4) verwendet. Alle diese Technologien beruhen darauf, dass serverseitig ein HTML-Datenstrom erzeugt wird, der von einem Browser dargestellt werden kann.

    Diese Vorgehensweise hat jedoch den Nachteil, dass Daten, die Layout-Information enthalten (die also beschreiben, wie etwas auf dem Bildschirm dargestellt wird), und die eigentlichen Nutzdaten, z. B. der aktuelle Kontostand bei einer Homebanking-Anwendung, miteinander vermischt werden. Da HTML auch keine Möglichkeit bietet, Daten mit semantischen Informationen zu versehen, ist eine automatische Weiterverarbeitung dieser Daten durch ein Programm schwierig.

    Dies ist leicht an einem Beispiel zu verdeutlichen. Dazu komme ich wieder auf das Beispiel der Buchbestellung zurück. Diese könnte im Browser zum Beispiel wie in Bild 8.1 dargestellt werden.

8 XML

Bild 8.1
Darstellung der Buch-Bestellung im Browser

Für den Betrachter ist die Bedeutung der angezeigten Daten auf den ersten Blick verständlich. Sollen die Daten dagegen maschinell weiterverarbeitet werden, so kann das nur basierend auf dem zugehörigen HTML-Code (Listing 17) erfolgen.

Das Problem ist offensichtlich: Wie soll ein Programm erkennen, dass es sich hier um eine Bestellung handelt und woher soll es wissen, wo es zum Beispiel die ISBN-Nummer findet? Außerdem ist die vorliegende Darstellung auch nicht eindeutig, bei einem anderen Web-Designer würde die gleiche Bestellung vermutlich völlig anders aussehen.

Bislang hat man sich damit beholfen, dass man mit Hilfe eines speziell an die HTML-Seite angepassten Programms die Nutzdaten aus dem HTML-Datenstrom wieder extrahiert hat. Das ist nicht nur umständlich und aufwändig, dieses Vorgehen birgt auch nicht zu unterschätzende Gefahren: Selbst geringfügige Änderungen im Layout einer HTML-Seite, z. B. die Vertauschung von ISBN-Nummer und Preis werden in aller Regel gravierende Auswirkungen haben.

- HTML ist nicht erweiterbar

  Ein weiteres Problem stellt der starr festgelegte Sprachumfang von HTML dar, da dieser für spezielle Anforderungen nicht erweitert werden kann. So gibt es zum Beispiel keine Möglichkeit, spezielle Symbole anzuzeigen, wie sie in mathematischen oder physikalischen Formeln verwendet werden. Dafür wären Erweiterungen des HTML-Sprachumfanges notwendig, die dann aber auch von den Browserherstellern unterstützt werden müssten. In der Regel kann man nicht erwarten, dass das geschieht.

```
<!DOCTYPE HTML PUBLIC "-//W3C//DTD HTML 4.01//EN"
 "http://www.w3.org/TR/REC-html4/strict.dtd">
<html>
  <head>
    <title>Bestellung</title>
  </head>
  <body>
    <h1>Bestellung vom 2.10.2002</h1>
    <p>XML, John Jacobs</p>
    <p>isbn: 1-123-12345-1</p>
    <p>Smith Publications</p>
    <p>Preis: 49.50</p>
    <h1>Daten des Bestellers</h1>
    <p>Hans Huber</p>
    <p>98765 Mittelstadt</p>
    <p>Feldweg 1</p>
    <p>Kunden-Nr. 43210</p>
    <p>A-Bank, Kartennummer 111122223333</p>
  </body>
</html>
```

Listing 17 HTML-Code der Bestellung

- HTML bietet nur eine Sicht auf die Daten

  Auch auf die zunehmende Verbreitung mobiler Endgeräte wie PDAs, Webpads oder webfähiger Mobiltelefone ist HTML nicht vorbereitet. Diese Geräte verfügen über sehr unterschiedliche Darstellungsmöglichkeiten, z. B. bezüglich Farbe oder Displaygröße, an die die darzustellenden Daten angepasst werden müssen. HTML bietet aber immer nur eine Sicht auf die Daten, nämlich die, die der Webseiten-Designer festgelegt hat.

8.1 XML-Sprachdefinition

Natürlich kann und soll hier nicht die XML-Spezifikation wiedergegeben werden. Wie schon in den vorhergehenden Kapiteln sollen hier lediglich einige wichtige Eigenschaften herausgegriffen werden, die für das grundlegende Verständnis vonnöten sind.

XML definiert eine Metasyntax, d. h. es legt nur fest, wie Auszeichnung von Inhalt unterschieden wird, wie man Elemente strukturiert und wie Attribute an Elemente angehängt werden. Über die Bedeutung dieser Elemente und Attribute wird keine Aussage gemacht.

Mit Hilfe dieser Metasyntax können XML-basierte Auszeichnungssprachen für spezifische Anwendungsfälle definiert werden, die alle eine eigene Syntax und ein eigenes Vokabular haben. Solche so genannten XML-Anwendungen gibt es bereits für viele Anwendungsfälle, z. B. MathML zur Darstellung mathematischer Gleichungen, MusicML zur Darstellung von Noten oder SVG (Scalable Vector Graphics) zur Darstellung von Grafiken. Zur Darstellung der jeweiligen Dokumente sind spezielle Programme oder Browser-Plugins notwendig.

Weitere XML-Anwendungen sind zum Beispiel XML Schema, XSL Transformations oder XPointer, die Sie im Verlauf dieses Kapitels noch genauer kennen lernen werden.

Ein XML-Dokument ist immer eine Instanz einer bestimmten XML-Anwendung. Grundsätzlich beginnt jedes XML-Dokument mit einem Prolog. Dessen erste Zeile ist stets die so genannte XML-Deklaration. Sie hat die folgende Form:

```
<?xml version="1.0" encoding="UTF-8"?>
```

Die XML-Deklaration ist eine XML-Anweisung. Diese beginnt stets mit „<?" und endet mit „?>". Sie dient dazu, einer Anwendung, die das Dokument verarbeiten soll, bestimmte Informationen weiterzugeben. Später werden Sie noch andere XML-Anweisungen kennen lernen, z. B. in (Abschnitt 8.5.2) die xml-stylesheet-Anweisung.

Die XML-Deklaration besitzt mehrere Attribute. Mit dem Versionsattribut wird die XML-Version angegeben. Da es bisher nur eine Version gibt, ist hier also stets „1.0" anzugeben. Mit dem Attribut *encoding* wird das für die Codierung verwendete Format angegeben, in diesem Fall UTF-8, eine Erweiterung des ASCII-Standards, die fast alle in den verschiedenen Sprachen der Welt vorkommenden Sonderzeichen enthält.

Nach dem Prolog folgt dann das Root-Element des Dokumentes. Ein XML-Dokument muss stets genau ein Root-Element besitzen, das alle anderen Elemente vollständig enthält.

Im Gegensatz zu HTML erlaubt XML eine semantische Auszeichnung von Daten, d. h. den Daten werden Identifikatoren (die schon aus (Kapitel 4.1) bekannten Tags) zugeordnet, die die Semantik der Daten beschreiben. Genau wie bei HTML beginnen XML-Elemente also mit einem Start-Tag und enden mit einem Ende-Tag, zum Beispiel

```
<titel>XML</titel>
```

Die Namen der Tags werden vom Designer der XML-Anwendung (z. B. für eine Bestellung) festgelegt.

Die Elemente können wie bei SGML und HTML zur genaueren Beschreibung Attribute besitzen, die im Start-Tag angegeben werden, zum Beispiel

```
<bestellung datum="2002-20-02">...</bestellung>
```

Einige wichtige syntaktische Unterschiede zu HTML sollen hier nicht unerwähnt bleiben:

- Leere Tags müssen bei XML explizit mit einem Slash (/) am Ende des Start-Tags gekennzeichnet werden.
- Wie Sie gesehen haben, müssen bei HTML bestimmte Tags, z. B. bei der Definition einer Liste mit dem *li*-Element nicht geschlossen werden. Es bleibt dann dem Browser überlassen, das Ende des entsprechenden Elementes zu finden. Unter Umständen kann dies aber zu Mehrdeutigkeiten führen. XML schreibt deswegen schließende Tags zwingend vor.
- Auch überlappende Tags sind nicht erlaubt, es ist also stets eine streng hierarchische Dokumentstruktur erforderlich. Folgende HTML-Konstruktion ist also in XML beispielsweise nicht möglich:

   <p>Dies ist ein <b> Satz </p> </b>

- Element- und Attributnamen sind case-sensiti,v d. h. bei XML wird im Gegensatz zu HTML zwischen Groß- und Kleinschreibung unterschieden.
- Attributwerte müssen zwischen Hochkommas stehen.

An dieser Stelle komme ich wieder auf die Buchbestellung zurück. Das in Listing 18 dargestellte Beispiel enthält dazu die Daten eines Bestellers und zweier Bücher.

```xml
<?xml version="1.0"?>
<!DOCTYPE bestellung SYSTEM "bestellung.dtd">
<bestellung datum="2002-10-02">
  <besteller>
    <name>Hans Huber</name>
    <adresse>
      <postleitzahl>98765</postleitzahl>
      <ort>Mittelstadt</ort>
      <strasse>Feldweg</strasse>
      <hausnummer>1</hausnummer>
    </adresse>
    <kundennummer>43210</kundennummer>
    <kreditkarte>
      <kartennummer>111122223333</kartennummer>
      <bank>A-Bank</bank>
    </kreditkarte>
  </besteller>
  <buch>
    <titel>HTML</titel>
```

Listing 18 Buchbestellung als XML-Dokument (**Anfang**)

```
        <isbn>1-123-12345-1</isbn>
        <autor>Monika Meier</autor>
        <verlag>Bauer Verlag</verlag>
        <preis>27.00</preis>
    </buch>
    <buch>
        <titel>XML</titel>
        <isbn>1-123-12345-2</isbn>
        <autor>John Jacobs</autor>
        <verlag>Smith Publications</verlag>
        <preis>49.50</preis>
    </buch>
</bestellung>
```

Listing 18 Buchbestellung als XML-Dokument **(Fortsetzung)**

Im Gegensatz zu der HTML-Darstellung einer Bestellung in (Listing 1) sehen Sie, dass hier alle Elemente mit semantischen Informationen versehen sind und daher auch von einem Programm leicht ausgewertet werden können.

Dagegen wird über die Darstellung des Dokumentes, z. B in einem Browser, überhaupt keine Aussage gemacht.

8.2 Wohlgeformte und gültige Dokumente

Um XML-Dokumente automatisch verarbeiten zu können, müssen diese den in der XML-Spezifikation [34] festgelegten Regeln bezüglich Notation und Struktur genügen. Dazu gehören insbesondere die in Kapitel 8.1 besprochenen Eigenschaften. Man nennt diese XML-Dokumente dann wohlgeformt. Programme, die solche Dokumente lesen können, nennt man Parser.

Validierende Parser gehen noch einen Schritt weiter. Sie prüfen nicht nur die Einhaltung der Syntax des vorliegenden Dokumentes, sondern untersuchen zusätzlich, ob es sich um ein sinnvolles Dokument handelt.

Denn nicht jedes syntaktisch korrekte Dokument muss auch sinnvoll sein. Das folgende XML-Fragment ist zwar wohlgeformt; sinnvoll ist es offensichtlich nicht, da ein Buch zwar einen Autor hat, aber die Angabe einer Temperatur als Eigenschaft eines Buches offensichtlich sinnlos ist.

```
<buch>
  <autor>John Jacobs</autor>
  <temperatur>37</temperatur>
</buch>
```

Die Frage ist nun, wie ein Parser feststellen soll, ob ein XML-Dokument einen sinnvollen Inhalt enthält. Dazu bedarf es eines zusätzlichen Hilfsmittels, das Sie schon bei der Behandlung von SGML kennen gelernt haben: die Document Type Definition (DTD). Diese beschreibt die Grammatik, die vom Designer der Sprache festgelegt wurde und festlegt, welche Elemente die Sprache enthält, wie diese hierarchisch angeordnet sein müssen und welche Attribute sie besitzen.

Ein Dokument, das syntaktisch korrekt ist und zusätzlich einer vorgegebenen DTD entspricht, nennt man gültig. Ein validierender Parser ist damit ein Parser, der feststellt, ob ein vorliegendes XML-Dokument wohlgeformt ist und einer bestimmten DTD entspricht.

Um Dokumente zwischen verschiedenen Unternehmen oder Anwendungen austauschen zu können, müssen diese natürlich die gleiche DTD verwenden. Dies wird dadurch vereinfacht, dass Gremien wie XML.org für eine Reihe von Anwendungsfällen in den unterschiedlichsten Industriezweigen von der Luftfahrt über das Gesundheitswesen bis hin zur Telekommunikation bereits standardisierte DTDs herausgegeben haben.

8.3 Namespaces

In der Praxis werden Sie es oft, anders als bei meinem einfachen Beispiel, mit mehr als nur einem einzigen XML-Dokument zu tun haben. Dies wird schon aus Gründen der Modularität und der Wiederverwendung bewährter Dokumente häufig der Fall sein. Dadurch können Namenskonflikte auftreten, wenn in mehreren Dokumenten Elemente oder Attribute gleichen Namens aber unterschiedlicher Bedeutung verwendet werden. Zum Beispiel kann der Elementname *name* in einem Dokument für Personennamen, im zweiten für Straßennamen und im dritten für Rechnernamen verwendet werden. Um Konflikte zu vermeiden, wurde deshalb das Konzept von Namespaces (Namensräumen) eingeführt.

Durch die Angabe eines Namespace erfolgt eine eindeutige Festlegung, welche Element- bzw. Attributdefinition gemeint ist. Die Festlegung auf einen Namespace kann zwar grundsätzlich in jedem Element getroffen werden, aus Gründen der Übersichtlichkeit sollten aber alle Namespaces im Root-Element eines XML-Dokumentes definiert werden.

Die Definition eines Namespace hat die folgende Form:

```
<bestellung xmlns:best="http://www.mysite.de/bestellung">
```

Hiermit wird das Präfix „best" dem URI http://www.mysite.de/bestellung zugeordnet. Dadurch, dass einem Element- oder Attributnamen dieses Präfix vorangestellt wird, wird im weiteren Verlauf eines Dokumentes angezeigt, dass die zugehörige Definition aus dem entsprechenden Namespace gemeint ist.

Beispiel:

```
<best:name>Hans Huber</best:name>
```

Wird in der Namespace-Deklaration kein expliziter Präfix angegeben, z. B.

```
<bestellung xmlns="http://www.mysite.de/bestellung">
```

dann wird der angegebene Namespace der Default-Namespace des Elementes. Das bedeutet, dass für alle Elemente ohne Präfix dann die in diesem Namespace festgelegte (voreingestellte) Definition gilt. Hierbei ist allerdings zu beachten, dass der Default-Namespace nicht auf Attribute wirkt.

Unglücklicherweise arbeiten Namespaces und DTDs nicht sehr gut zusammen. Bei Namensräumen gilt das Prinzip, dass es nur auf die URI ankommt, unter der Elemente und Attribute für eine Anwendung definiert sind. Das für den Namespace verwendete Präfix (in unserem Beispiel: best) dagegen kann jederzeit geändert werden (z. B. in bstlg).

Zur Validierung eines Dokumentes, das Namespace-Präfixe verwendet, müssen aber die mit dem Präfix versehenen Namen in der DTD deklariert sein. Bezogen auf mein Beispiel heißt das, dass in der DTD folgende Elemente deklariert werden müssen:

```
<!ELEMENT best:buch ...>
<!ELEMENT best:besteller ...>
etc.
```

Sobald im XML-Dokument andere Präfixe verwendet würden, ohne dass die DTD angepasst wird, wäre das Dokument nicht mehr gültig.

8.4 XML-Schema

In manchen Fällen gibt es Anforderungen, denen das Konzept der DTD nicht gerecht wird. Eine wesentliche Einschränkung der DTD besteht etwa darin, dass sie keine Datentypen (außer Strings) für Element- und Attributinhalte kennt und sie uns bei dem Beispiel Buchbestellung keine Möglichkeit bietet, sicherzustellen, dass für Preis oder ISBN-Nummer jeweils nur ein bestimmtes Format angegeben werden kann.

Für diese Fälle gibt es mit XML-Schema eine zu DTD alternative, leistungsfähigere Technologie.

XML-Schema ist zwar komplexer als die DTD, bietet dafür aber auch wesentlich mehr Möglichkeiten. Wie die DTD handelt es sich um eine Spezifikation, die beschreibt, welchen Regeln ein XML-Dokument bezüglich der Anordnung der Elemente und der Zuordnung von Attributen zu Elementen gehorchen muss. Im Gegensatz zur DTD ist ein XML-Schema jedoch selbst eine XML-Datei. Das hat den Vorteil, dass Anwender keine zusätzliche Sprache mehr zu lernen brauchen und für die Verarbeitung Standard-XML-Werkzeuge eingesetzt werden können. Im Gegensatz zu der fest definierten DTD-Syntax kann insbesondere auch der Sprachumfang leicht erweitert werden.

Einer der Hauptvorteile von XML-Schema ist, dass für Element- und Attributinhalte bestimmte Datentypen vorgeschrieben werden können. Dabei kann auf vordefinierte Datentypen wie Strings, Integer und Dezimalzahlen zurückgegriffen werden, es können jedoch auch eigene einfache und zusammengesetzte Datentypen definiert werden.

Soll für das Beispiel Buchbestellung anstelle einer DTD ein XML-Schema verwendet werden, so könnte dieses wie in Listing 19 aussehen.

```xml
<?xml version="1.0"?>
<!-- XML Schema für Bestellung -->
<xsd:schema xmlns:xsd="http://www.w3.org/2001/XMLSchema">
  <xsd:element name="bestellung" type="bestellungType"/>

  <xsd:complexType name="bestellungType">
    <xsd:sequence>
      <xsd:element name="besteller" type="bestellerType"/>
      <xsd:element name="buch" type="buchType" maxOccurs="unbounded"/>
    </xsd:sequence>
    <xsd:attribute name="datum" type="xsd:date"/>
  </xsd:complexType>

  <xsd:complexType name="bestellerType">
    <xsd:sequence>
      <xsd:element name="name" type="xsd:string"/>
      <xsd:element name="adresse" type="adresseType"/>
      <xsd:element name="kundennummer" type="xsd:integer"/>
      <xsd:element name="kreditkarte" type="kreditkarteType"/>
    </xsd:sequence>
  </xsd:complexType>

  <xsd:complexType name="adresseType">
    <xsd:sequence>
      <xsd:element name="postleitzahl" type="xsd:integer"/>
      <xsd:element name="ort" type="xsd:string"/>
      <xsd:element name="strasse" type="xsd:string"/>
```

Listing 19 XML-Schema für Buchbestellung (**Anfang**)

```xml
      <xsd:element name="hausnummer" type="xsd:integer"/>
    </xsd:sequence>
  </xsd:complexType>

  <xsd:complexType name="kreditkarteType">
    <xsd:sequence>
      <xsd:element name="kartennummer" type="xsd:integer"/>
      <xsd:element name="bank" type="xsd:string"/>
    </xsd:sequence>
  </xsd:complexType>

  <xsd:complexType name="buchType">
    <xsd:sequence>
      <xsd:element name="titel" type="xsd:string"/>
      <xsd:element name="isbn" type="isbnType"/>
      <xsd:element name="autor" type="xsd:string"/>
      <xsd:element name="verlag" type="xsd:string"/>
      <xsd:element name="preis" type="xsd:decimal"/>
    </xsd:sequence>
  </xsd:complexType>

  <xsd:simpleType name="isbnType">
    <xsd:restriction base="xsd:string">
      <xsd:pattern value="\d{1}-\d{3}-\d{5}-\d{1}"/>
    </xsd:restriction>
  </xsd:simpleType>
</xsd:schema>
```

Listing 19 XML-Schema für Buchbestellung (**Fortsetzung**)

Der Namespace für XML-Schema ist http://www.w3.org/2001/XMLSchema. Für diesen Namespace wird das Präfix „xsd" verwendet. Damit können Elemente, die in der XML-Schema-Spezifikation definiert sind, von eigenen Elementen unterschieden werden.

In XML-Schema wird grundsätzlich zwischen komplexen Datentypen, die sich aus Elementen und Attributen zusammensetzen, und einfachen Datentypen, die weder Elemente noch Attribute enthalten können, unterschieden.

Einfache Datentypen, wie string, integer, decimal oder date werden mit dem *simpleType*-Element definiert und sind in der XML-Schema-Definition bereits enthalten.

Komplexe Datentypen werden mit dem *complexType*-Element definiert. So wurde beispielsweise im Beispiel ein Datentyp *bestellerType* festgelegt, der sich wiederum aus dem Namen, der Adresse, der Kundennummer und Angaben zur Kreditkarte zusammensetzt. Hierbei sind *adresseType* und *kreditkarteType* wiederum komplexe Datentypen, während *name* und *kundennummer* einfache Strings sind.

Außerdem können neue Typen aus bereits vorhandenen Typen abgeleitet werden. Auf diese Art und Weise wurde der Typ *isbnType* festgelegt, der die ISBN eines Buches repräsentieren soll. Da die ISBN eines Buches ja kein beliebiger String sein kann, sondern ein bestimmtes Muster haben muss, wird das *xsd:restriction*-Element verwendet um nur Zeichenketten als Elementinhalt zuzulassen, die genau diesem Muster entsprechen. Zur Definition dieses Musters können die (zumindest Menschen mit UNIX-Erfahrung) bekannten regulären Ausdrücke verwendet werden.

Neben der Möglichkeit der Verwendung von Datentypen bietet XML-Schema aber noch eine Reihe weiterer Möglichkeiten. Mit den Attributen *minOccurs* und *maxOccurs* kann festgelegt werden, wie oft Elemente innerhalb eines übergeordneten Elementes auftreten können.

Zum Beispiel führt die Angabe

```
maxOccurs = "unbounded"
```

bei der Definition des Datentyps *bestellungType* in Listing 18 dazu, dass eine Bestellung beliebig viele *buch*-Elemente enthalten darf. Werden *maxOccurs* bzw. *minOccurs* nicht angegeben, so ist „1" jeweils die Voreinstellung.

XML-Schema bietet noch sehr viele weitere Möglichkeiten, auf die ich hier aus bekannten Gründen wieder nicht weiter eingehen kann. Dazu gehören z. B. die Möglichkeit, für Element- und Attributinhalte Default Werte anzugeben oder bei einfachen Datentypen mit Wertebereichen zu arbeiten [36-38].

8.5 Darstellung von XML-Dokumenten

Der Stil (engl.: style), d. h. die Art und Weise wie ein Dokument von einem Browser dargestellt wird, ist grundsätzlich nicht Bestandteil des XML-Dokumentes. Es muss daher eine zusätzliche Informationsquelle geben, die beschreibt, wie ein Browser ein bestimmtes Dokument darstellen soll. Ein entsprechendes Konzept haben Sie schon bei HTML kennen gelernt. Dort hat man, um Inhalt und Layout voneinander zu trennen, Cascaded Stylesheets (Kapitel 6) eingeführt, die die Darstellungseigenschaften eines Dokumentes beschreiben.

Auch bei XML-Dokumenten kann CSS eingesetzt werden. Zusätzlich gibt es aber eine leistungsfähigere XML-basierte Technologie, die so genannten XSL-(Extensible Stylesheet Language)-Stylesheets. In den folgenden Abschnitten werden beide Möglichkeiten betrachtet.

8.5.1 Cascaded Stylesheets und XML

Die Verwendung von Cascaded Stylesheets zur Darstellung von XML-Dokumenten unterscheidet sich prinzipiell nicht von der Anwendung von externen Stylesheets für die Ausgabe von HTML-Dateien in einem Browser.

Listing 20 zeigt die Verwendung der xml-stylesheet-Anweisung, um ein XML-Dokument mit dem zugehörigen Stylesheet zu verbinden.

```
<?xml version="1.0"?>
<?xml-stylesheet type="text/css" href="hallo.css"?>
<hallo>Hello, World !</hallo>
```

Listing 20 Hello-World-Beispiel mit Stylesheet

Der Inhalt der Stylesheet-Datei wird auf die gleiche Art und Weise definiert wie schon in Kapitel 6 beschrieben.

Enthält das Stylesheet die folgende Regel:

```
hallo {font-size:48pt; color:#FF0000;}
```

dann liefert der Browser die in Bild 8.2 gezeigte Darstellung.

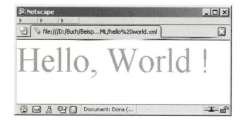

Bild 8.2
Darstellung im Browser

8.5.2 XSL

XSL ist eine Stylesheet-Sprache, die speziell für den Gebrauch mit XML-Dokumenten entwickelt wurde und die weit über die Möglichkeiten von CSS hinausgeht. Während mit CSS immer nur das Format eines Elements geändert werden kann, erlaubt XSL zusätzlich das Umordnen, Einfügen oder Weglassen von Elementen.

Die Darstellung kann nicht nur aufgrund von Tags sondern auch abhängig vom Inhalt oder den Attributen eines Elementes festgelegt werden.

XSL besteht aus zwei verschiedenen voneinander unabhängigen Sprachen, die sich aber gegenseitig ergänzen:

- XSL Transformations (XSLT) [44-45] erlaubt die Umwandlung einer XML-Repräsentation in eine andere. Dabei erzeugt ein XSL-Prozessor aus einer XML-Datei, die einen Eingabebaum enthält, und einem XSL-Stylesheet einen Ausgabebaum. In den meisten Fällen wird es sich dabei wieder um XML, um XHTML (Kapitel 9) oder um XSL-FO handeln.

  Mit XSLT kann zum Beispiel eine XML-basierte Rechnung eines Unternehmens in die XML-Darstellung eines anderen Unternehmens transformiert werden, um dort automatisch weiterverarbeitet werden zu können. Ebenso ist es möglich, ein XML-Dokument für die Darstellung auf einem normalen Web-Browser in HTML und für die Darstellung auf einem Handy in WML zu transformieren.

- XSL Formatting Objects (XSL-FO) [45] ist eine abstrakte Formatierungssprache, die die Formatierung von Dokumenten beschreibt. Liegt ein Dokument in diesem Format vor, dann kann es von entsprechenden Formatierungsprogrammen für unterschiedliche Zielsysteme aufbereitet werden.

XSL Stylesheets

Ein Stylesheet ist selbst ein XML-Dokument und beginnt daher mit der XML-Deklaration. Das Root-Element eines Stylesheets ist das *xsl:stylesheet*-Element. Es besitzt zwei Attribute, die angegeben werden müssen: *version* und *xmlns:xsl*. Sie können derzeit nur die Werte *1.0* bzw. *http://www.w3.org/1999/XSL/Transform*, den URI des XSL-Namespace (Kapitel 8.3) annehmen. Ein XSL-Stylesheet beginnt also immer mit den Zeilen:

```
<?xml version="1.0">
<xsl:stylesheet version="1.0" xmlns:xsl="http://www.w3.org/1999/XSL/
  Transform">
```

In den folgenden Abschnitten möchte ich die wichtigsten Eigenschaften der XSL-Transformationen etwas näher betrachten.

Das xsl:template-Element

Die Arbeit des XSLT-Prozessors beruht auf Regeln, die im Stylesheet definiert werden. Jede dieser Regeln ist ein *xsl:template*-Element. Es besteht aus einem Muster (Pattern), welches die Knoten spezifiziert, auf die sich die Regel bezieht, sowie einer Vorlage (Template), die ausgegeben wird, wenn das Muster in der XML-Datei gefunden wird.

Das Template enthält in der Regel Auszeichnungen sowie Daten aus dem ursprünglichen XML-Dokument. Insgesamt wird so ein Eingabebaum in einen Ausgabebaum umgewandelt. Dabei kann sich deren Struktur völlig voneinander unterscheiden. Es können Knoten weggelassen, hinzugefügt oder in eine völlig andere Reihenfolge gebracht werden (Bild 8.3).

Außerdem kann das Template auch XSL-Anweisungen enthalten. Das sind Elemente, die ein xsl-Präfix besitzen und bestimmte Vorgänge ausführen, zum Beispiel die Auswahl bestimmter Elemente des Eingabebaumes.

8 XML

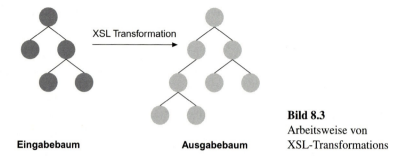

Bild 8.3
Arbeitsweise von
XSL-Transformations

Im folgenden Beispiel wird im *xsl:template*-Element festgelegt, dass der Root-Knoten „/" des Dokumentes durch das angegebene Template ersetzt wird. Hier ist zu beachten, dass bei XSL der Root-Knoten von der obersten Dokumentebene unterschieden wird.

Wird die in dem folgenden Codefragment dargestellte Regel

```
<xsl:template match="/">
  <html>
  </html>
</xsl:template>
```

zum Beispiel auf die als XML-Dokument vorliegende Buchbestellung in Listing 19 angewendet, so erhält man die folgende Ausgabe:

```
<html>
</html>
```

Dass der Inhalt des Dokumentes hier nicht berücksichtigt wurde, mag vielleicht auf den ersten Blick überraschen. Es liegt aber einfach daran, dass nur für die Verarbeitung des Root-Knotens eine Regel definiert wurde.

Gibt man sich mit der Verarbeitung bestimmter ausgewählter Knoten allein nicht zufrieden, sondern will man auch untergeordnete Elemente der Baumstruktur des Eingabedokumentes verarbeiten, wird ein Mechanismus benötigt, der die rekursive Bearbeitung aller Elemente eines Dokumentes erlaubt.

Das xsl:apply-templates-Element

Dieser Mechanismus wird mit Hilfe des *xsl:apply-templates*-Elementes realisiert. Dieses weist den XSL-Prozessor an, jedes untergeordnete Element des gefundenen Quellelementes mit den Mustern im Stylesheet abzugleichen und die Templates für alle gefundenen Knoten auszugeben.

Wird das Stylesheet um eine Zeile erweitert, die das *xsl:apply-templates*-Element enthält, und wird dieses auf das entsprechende XML-Dokument angewendet, dann wird für alle dem Root-Knoten untergeordneten Elemente, im Beispiel also für das Element *bestellung*, nach entsprechenden Regeln gesucht.

Elemente, für die keine Regeln definiert wurden, werden von XSLT grundsätzlich unverändert in den Ausgabebaum übernommen. Das folgende Codefragment

```
<xsl:template match="/">
  <html>
    <xsl:apply-templates/>
  </html>
</xsl:template>
```

liefert mit unveränderter Übernahme der Inhalte der Elemente *besteller* und *buch*:

```
<html>Hans Huber 98765 Mittelstadt Feldweg 1 43210 111122223333 A-Bank
HTML 1-123-12345-1 Monika Meier Bauer Verlag 27.00
XML 1-123-12345-2 John Jacobs Smith Publications 49.50
</html>
```

Um das *bestellung*-Element durch einen Ausgabebaum zu ersetzen, der für die gewünschte Auszeichnung der Ausgabe sorgt, werden weitere Stylesheet-Elemente benötigt.

Das xsl:value-of-Element

Das *xsl:value-of*-Element gestattet den gezielten Zugriff auf die Inhalte eines Elementes. Dazu verfügt es über ein *select*-Attribut, das die Auswahl von Subelementen und Attributen gestattet. Wird als Argument ein Punkt (.) angegeben, so wird der gesamte Inhalt des aktiven Elementes eingesetzt.

Beispiel 1 zeigt, wie auf das Subelement *name* des *besteller*-Elementes zugegriffen werden kann. In Beispiel 2 wird das *datum*-Attribut des *bestellung*-Elementes verwendet. Dabei werden Attributnamen von Elementnamen durch ein vorangestelltes @ unterschieden.

Beispiel 1:

```
<xsl:template match="besteller">
  <xsl:value-of select="name"/>
</xsl:template>
```

Beispiel 2:

```
<xsl:template match="bestellung">
  <xsl:value-of select=@datum"/>
</xsl:template>
```

Das xsl:for-each-Element

Im vorhergehenden Abschnitt wurde gezeigt, dass das *xsl:value-of*-Element die Auswahl eines Subelementes erlaubt. Dies ist in erster Linie dann geeignet, wenn die Auswahl des gewünschten Elementes mit dem *select*-Attribut eindeutig ist. Gibt es mehrere gleichartige Elemente, zum Beispiel mehrere Bücher in einer Bestellung, dann bezieht sich *xsl:value-of* immer nur auf das erste dieser Elemente. Für diese Fälle bietet XSL eine Schleifenkonstruktion mit dem *xsl:for-each*-Element. Dieses ermöglicht die Bearbeitung einer Menge gleichartiger Elemente in einem XML-Dokument. Auch hier gibt es ein *select*-Attribut, das eine spezifische Auswahl der gewünschten Elemente erlaubt.

Die Anwendung dieses Elementes zeigt das folgende Codefragment:

```
<xsl:template match="bestellung">
<xsl:for-each select="buch">
... <xsl:value-of select="verlag"/>
  </xsl:for-each>
</xsl:template>
```

Anwendung von XSL Stylesheets

Nun soll die beschriebene XSLT-Technik auf das Beispiel der Buchbestellung angewendet werden. Dazu wird ein Stylesheet angelegt (Listing 21), mit dessen Hilfe ein XSLT-Prozessor aus dem ursprünglichen XML-Dokument ein XHTML-Dokument erzeugt, das dann in einem Browser dargestellt werden kann.

```
<?xml version="1.0"?>
<xsl:stylesheet version="1.0" xmlns:xsl="http://www.w3.org/1999/
   XSL/Transform">

<xsl:template match="/">
  <html>
    <head>
      <title>Bestellung</title>
    </head>
    <body>
      <xsl:apply-templates/>
    </body>
  </html>
</xsl:template>

<xsl:template match="bestellung">
  <xsl:apply-templates select="@datum"/>
  <xsl:apply-templates select="besteller"/>
  <br/>
  <br/>
  <table border="1">
```

Listing 21 XSL Stylesheet **(Anfang)**

```xml
        <tr>
          <th>Titel</th>
          <th>ISBN</th>
          <th>Autor</th>
          <th>Verlag</th>
          <th>Preis</th>
        </tr>
        <xsl:for-each select="buch">
          <tr>
            <td><xsl:value-of select="titel"/></td>
            <td><xsl:value-of select="isbn"/></td>
            <td><xsl:value-of select="autor"/></td>
            <td><xsl:value-of select="verlag"/></td>
            <td><xsl:value-of select="preis"/></td>
          </tr>
        </xsl:for-each>
      </table>
  </xsl:template>
<xsl:template match="besteller">
    <h1><xsl:value-of select="name"/></h1>
    <b><xsl:value-of select="adresse/postleitzahl"/> <xsl:value-of
      select="adresse/ort"/></b>
    <br/>
    <xsl:value-of select="adresse/strasse"/> <xsl:value-of select=
      "adresse/hausnummer"/>
    <br/><br/>
    Kundennummer:  <xsl:value-of select="kundennummer"/>
    <br/>
    Kreditkarte:  <xsl:value-of select="kreditkarte/kartennummer"/>
     bei <xsl:value-of select="kreditkarte/bank"/>
  </xsl:template>

  <xsl:template match="@datum">
    <b>Datum: <xsl:value-of select="."/></b> 
  </xsl:template>
</xsl:stylesheet>
```

Listing 21 XSL Stylesheet (**Fortsetzung**)

Da XML-Deklaration und DOCTYPE-Deklaration nicht im Template eingetragen werden können, wird hier in der Regel das *xsl:output*-Element verwendet um diese zu erzeugen [45].

In unserem Beispiel wird zunächst eine Regel für den Root-Knoten definiert, die dafür sorgt, dass dieser bearbeitet und durch ein HTML-Fragment ersetzt wird, das bereits einen Header mit Titelzeile sowie einen Body enthält. Mit Hilfe des *xsl:apply-templates*-Elementes wird erreicht, dass danach auch das in der Hierarchie darunter liegende Element *bestellung* bearbeitet wird.

Die Regel für das Element *bestellung* sorgt durch zwei weitere *xsl:apply-templates*-Elemente für die Bearbeitung des *datum*-Attributes und des *besteller*-Elementes.

Das in dieser Regel definierte Template enthält außerdem den HTML-Code für eine Tabelle und legt deren Überschriften fest. Mit Hilfe des *xsl:for-each*-Elementes wird erreicht, dass die Inhalte aller in der Bestellung enthaltenen *buch*-Elemente unverändert in dieses Template ausgegeben werden.

Die Regeln für *besteller* und *datum* legen schließlich die Templates fest, durch die diese Elemente bzw. Attribute ersetzt werden.

Um ein XML-Dokument mit einem Stylesheet zu verknüpfen, muss dieses genau wie bei der Anwendung von Cascaded Stylesheets eine xml-stylesheet-Anweisung enthalten. Sie hat in diesem Fall die folgende Form:

```
<?xml-stylesheet type="text/xml" href="formate.xsl"?>
```

Dabei gibt *type* an, um welche Art von Stylesheet es sich handelt und *href* bezeichnet den Dateinamen oder URL, unter dem das Stylesheet zu finden ist.

Der von dem Stylesheet erzeugte HTML-Code ist in Listing 22 dargestellt.

Bild 8.4 zeigt die zugehörige Darstellung im Browser.

```
<html>
  <head>
    <title>Bestellung</title>
  </head>
  <body>
    <b>Datum: 2002-10-02</b>
     
    <h1>Hans Huber</h1>
    <b>98765 Mittelstadt</b>
    <br>
    Feldweg 1
    <br><br>
    Kundennummer:  43210<br>
    Kreditkarte:  111122223333
     bei A-Bank
    <br><br>
```

Listing 22
Aus dem XML-Dokument und dem XSL-Stylesheet erzeugte HTML-Datei (**Anfang**)

8.5 Darstellung von XML-Dokumenten

```
        <table border="1">
          <tr>
            <th>Titel</th>
            <th>ISBN</th>
            <th>Autor</th>
            <th>Verlag</th>
            <th>Preis</th>
          </tr>
          <tr>
            <td>HTML</td>
            <td>1-123-12345-1</td>
            <td>Monika Meier</td>
            <td>Bauer Verlag</td>
            <td>27.00</td>
          </tr>
          <tr>
            <td>XML</td>
            <td>1-123-12345-2</td>
            <td>John Jacobs</td>
            <td>Smith Publications</td>
            <td>49.50</td>
          </tr>
        </table>
      </body>
    </html>
```

Listing 22
Aus dem XML-Dokument und dem XSL-Stylesheet erzeugte HTML-Datei **(Fortsetzung)**

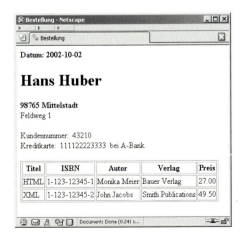

Bild 8.4
Darstellung zu Listing 22 im Browser

XSL-FO

XSL Formatting Objects (XSL-FO) ist, wie bereits erwähnt, der zweite Teil von XSL. Diese Anwendung beschreibt mit Hilfe einer Vielzahl von abstrakten Formatierungsobjekten die Formatierung eines XML-Dokumentes. Der Namespace dieser Objekte ist http://www.w3.org/1999/XSL/Format. Ich verwende im Folgenden das Suffix fo um diesen Namespace anzuzeigen.

Im Gegensatz zu CSS ist XSL-FO für eine Verwendung konzipiert, die weit über die Darstellung von Dokumenten in einem Browser hinausgeht. Es kann zum Beispiel auch verwendet werden, um das Layout für ein Buch vorzunehmen oder um Daten in akustischer Form auszugeben.

Die Formatierung erfolgt normalerweise in zwei aufeinander folgenden Schritten. Zunächst wird mit einem XSLT-Dokument aus einem XML-Eingabebaum ein Ausgabebaum mit speziellen Formatierungselementen erzeugt, die das Seitenlayout der Ausgabe beschreiben.

Im zweiten Schritt wird der Ausgabebaum von einem Formatierer für ein spezifisches Ausgabegerät, zum Beispiel einen Drucker oder einen Browser, aufbereitet. Dieser zweistufige Prozess ist in Bild 8.5 dargestellt.

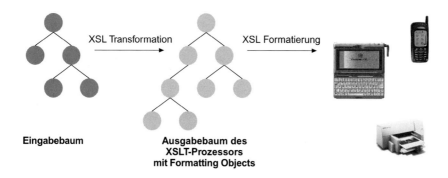

Bild 8.5 Arbeitsweise von XSL-FO

Die Formatierung eines Dokumentes mit XSL-FO beruht auf vier Arten von Bereichen, die eine Hierarchie bilden:

- Regionen, z. B. die Seiten eines Buches
- Blockbereiche, z. B. die Absätze einer Seite
- Zeilenbereiche
- Inline-Bereiche, also Teile einer Zeile

Den einzelnen Bereichstypen sind unterschiedliche Formatierungsobjekte zugeordnet, die, um Details der Formatierung festzulegen, über Formatierungseigenschaften wie Größe, Farbe, Position verfügen.

Die Formatierungsobjekte legen die Reihenfolge fest, in der die Inhalte auf den Seiten platziert werden. Durch Angabe von Formatierungseigenschaften können Einzelheiten der Formatierung wie Schrift, Farbe, Größe und Position festgelegt werden. Die Formatierungseigenschaften sind dabei nichts anderes als Attribute der Formatierungselemente. Dabei wurde versucht, nach Möglichkeit für gleiche Dinge die gleichen Namen zu verwenden wie bei CSS.

Heute gibt es einige Formatierer, die diese Technologie unterstützen, und beispielsweise PDF oder PostScript erzeugen, die bekannten Browser können XSL Formatting Objects derzeit jedoch noch nicht verarbeiten.

Da XSL-FO über eine Fülle von Formatierungsobjekten und -attributen verfügt, ist es im Rahmen dieses Buches nur möglich, einige wenige sehr fundamentale Eigenschaften zu beschreiben.

Das fo:root-Element

Das Root-Element eines Formatierungsobjekt-Dokumentes ist immer *fo:root*. Es besitzt ein *xmlns:fo*-Attribut mit dem Wert http://www.w3.org/1999/XSL/Format um den Namespace für XSL-FO zu deklarieren. Es enthält ein *fo:layout-master-set*-Element und ein oder mehrere *fo:page-sequence*-Elemente.

Das fo:layout-master-set-Element

Das *fo:layout-master-set*-Element enthält *simple-page-master*-Elemente zur Definition des Layouts einzelner Seiten und von Seitenfolgen. Wenn der Formatierer ein XSL-FO-Dokument liest, erzeugt er eine Seite, die auf der ersten Vorlage in *fo:layout-master-set* basiert. Danach wird der Inhalt aus fo:page-sequence eingefüllt.

Das fo:simple-page-master-Element

Das *fo:simple-page-master*-Element erfüllt die Aufgabe einer Seitenvorlage. Es definiert die Größe der Seite sowie die Breite der Ränder. Es verfügt über die Attribute *master-name, page-height, page-width, margin-top, margin-bottom, margin-left* und *margin-right*.

Das fo:page-sequence-Element

Jedes *fo:page-sequence*-Element verweist über das Attribut *master-name* auf einen der im *fo:layout-master-set*-Element definierten Seiten-Master. Die *fo:page-sequence*-Elemente enthalten den Text und die Bilder, die dargestellt werden sollen.

Die fo:region-*Elemente

Der beschreibbare Bereich eines Dokumentes wird aufgeteilt in fünf Regionen: START, END, BEFORE, AFTER und BODY (siehe Bild 8.6). Mit den Elementen *fo:region-start, fo:region-end, fo:region-before, fo:region-after, fo:region-body* werden

8 XML

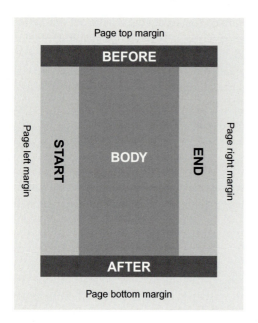

Bild 8.6
Layout einer Textseite

die Breite der Start- und End-Region sowie die Höhe der Before- und After-Region festgelegt. Zu diesem Zweck verfügen alle diese Elemente über ein *extend*-Attribut.

Der Body ist so definiert, dass er die gesamte Seite innerhalb der festgelegten Ränder ausfüllt. Um zu vermeiden, dass er sich mit der Start-Region überlappt, muss der linke Rand so eingestellt werden, dass er mindestens genauso groß ist wie die Breite der Start-Region. Dies geschieht mit dem Attribut *margin*.

Das fo:flow-Element

Das *fo:flow*-Element ist der Container für den gesamten Nutzinhalt der zu erzeugenden Seite. Es enthält die Elemente, die auf der Seite platziert werden sollen, in der richtigen Reihenfolge. Das Attribut *flow-name* legt fest, in welchen der fünf Ausgabebereiche (BODY, BEFORE, AFTER, START oder END) die Ausgabe erfolgt.

Das fo:block-Element

Text kann nicht direkt in *fo:flow*-Elementen enthalten sein. Vielmehr setzen sich diese Elemente in der Regel aus einer Folge von *fo:block*-Elementen zusammen. Zusätzlich bietet das *fo:block*-Element die Möglichkeit, für die darzustellenden Elemente Formatierungsangaben zu machen.

Anwendung von XSL Formatting Objects

Obwohl XSL-FO-Dokumente editierbare Dateien sind und händisch erstellt werden können, werden sie im Normalfall von einem XSLT-Prozessor generiert.

Zum besseren Verständnis möchte ich hier trotzdem zunächst auf das XSL-FO-Dokument näher eingehen. Die Struktur eines einfachen XSL-FO-Dokumentes ist in Listing 23 dargestellt.

```xml
<?xml version="1.0" encoding="iso-8859-1"?>
<fo:root xmlns="http://www.w3.org/1999/XSL/Format">
  <fo:layout-master-set>
    <fo:simple-page-master
      master-name="my-page"
      page-width="210mm"
      page-height="297mm"
      margin-top="10mm"
      margin-bottom="10mm"
      margin-left="20mm"
      margin-right="10mm">
      <fo:region-start extend="10mm"/>
      <fo:region-end extend="10mm"/>
      <fo:region-before extend="10mm"/>
      <fo:region-after extend="10mm"/>
      <fo:region-body margin="10mm"/>
    </fo:simple-page-master>
  </fo:layout-master-set>
  <fo:page-sequence master-name="my-page">
    <fo:flow flow-name="xsl-region-body">
      <fo:block font-size="48pt" color=#FF0000>Hello, World!</fo:block>
    </fo:flow>
  </fo:page-sequence>
</fo:root>
```

Listing 23 XSL-FO-Dokument

Das Dokument beginnt wie alle XML-Dokumente mit der XML-Deklaration. Das Root-Element ist *fo:root*. Das *fo:layout-master-set* enthält in dem *fo:simple-page-master*-Element die Definition einer Vorlage mit dem Namen „my-page". Das *fo:page-sequence*-Element verweist auf diese Vorlage und enthält in dem *fo:flow*-Element die eigentlichen Nutzdaten, in diesem Fall den String „Hello World!".

Fasst man nun die Kenntnisse aus den letzten Kapiteln zusammen, so kann man ein XSL-Stylesheet (Listing 24) erstellen, das aus dem Hello-World-XML-Dokument (Listing 20) ein XSL-FO-Dokument erzeugt.

Nach der Definition der Namespaces für XSLT und XSL-FO im Stylesheet-Element wird zunächst eine Regel definiert, die das Root-Element des Eingabebaumes durch ein Template ersetzt, das das Seitenlayout mit Hilfe des *fo:layout-master-set*-Elementes

```xml
<?xml version="1.0"?>
<xsl:stylesheet version="1.0"
  xmlns:xsl="http://www.w3.org/1999/XSL/Transform"
  xmlns:fo="http://www.w3.org/1999/XSL/Format">

  <xsl:template match="/">
    <fo:root xmlns:xsl="http://www.w3.org/1999/XSL/Format">
      <fo:layout-master-set>
        <fo:simple-page-master
          master-name="my-page"
          page-width="210mm"
          page-height="297mm"
          margin-top="10mm"
          margin-bottom="10mm"
          margin-left="20mm"
          margin-right="10mm">
          <fo:region-start extend="20mm"/>
          <fo:region-end extend="20mm"/>
          <fo:region-before extend="10mm"/>
          <fo:region-after extend="10mm"/>
          <fo:region-body margin="20mm"/>
        </fo:simple-page-master>
      </fo:layout-master-set>
      <fo:page-sequence master-name="my-page">
        <fo:flow flow-name="xsl-region-body">
          <xsl:apply-templates/>
        </fo:flow>
      </fo:page-sequence>
    </fo:root>
  </xsl:template>
  <xsl:template match="hallo">
    <fo:block font-size="48pt" color="#FF0000">
      <xsl:value-of select="."/>
    </fo:block>
  </xsl:template>
</xsl:stylesheet>
```

Listing 24 XSL-Stylesheet zur Erzeugung eines XSL-FO-Dokumentes

festlegt. Das *xsl:apply-templates*-Element hat zur Folge, dass auch das *hallo*-Element verarbeitet wird. Mit Hilfe einer weiteren Regel wird schließlich das *hallo*-Element durch seinen Inhalt ersetzt. Die vom XSLT-Prozessor aus dem XML-Dokument und dem Stylesheet erzeugte Ausgabe ist identisch mit dem in Listing 23 dargestellten Dokument.

8.6 XPath

XPath [39] dient zur Adressierung einzelner Teile in XML-Dokumenten. Es wurde so realisiert, dass es in XSL Transformations und in XPointer mit gleicher Syntax und Semantik verwendet werden kann.

XPath verwendet dafür eine Syntax, die an die Adressierung einer Datei in einem hierarchischen Dateiverzeichnis erinnert. Zum Beispiel befindet sich das WORD-Programm auf einem PC unter dem Pfad

```
C:\Programme\Microsoft Office\Office\winword.exe
```

Um das Programm zu lokalisieren verfolgt das Betriebssystem den Pfad, beginnend beim C-Laufwerk über mehrere Verzeichnisse hinweg, bis es schließlich bei dem ausführbaren Programm ankommt.

Da ein XML-Dokument ebenfalls über eine hierarchische Struktur verfügt, ist die Vorgehensweise ganz ähnlich. Ausgehend vom aktuellen Knoten, dem so genannten Kontextknoten wird durch die Angabe eines Pfades ein Objekt spezifiziert.

Ein solcher so genannter Lokalisierungspfad besteht aus drei Teilen:

- Dem Knotentest, der eine Beschreibung des Zielknotens liefert. Es kann entweder der Name oder der Typ eines Elementes vorgegeben werden. Um den Typ zu prüfen, stehen spezielle Funktionen zur Verfügung, z. B. *text()* für Textknoten.
- Der Achse, die beschreibt, auf welchen Knoten der Knotentest angewendet wird. Oft reicht der Knotentest allein zur eindeutigen Identifikation eines Elementes nicht aus. Bei der in Listing 18 verwendeten Buchbeschreibung können z. B. *buch* oder *verlag* nicht eindeutig identifiziert werden. Die Achse erlaubt in diesem Fall die Lokalisierung des gewünschten Knotens in Abhängigkeit vom Kontextknoten. XPath definiert hierfür 13 Achsen, z. B. *anchestor* für alle direkt übergeordneten Knoten, *child* für die Kindknoten oder *parent* für den Vaterknoten des Kontextknotens. So definiert der Ausdruck

```
child::buch
```

alle Kindknoten des Kontextknotens vom Typ *buch*.

- Optional einem oder mehreren Prädikaten, die verwendet werden, um den Zielknoten noch genauer zu beschreiben. Das Prädikat wird in eckigen Klammern hinter dem Knotentest angegeben. Zum Beispiel bezeichnet *child::buch[2]* den zweiten Kindknoten vom Typ *buch* des aktuellen Kontextknotens.

In XSLT kann XPath verwendet werden um einzelne Elemente des Eingabebaumes auszuwählen. Durch die Verwendung von XPath-Ausdrücken sind hier sehr genaue Angaben möglich. Im folgenden Codefragment wird zunächst durch eine Vorlagenregel das *bestellung*-Element ausgewählt. Dieses Element wird dadurch zum Kontextknoten. Um auf den Wert des zweiten *buch*-Elementes zuzugreifen, wird der eben bereits besprochene XPath-Ausdruck verwendet:

```
<xsl:template match="bestellung">
<xsl:value-of select="child::buch[2]"/>
</xsl:template>
```

Eine vollständige Liste der von XPath unterstützten Achsen, Funktionen und Prädikate kann in der XPath-Spezifikation [39] nachgelesen werden.

8.7 XLink

Es gibt in XML zwei Technologien zur Beschreibung von Verknüpfungen: XLink [40] und XPointer. Während XLink beschreibt, wie zwei Dokumente miteinander verknüpft werden, gibt XPointer an, wie bestimmte Teile eines Dokumentes adressiert werden können. Dazu werden wiederum die soeben besprochenen XPath-Ausdrücke verwendet.

In XML können im Gegensatz zu HTML alle Elemente ein Link oder Teil von einem Link sein. XLink-Elemente sind also beliebige Elemente, die ein *xlink:type*-Attribut haben. Je nach dem Wert dieses Attributes wird zwischen einfachen und erweiterten Links unterschieden.

Der Namespace für XLink ist http://www.w3.org/1999/xlink. Um XLink-Elemente in einem XML-Dokument zu verwenden, muss dieser Namespace, wie schon bekannt, in dem XML-Dokument spezifiziert werden. Im Folgenden wird xlink als Suffix für diesen Namespace verwendet.

8.7.1 Einfache Links

Ist xlink:type=simple, so handelt es sich um einen einfachen Link. Einfache Links ähneln sehr stark den Standardlinks von HTML.

Bild 8.7 zeigt einen einfachen Link. Er verknüpft eine lokale mit einer entfernten Resource, der Übergang ist nur in einer Richtung möglich.

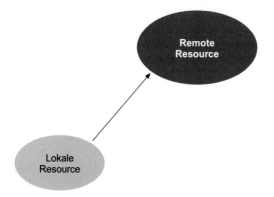

Bild 8.7
Einfacher Link

Das folgende Codefragment zeigt ein Beispiel für ein XLink-Element:

```
<ort xmlns:xlink=http://www.w3.org/1999/xlink
    xlink:type="simple"
    xlink:href="http://www.mysite.de/dokument.xml">
Mittelstadt
</ort>
```

Falls das Dokument eine DTD hat, sollte man die XLink-Attribute dort genauso deklarieren wie alle anderen auch, z. B.:

```
<!ELEMENT ort (#PCDATA)>
...
<!ATTLIST ort
  xmlns:xlink CDATA #FIXED "http://www.w3.org/1999/xlink"
  xlink:type CDATA #FIXED "simple"
  xlink:href CDATA #REQUIRED
>
...
```

8.7.2 Erweiterte Links

Erweiterte Links sind Elemente, deren *xlink:type*-Attribut den Wert „extended" hat. Sie bieten noch sehr viel weitergehende Möglichkeiten. Insbesondere können damit multidirektionale Links sowie Links zwischen mehreren Dokumenten definiert werden. Auch die möglichen Übergänge können genau festgelegt werden.

Bild 8.8 zeigt einen erweiterten Link, der Resourcen miteinander verknüpft und die erlaubten Übergänge zwischen ihnen spezifiziert.

In der Praxis haben erweiterte Links aber heute noch keine große Bedeutung, deshalb soll hier auch nicht genauer darauf eingegangen werden.

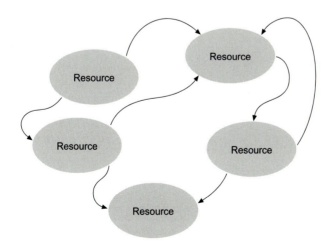

Bild 8.8
Erweiterter Link

8.7.3 Weitere XLink-Attribute

Weitere häufig verwendete XLink-Attribute sind das *xlink:show-* und das *xlink:actuate-*Attribut. Beide bestimmen das Verhalten eines Links: *xlink:show* gibt an, wie der verlinkte Inhalt angezeigt werden soll, wenn der Link aktiviert wird. Zum Beispiel kann der Zielinhalt in das aktuelle Fenster eingefügt oder ein neues Fenster geöffnet werden. Mit *xlink:actuate* wird festgelegt, wann der Link aktiviert werden soll, zum Beispiel bei Selektion durch den Anwender oder bereits beim Öffnen des Fensters.

Daneben gibt es noch semantische Attribute. *xlink:role* und *xlink:arcrole*, die auf Resourcen verweisen, die die Semantik des Links genauer beschreiben. Das Attribut *xlink:title* beschreibt die Bedeutung eines Links in Textform.

8.8 XPointer

HTML-Links zeigen in der Regel auf ein bestimmtes Dokument oder auf eine mit einem Anker ausgezeichnete Stelle in diesem Dokument.

Zum Beispiel kann mit

```
<h2><a name="chap1">Kapitel 1</a></h2>
```

auf der Überschrift des ersten Kapitels eines Dokumentes ein Anker mit dem Namen „chap1" definiert werden. Auf diese Stelle kann dann von jedem anderen Dokument aus mit

```
<a href=http://www.mysite.de/seite.html#chap1>Gehe zu Kapitel 1</a>
```

verlinkt werden. Die Definition eines Ankers erfordert allerdings eine Änderung des Dokumentes, auf das der Link verweist, und ist damit nur in Ausnahmefällen, nämlich nur wenn entsprechende Schreibrechte vorliegen, möglich.

XPointer [41] dagegen erlaubt die Adressierung beliebiger Teile von XML-Dokumenten, ohne dass dafür im Zieldokument spezielle Auszeichnungen vorhanden sein müssen.

Der von HTML verwendete Verweis auf eine Auszeichnung im Zieldokument wird in XPointer durch einen Standortpfad ersetzt. Dieser setzt sich aus bereits im Zusammenhang mit XPath besprochenen Lokalisierungspfaden zusammen, die jeweils durch einen Schrägstrich voneinander getrennt werden. Der Standortpfad

```
/child::bestellung/child::buch[position()=1]
```

besteht aus einem absoluten Schritt, der alle *bestellung*-Elemente des Wurzelknotens mit dem Namen „bestellung" auswählt. Im zweiten Schritt wird von allen Kindknoten der beim ersten Schritt gefundenen Elemente das erste *buch*-Element ausgewählt.

Der zu diesem Standortpfad gehörende XPointer wird mit

```
xpointer (/child::bestellung/child::buch[position()=1])
```

bezeichnet.

Die Verwendung von XPointer in einem URL lehnt sich an die von HTML her schon bekannte Syntax an. Nach dem URL der Seite und dem #-Zeichen folgt die XPointer-Angabe:

```
http://www.mysite.de/dokument.xml#xpointer(/child::bestellung/child::buch
   [position()=1])
```

8.9 Verarbeitung von XML-Dokumenten

Bei der Verarbeitung von XML-Dokumenten durch Programme gibt es zwei unterschiedliche Konzepte: SAX (Simple API for XML) und DOM (Document Object Model).

SAX arbeitet sequenziell und eignet sich deshalb vor allem für große Dokumente. Der Verarbeitung liegt ein Event-gesteuertes Vorgehen zugrunde. Das Dokument wird von einem Parser gelesen, beim Eintreten bestimmter Ereignisse werden vordefinierte Funktionen (Handler) aufgerufen.

DOM ist eine Schnittstelle, die das gesamte Dokument als Baumstruktur im Speicher ablegt. Die Performance ist damit im Allgemeinen geringer und die Speicheranforderungen sind höher als bei SAX. Dafür kann auf alle Knoten des Dokumentes direkt zugegriffen, können Daten somit leicht hinzugefügt oder weggelassen werden.

Wegen der aufwändigen Event-Programmierung ist SAX schwieriger zu handhaben als DOM.

8.10 XML und Sicherheit

XML-Dokumente enthalten in vielen Fällen Daten, die mit Sicherheitsmechanismen geschützt werden sollen – sei es um die Integrität und Vertraulichkeit der Daten zu gewährleisten, oder um nachzuweisen, dass eine Nachricht nachweisbar von einem bestimmten Absender gesendet wurde. Das W3C-Konsortium hat für die Verschlüsselung und die digitale Signierung von XML-Dokumenten entsprechende Standards verabschiedet.

XML Signature [42] legt eine Syntax zur Darstellung von schlüsselgebundenen, kryptografischen Prüfsummen in XML fest, XML Encryption [43] spezifiziert eine Syntax zur Darstellung verschlüsselter XML-Dokumente.

Darüber hinaus wird bei verschiedenen Gremien an einer Reihe weiterer Standards gearbeitet, zum Beispiel XKMS (XML Key Management Specification), SAML (Security Assertion Markup Language) und XACML (Extensible Access Control Markup Language).

XML-Sicherheitsstandards spielen insbesondere auch im Umfeld von Web Services eine sehr wichtige Rolle.

9 XHTML

HTML ist eine Anwendung der SGML-Metasprache (siehe Kapitel 4). Das bedeutet, dass es eine DTD gibt, die die in dem Dokumenttyp HTML erlaubten Elemente und Attribute sowie deren Beziehungen untereinander festlegt.

Für unterschiedliche Einsatzfälle gibt es bekanntlich drei Varianten dieser DTD:

- Die Strict-Variante, für Seiten, die Cascaded Stylesheets verwenden,
- die Transitional-Variante, die dann zu verwenden ist, wenn auch veraltete HTML-Konstrukte noch unterstützt werden müssen, sowie
- die Frameset-Variante zur Unterstützung von Seiten, die Frames verwenden.

XHTML 1.0 [46] ist eine Reimplementierung von HTML 4.01 auf der Basis von XML. Es gibt daher auch hier drei Varianten:

- XHTML 1.0 Strict
- XHTML 1.0 Transitional
- XHTML 1.0 Frameset

Bei Einhaltung einiger Richtlinien ist XHTML 1.0 kompatibel zu HTML 4.0. Alle verbreiteten Browser können XHTML darstellen, wenn folgende Bedingungen erfüllt sind:

- Das Dokument entspricht den Syntaxregeln von XML, ist also wohlgeformt.
- Ein XHTML-Dokument beginnt mit einer XML-Deklaration, gefolgt von einer DOCTYPE-Deklaration.
- Das Root-Element des Dokumentes ist immer *html* und muss eine Deklaration für den XHTML-Namespace enthalten.
- Leere Elemente, z. B.
 müssen gesondert gekennzeichnet werden. Dies erfolgt mit einem „/" hinter dem Elementnamen, zum Beispiel

    <p>Text
Neue Zeile</p>

- Alle Elemente müssen sauber geschachtelt sein, d. h. die in HTML erlaubte Konstruktion

    <p>Das ist ein Absatz.<p>Das ist noch ein Absatz.

    ist in XHTML nicht zulässig.

- Attributwerte müssen stets zwischen Hochkommata stehen.

9 XHTML

Viele bestehende HTML-Dokumente werden sicher nicht alle diese Bedingungen erfüllen, jedoch können solche Dokumente zum Beispiel mit dem Open Source Tool HTML Tidy in syntaktisch korrekte XHTML-Dokumente konvertiert werden.

Listing 25 zeigt das Hello-World-Beispiel aus Listing 3 als XHTML-Dokument. Es unterscheidet sich nur in der DOCTYPE-Deklaration (es wird auf eine andere DTD verwiesen) und in der Namespace-Deklaration von dem ursprünglichen HTML-Dokument.

```
<?xml version="1.0" encoding="UTF-8" ?>
<!DOCTYPE html PUBLIC "-//W3C//DTD XHTML 1.0 Strict//EN" "http://www.w3.org/
   TR/xhtml1/DTD/xhtml1-strict.dtd">
<html xmlns="http://www.w3.org/1999/xhtml" xml:lang="en" lang="en">
   <head>
      <title>My HTML Document</title>
   </head>
   <body>
      <p>Hello, World!</p>
   </body>
</html>
```

Listing 25 Beispiel für ein XHTML-Dokument

Beim W3C-Konsortium wird an der Definition zusätzlicher Varianten von XHTML gearbeitet, zum Beispiel XHTML Basic für Clients wie Mobiltelefone, PDAs, Pager und Settop-Boxen, die nicht den vollen HTML-Funktionsumfang unterstützen.

Einer der größten Vorteile gegenüber HTML ist natürlich die Erweiterbarkeit von XHTML. Zusätzliche Elemente und Attribute können leicht zu den vorhandenen DTDs hinzugefügt werden.

Teil II
Komponententechnologien und Web-Services

Bei der Realisierung von IT-Lösungen spielt heute die Komponententechnologie eine bedeutende Rolle. Sie ermöglicht den modularen Aufbau von Anwendungen auf der Basis funktionaler Einheiten. Durch Wiederverwendung bzw. durch den Einsatz fertiger Komponenten vom Markt können Entwicklungsrisiken und -kosten oft drastisch reduziert werden.

Für Server-Anwendungen gibt es derzeit drei Komponentenmodelle, die in den folgenden Kapiteln beschrieben werden: Das CORBA Component Model der OMG – eine Spezifikation, der in der Praxis bislang nur eine geringe Bedeutung zukommt, sowie die beiden am Markt bereits weit verbreiteten Technologien J2EE von Sun und Microsoft .NET.

Bei J2EE, der Java 2 Enterprise Edition, handelt es sich wie bei CORBA um eine Spezifikation, die jedoch bereits von zahlreichen Herstellern in Produkte umgesetzt wurde. Das Komponentenmodell von Microsoft .NET ist ein fester Bestandteil des Windows-Betriebssystems.

Viele Unternehmen haben aufgrund ihrer historischen Entwicklung diese beide Komponentenmodelle im Einsatz. Für die Integration der beiden Welten werden zwar Brücken angeboten, jedoch gibt es zahlreiche Probleme und Einschränkungen.

Abhilfe schafft hier die auf XML basierende Web-Services-Technologie, die ein virtuelles, plattformunabhängiges Komponentenmodell definiert, das die Nutzung von Komponenten und Anwendungen im Internet mit Hilfe standardisierter Protokolle gestattet.

10 CORBA

Die Object Management Group (OMG) ist ein 1989 gegründetes Konsortium von mehr als 800 Mitgliedern, dem vor allem System- und Softwarehersteller sowie Beratungshäuser angehören.

Ziel der OMG ist die Schaffung eines komponentenbasierten Softwaremarktes durch Förderung objektorientierter Vorgehensweisen in der Softwareentwicklung und durch die Verabschiedung von Spezifikationen, die die Wiederverwendung, Portabilität und Interoperabilität objektorientierter Software in verteilten, heterogenen Umgebungen garantieren sollen. Da die OMG keine eigene Software implementiert, bleibt es Softwareherstellern überlassen, entsprechende Produkte zu entwickeln. Die Spezifikationen sind für alle Interessenten frei verfügbar.

Die technische Grundlage für alle OMG-Spezifikationen ist die Object Management Architecture (OMA) mit der Common Object Request Broker Architecture (CORBA) als zentralem Baustein. Weitere OMG-Spezifikationen sind UML (Unified Modeling Language) zur Beschreibung der Software-Architektur eines Systems, MDA (Model Driven Architecture) für die plattformunabhängige Modellierung von Anwendungen und CWM (Common Warehouse Metamodel) zum Austausch von Metadaten zwischen Data Warehouse, Business Intelligence, Knowledge Management und Portal-Anwendungen.

10.1 Die Object Management Architecture

Die Object Management Architecture (OMA) beruht auf der Erkenntnis, dass Anwendungen unabhängig von ihrem speziellen Einsatzbereich immer eine Reihe von Gemeinsamkeiten aufweisen. Es ist daher naheliegend, Basisfunktionen, die in vielen Anwendungen benötigt werden, in Form standardisierter Objekte bereitzustellen, anstatt sie für jede Anwendung immer wieder neu zu entwickeln. Auf diese Weise wird nicht nur die Portierbarkeit von Anwendungen, sondern auch die Produktivität der Entwickler verbessert.

Die OMA unterteilt die in einer Anwendung verwendeten Objekte in CORBA Services, CORBA Facilities und Application Objects (Bild 10.1):

10.1 Die Object Management Architecture

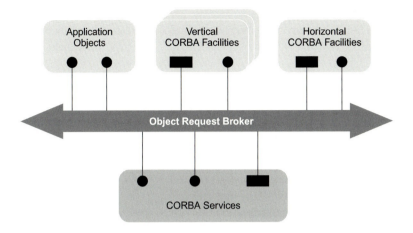

Bild 10.1 OMA-Referenzarchitektur

- CORBA Services

    Sie stellen Basisdienste bereit, die von Objekten benötigt werden. Dazu gehören zum Beispiel Lifecycle Services zum Erzeugen, Kopieren oder Löschen von Objekten, die Naming und Trading Object Services für die Behandlung von Objektreferenzen, der Persistent State Service zum Abspeichern von Objektdaten, sowie der Security Service für die Verwaltung von Zugriffsrechten und der Transaction Service für die Durchführung von Transaktionen.

- CORBA Facilities

    Neben den genannten Basisdiensten gibt es auch höherwertigere Dienste, die von Anwendungen wiederverwendet werden können. Dabei kann es sich sowohl um allgemein verwendbare als auch um branchenspezifische Dienste handeln. Wir sprechen dann von horizontalen bzw. von vertikalen CORBA Facilities.

    Bei den horizontalen Facilities definiert CORBA derzeit die Internationalization-Facility für die Internationalisierung von Programmen, die Print-Facility für Druckdienste und die Mobile Agent Facility.

    Aktivitäten im Bereich von vertikalen Facilities liegen nicht im Zuständigkeitsbereich der OMG, sondern bei eigenen Standardisierungsgremien für die Branchen Fertigung, Telekommunikation, Electronic Commerce, Transportwesen, Gesundheit, Banken und Versicherungen, Biowissenschaften und Versorgungsunternehmen.

- Application Objects

    Application Objects sind anwendungsspezifische Objekte, die vom Entwickler der jeweiligen Anwendung realisiert werden und die Geschäftslogik enthalten. Sie werden von der OMG aus nahe liegenden Gründen nicht standardisiert.

CORBA-Objekte sind abgeschlossene Einheiten, die über eine definierte Schnittstelle verfügen. Sie werden durch eine eindeutige Objektreferenz identifiziert, die beim Erzeugen des Objektes generiert wird und solange erhalten bleibt wie das Objekt existiert.

Wie bei herkömmlichen Remote Procedure Calls (RPC) werden die Dienste eines Objektes über einen Request aktiviert, der eine spezielle Methode des Objektes aufruft. Dabei werden dem Request in der Regel zur genaueren Beschreibung Parameter mitgegeben. Nach Beendigung der Verarbeitung liefert das Objekt die gewünschten Ergebnisse an den Client zurück. Dabei kann ein Request grundsätzlich nur die veröffentlichten Methoden eines Objektes ausführen. Auch das Erzeugen und Zerstören von Objekten erfolgt über Requests.

Die Infrastruktur für die Kommunikation zwischen verteilten Objekten wird vom Object Request Broker (ORB) bereitgestellt. Seine Aufgabe ist es, einen Client, der einen bestimmten Service anfordert, mit dem Serverobjekt zu verbinden, das die Implementierung des Services bereitstellt. Dabei ist dem Client nicht bekannt, unter welchem Betriebssystem das Serverobjekt läuft und in welcher Programmiersprache es geschrieben wurde. Interne Daten und die Implementierung der Methoden sind für den Client ebenso wie die Lokalisierung des Objektes im Netz nicht sichtbar.

CORBA-Implementierungen gibt es von mehreren Herstellern. Auch in der J2SE (Kapitel 11.5) ist eine CORBA-Implementierung enthalten. Mit dieser ist es möglich, in beliebigen Programmiersprachen entwickelte CORBA-Objekte in Java-Anwendungen zu integrieren. Für die Anbindung der Microsoft-Welt an CORBA gibt es COM/CORBA-Brücken.

10.2 Der ORB

Wie bereits erwähnt ruft bei CORBA der Client ein Serverobjekt nie direkt auf, sondern immer über den Object Request Broker. Dieser ist zuständig für das Auffinden des Serverobjektes, den Transport der für den Aufruf notwendigen Daten und den Rücktransport der Ergebnisse. Dabei sind Client und Serverobjekt vom ORB durch spezielle Interfaces getrennt und werden so von der Komplexität der ORB-Schnittstellen weitgehend abgeschirmt.

Liegen Client und Serverobjekt auf verschiedenen Systemen, wird der Request vom ORB des Clientsystems automatisch an den ORB des Serversystems weitergeleitet (Bild 10.2). Die Infrastruktur für verteilte Methodenaufrufe muss also bei CORBA nicht wie bei früheren RPC-basierten Systemen als Teil der Anwendung realisiert werden, sondern wird von der Laufzeitumgebung bereitgestellt.

Um eine Methode eines entfernten Objektes aufrufen zu können, muss der Client wissen, welche Parameter und Rückgabewerte diese Methode unterstützt. Für die Beschreibung dieses Interfaces definiert CORBA die Interface Definition Language (IDL). Dies ist eine speziell für diesen Zweck entwickelte Sprache, die sich stark an

C++ anlehnt, aber, da es sich ja um eine Beschreibungssprache handelt, nur deklarative Elemente enthält. Auf diese Art und Weise wird erzwungen, dass die Interfaces unabhängig von der Implementierung beschrieben werden, eine wichtige Voraussetzung für die Interoperabilität.

Je nachdem, ob wir den Typ des aufzurufenden Objektes bereits beim Übersetzen oder erst zur Laufzeit festlegen, sprechen wir von statischer bzw. dynamischer Typisierung.

10.2.1 Statische Typisierung mit Client Proxy und Objekt Skeleton

Bei statischer Typisierung erzeugt ein IDL-Compiler aus der Spezifikation des IDL-Interfaces eines Objektes ein Client Proxy und ein Objekt Skeleton in den für Client bzw. Server benötigten Programmiersprachen. Sie dienen auf Client- bzw. Server-Seite als Schnittstelle zwischen ORB und dem Anwendungscode. Bei diesem so genannten IDL-Mapping werden die in der IDL-Definition festgelegten Methoden und Parameter auf Methoden und Parameter der konkret verwendeten Programmiersprache abgebildet. Aufgrund der Standardisierung des IDL-Mappings passen Client Proxy und Objekt Skeleton immer zusammen, auch wenn sie in verschiedenen Programmiersprachen realisiert sind oder ORBs unterschiedlicher Hersteller eingesetzt werden.

Das Client Proxy sieht für den Client wie ein lokales Objekt aus und unterstützt die gleichen Methoden wie das Serverobjekt. Es wird mit den in der eingesetzten Programmiersprache für den Aufruf von Methoden üblichen Mitteln stellvertretend für das Serverobjekt aufgerufen. Intern hat es Zugriff auf die Objektreferenz des Serverobjektes und interagiert mit dem ORB um den Methodenaufruf durchzuführen. Stellt der ORB fest, dass sich der Aufruf an ein entferntes Objekt richtet, leitet er den Aufruf an den entsprechenden ORB weiter. Dieser aktiviert über das Objekt Skeleton schließlich den Anwendungscode auf dem Server.

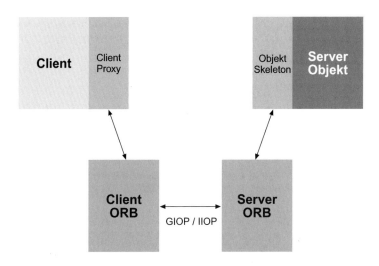

Bild 10.2 Senden eines Requests

Client Proxy und Objekt Skeleton sind auch zuständig für die Serialisierung und Deserialisierung der Parameter und Rückgabewerte einer Methode, die zwischen Client und Server übertragen werden müssen.

Trotz des objektorientierten Ansatzes der Technologie muss bei der Realisierung einer CORBA-Anwendung nicht notwendigerweise eine objektorientierte Programmiersprache eingesetzt werden. Vielmehr hat die OMG durch die Definition entsprechender IDL Mappings sichergestellt, dass auch Anwendungen, die zum Beispiel in C oder COBOL geschrieben wurden, integriert werden können.

10.2.2 Dynamische Typisierung mit dem Dynamic Invocation Interface

Neben der statischen unterstützt CORBA auch die dynamische Typisierung. Bei dieser Dynamic Invocation werden der Typ und Methode des Serverobjektes erst zur Laufzeit des Clients festgelegt. Das ermöglicht insbesondere den Aufruf von Serverobjekten, die zum Zeitpunkt der Übersetzung des Clients noch gar nicht existiert haben. Natürlich kann die Korrektheit der Methodenparameter in diesem Fall zum Übersetzungszeitpunkt des Clients noch nicht geprüft werden.

Im Gegensatz zur statischen Typisierung geht der Aufruf der Methode auf der Client-Seite dann nicht über ein speziell generiertes Proxy, sondern über das Dynamic Invocation Interface, das vom ORB selbst bereitgestellt wird.

Grundlage für die Dynamic Invocation ist das Interface Repository, das die IDL-Definitionen aller dem ORB bekannten Objekte enthält. Damit wird der Client in die Lage versetzt, das Objekt, das er aufrufen möchte, die Methode, die ausgeführt werden soll, und die dafür benötigten Parameter zu spezifizieren. Der Aufruf des Serverobjektes erfolgt in diesem Fall über das Dynamic Skeleton Interface des ORB (Bild 10.3).

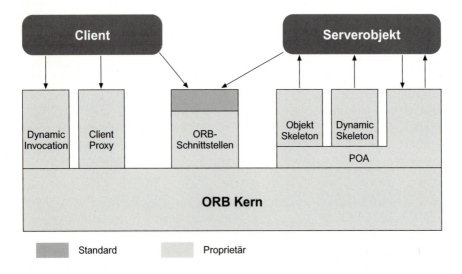

Bild 10.3 Die CORBA-Architektur

10.2.3 Portable Object Adapter

Eine Anwendung benötigt in den meisten Fällen auch direkten Zugriff auf Funktionen des ORB. Diese Funktionen werden von einem Object Adapter bereitgestellt. Dazu gehören so grundlegende Services wie zum Beispiel das Generieren und Interpretieren von Objektreferenzen, das Durchführen von Methodenaufrufen, das Aktivieren und Deaktivieren von Objekten, das Abbilden von Objektreferenzen auf Serverobjekte und das Registrieren von Serverobjekten.

Nachdem frühere ORB-Implementierungen Object Adapter mit herstellerspezifischen Schnittstellen verwendet haben, hat die OMG einen Object Adapter mit standardisierten Schnittstellen definiert, den Portable Object Adapter (POA). Zusammen mit den bereits diskutierten standardisierten Objekt Skeletons ist so die Implementierung portabler Serverobjekte möglich.

Aus Sicht des Entwicklers ist der POA ein CORBA-Objekt, dessen Interface wie das aller anderen Objekte in IDL spezifiziert ist und das damit von allen Sprachen genutzt werden kann, für die es ein IDL Mapping gibt.

10.3 Die Interface Definition Language

Die CORBA Interface Definition Language verfügt über ein eigenes Typsystem für die Beschreibung von Methoden und Parametern. Es kennt neben einfachen Datentypen (Basic Values) und komplexen Datentypen (Constructed Values), wie Sie sie bei Programmiersprachen kennen, die Datentypen Objektreferenz, Value Type und Interface (siehe Bild 10.4).

Die bereits mehrfach angesprochenen Objektreferenzen werden über den POA vom Servercode generiert und können dann an andere ORBs oder Clients im Netz weitergegeben werden. Sie bleiben während der gesamten Lebenszeit des Objektes erhalten.

Normalerweise wird innerhalb einer CORBA-Anwendung immer eine dieser Objektreferenzen übergeben, um ein Objekt zu referenzieren. Wird jedoch einem Objekt der Typ „Value Type" zugewiesen, dann kann das Objekt auch als Parameter einer Methode übergeben werden. Der ORB auf der Serverseite erzeugt dann eine lokale Kopie des angegebenen Objektes. Diese Technik kann zum Beispiel genutzt werden, um die Menge der über das Netz zu übertragenden Daten zu reduzieren. Statt die Daten zu der verarbeitenden Methode zu transportieren wird die Verarbeitungslogik zu den Daten gebracht.

Das Ziel von CORBA ist es, die Interoperabilität von Objekten in heterogenen Umgebungen zu erreichen, wie wir sie in fast allen Unternehmen vorfinden. Dazu ist es notwendig, dass CORBA alle wichtigen Programmiersprachen unterstützt. Dafür wurden von CORBA für alle diese Sprachen Language Mappings definiert, die die Abbildung von IDL-Typen auf die jeweiligen Sprachtypen und die Abbildung der in IDL spezifi-

10 CORBA

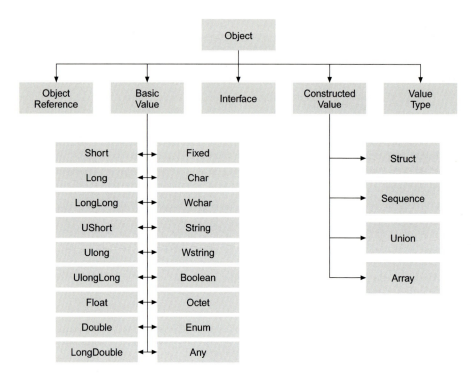

Bild 10.4 CORBA-Typsystem

zierten Methodenaufrufe auf die Methodenaufrufe der jeweiligen Programmiersprache festlegen.

Realisiert wird das Language Mapping durch den bereits erwähnten IDL Compiler, der Bestandteil jeder ORB-Implementierung ist. Standardisierte IDL Mappings gibt es für Ada, C, C++, COBOL, Java, Lisp, Python und Smalltalk.

Die Arbeitsweise des IDL Compilers sowie die Verwendung von Client Proxy und Objekt Skeleton möchte ich nun anhand eines einfachen Beispiels verdeutlichen. Dazu soll ein HelloWorld-Programm als verteilte CORBA-Anwendung in Java implementiert werden.

```
module HelloWorld
{
  interface HelloWorld
  {
    string PrintHelloWorld ();
  };
};
```

Listing 26 IDL Interface für HelloWorld

Da diese Anwendung nur über eine einzige parameterlose Methode verfügt, ist das IDL Interface denkbar einfach (Listing 26).

Es enthält das Interface HelloWorld, das wiederum die vom Serverobjekt bereitzustellende Methode *PrintHelloWorld* vom Typ string beschreibt. Sind mehrere Interfaces vorhanden, so können diese mit Hilfe der Module-Anweisung unter einem Namen als zusammengehörend gekennzeichnet werden.

Ich möchte im Beispiel die im Java IDL API der J2SE (Kapitel 11.5) enthaltene CORBA-Implementierung verwenden. Wird unsere Interface Definition in der Datei HelloWorld.idl gespeichert, dann erzeugt der im Java Development Kit (JDK, siehe Kapitel 11) enthaltene IDL Compiler idlj daraus folgende Dateien:

- HelloWorldPOA.java
- _HelloWorldStub.java
- HelloWorld.java
- HelloWorldHelper.java
- HelloWorldHolder.java
- HelloWorldOperations.java

Da der generierte Code sehr komplex ist und sein Verständnis Detailwissen über CORBA-Schnittstellen voraussetzt, verzichte ich hier auf eine vollständige Darstellung und beschränke mich auf einige wichtige Codesegmente.

HelloWorldPOA.java enthält das bereits mehrfach angesprochene Objekt Skeleton. Es wird von der Systemklasse *org.omg.PortableServer.Servant* abgeleitet und implementiert das Interface *HelloWorldOperations*:

```
public abstract class HelloWorldPOA extends org.omg.PortableServer.Servant
  implements HelloWorldApp.HelloWorldOperations,
  org.omg.CORBA.portable.InvokeHandler
```

HelloWorldPOA stellt die Schnittstelle zwischen dem ORB und dem Anwendungscode auf dem Server dar.

Die Datei _HelloWorldStub.java enthält das Client Proxy. Hier wird die Klasse *_HelloWorldStub* von der Systemklasse *org.omg.CORBA.portable.ObjectImpl* abgeleitet und implementiert das *HelloWorld* Interface:

```
public class _HelloWorldStub extends org.omg.CORBA.portable.ObjectImpl
  implements HelloWorldApp.HelloWorld
```

HelloWorld.java enthält die Java-Version des in der IDL definierten *HelloWorld* Interfaces (Listing 27).

Die Dateien HelloWorldHelper.java und HelloWorldHolder.java enthalten Hilfsklassen, auf die ich hier nicht weiter eingehen werde. Die Datei HelloWorldOperations.java

```
package HelloWorldApp;

public interface HelloWorld extends HelloWorldOperations,
   org.omg.CORBA.Object, org.omg.CORBA.portable.IDLEntity
{
}
```

Listing 27 HelloWorld Interface

enthält das Interface *HelloWorldOperations*, das alle öffentlichen Methoden enthält, im gewählten Beispiel also die Methode *PrintHelloWorld* (Listing 28).

```
package HelloWorldApp;

public interface HelloWorldOperations
{
  String PrintHelloWorld ();
}
```

Listing 28 HelloWorldOperations Interface

Mit Hilfe dieser vom IDL Compiler erzeugten Dateien ist es nun möglich, den Anwendungscode auf Client- und Serverseite zu implementieren.

Die Implementierung des Clients beginnt mit der Initialisierung des ORB. Danach wird der Naming Service genutzt, um eine Objektreferenz helloImpl zu generieren, die auf das Serverobjekt verweist. Danach kann mit

```
helloImpl.PrintHelloWorld ();
```

die gewünschte Methode aufgerufen werden.

Die Realisierung der Serverseite gestaltet sich etwas komplexer. Hier werden zwei Klassen benötigt, der Server und der Servant. Die Serverklasse HelloWorldServer wird beim Starten des Servers aufgerufen. Sie ist dafür zuständig, den ORB zu initialisieren, das Serverobjekt *HelloWorldImpl* zu erzeugen und im Naming Service einzutragen und darauf zu warten, dass dessen Methode von einem Client aufgerufen wird.

Der Servant wird durch die Klasse *HelloWorldImpl* mit der Methode *PrintHelloWorld* implementiert. Um auf Methoden des ORB zugreifen zu können, muss diese Klasse von dem generierten Skeleton, der Klasse *HelloWorldPOA*, abgeleitet werden.

Das entsprechende Codefragment sieht folgendermaßen aus:

```
class HelloWorldImpl extends HelloWorldPOA {
  ...
  public String PrintHelloWorld () {
    return "Hello, World!";
  }
}
```

10.4 GIOP/IIOP

Für die Kommunikation zwischen ORBs hat die OMG das General Inter-ORB Protocol (GIOP) definiert. Es beschreibt Nachrichtensyntax und -formate für den Nachrichtenaustausch zwischen ORBs über ein beliebiges Transportprotokoll. Das Internet Inter-ORB Protocol (IIOP) beschreibt die Implementierung von GIOP für das im Internet übliche Transportprotokoll TCP/IP (Kapitel 1).

10.5 Das CORBA Component Model

Große, verteilte Unternehmen benötigen Internet-Anwendungen mit hohen Anforderungen an Performance, Sicherheit, Persistenz und Transaktionsverarbeitung. Derartige Anwendungen können zwar auf der Basis der beschriebenen CORBA Services realisiert werden, jedoch ist die Programmierung dann äußerst komplex.

Aus diesem Grund wurde das CORBA Component Model (CCM) geschaffen. CCM ist ein serverseitiges Komponentenmodell zum Erstellen und Verteilen von CORBA-Anwendungen. Sein zentraler Bestandteil ist ein Container als Laufzeitumgebung für Objekte. Der Container enthält einen ORB und einen POA und deckt die genannten Anforderungen an die Infrastruktur bereits ab. Infrastrukturservices müssen daher nicht mehr explizit programmiert werden, sondern werden lediglich über Konfigurationsparameter an die jeweiligen Anforderungen angepasst.

Da das CCM insbesondere auch einen Container für Enterprise JavaBeans enthält, sind Java-Anwendungen und CORBA-Programme auch auf der Ebene von Komponenten interoperabel.

11 Java

Java hat seinen Ursprung in einem Projekt von Sun Microsystems zur Entwicklung plattformunabhängiger Software für Geräte der Konsumgüterelektronik Anfang der 1990er-Jahre.

Aber erst mit dem Durchbruch des World Wide Web begann der Siegeszug dieser Sprache. Das hat einen einfachen Grund. Aufgrund der „Write once – Run anywhere"-Eigenschaft von Java sind Applets bestens dafür geeignet, von einer Webseite heruntergeladen und auf einem lokalen System ausgeführt zu werden.

Das erste Java Development Kit (JDK), bestehend aus der Java-Programmiersprache, Bibliotheken (APIs) für den Zugriff auf Systemdienste, der so genannten virtuellen Maschine (Java Virtual Machine, JVM) als Ablaufumgebung und Werkzeugen zum Übersetzen und Debuggen von Java-Programmen wurde 1996 freigegeben.

Inzwischen haben sich aus dem JDK verschiedene Ausprägungen der Java-Plattform für unterschiedliche Anwendungsbereiche entwickelt:

- Java 2 Standard Edition (J2SE) für den Einsatz auf Desktops und Workstations
- Java 2 Enterprise Edition (J2EE) für serverbasierte Anwendungen
- Java 2 Micro Edition (J2ME) für mobile Endgeräte

Java ist heute ein Industriestandard, der von Sun und anderen Herstellern festgelegt wurde und ständig weiterentwickelt wird. Der Rahmen dafür ist der von Sun ins Leben gerufene Java Community Process (JCP), an dem viele Java-Entwickler und -Lizenznehmer mitarbeiten. Alle Mitglieder können hier Vorschläge für Änderungen und Erweiterungen der Java-Plattform einreichen. Diese werden dann von Expertenteams bearbeitet und nach entsprechenden Reviews verabschiedet.

11.1 Die Java Virtual Machine

Die herausragende Eigenschaft von Java ist die Plattformunabhängigkeit. Sie wird dadurch erreicht, dass ein Quellprogramm nicht wie bei den meisten anderen Programmiersprachen üblich in Maschinencode, sondern in einen von der Architektur des Zielsystems unabhängigen Bytecode übersetzt wird.

Dieser Bytecode kann auf jeder Systemplattform ausgeführt werden, auf der eine Java Virtual Machine (JVM) verfügbar ist. Die JVM interpretiert dazu den Bytecode und

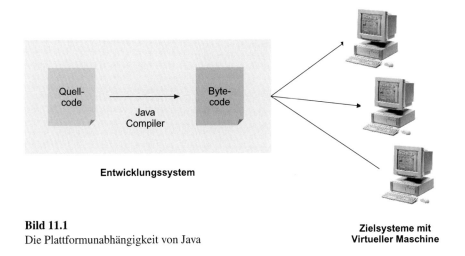

Bild 11.1
Die Plattformunabhängigkeit von Java

wandelt ihn in nativen Code um (Bild 11.1). Dabei liefert die zweistufige Vorgehensweise bei Java im Vergleich zu auf herkömmliche Art und Weise interpretierten Sprachen wie zum Beispiel Basic, bei denen der Quellcode direkt in Maschinencode umgesetzt wird, die bessere Performance.

Ursprünglich war die JVM ein reiner Interpreter. Später wurde ein Just-in-time-Compiler (JIT) eingebaut, der einzelne Programmteile bei ihrer ersten Verwendung in Maschinencode übersetzte, um die Verarbeitung zu beschleunigen. Da diese Methode nicht in allen Fällen wirksam war, verwendet man heute ein ausgeklügeltes Verfahren mit dem Namen HotSpot. Dazu wird der Code während des Interpretationsvorganges analysiert, um potenzielle Performance-Engpässe zu finden, die so genannten Hot Spots.

Das HotSpot-Verfahren beruht darauf, dass die meisten Programme die längste Zeit mit der Ausführung eines kleinen Anteils des gesamten Codes beschäftigt sind. Anstatt nun alle Methoden eines Programms zu übersetzen, werden bei HotSpot deshalb nur performancekritische Teile compiliert. Diese Methode verhindert im Gegensatz zum JIT-Verfahren, dass unkritische Programmteile unnötigerweise übersetzt werden. Da diese Methode dynamisch während der Laufzeit eines Programms angewendet wird, passt sich das Programm automatisch an die Benutzeranforderungen an.

11.2 Die Sprache Java

Java wurde von vornherein für die Realisierung verteilter, plattformunabhängiger Anwendungen entwickelt. Die Sprache ist – anders als z. B. C++ – eine vollständig objektorientierte Sprache und unterstützt damit alle wesentlichen Eigenschaften der Objektorientierung wie Klassenbildung, Vererbung und Polymorphismus.

Um den Umstieg für C++-Programmierer zu erleichtern, wurde Java so weit wie möglich an C++ angepasst. Ein weiteres Designziel bei der Entwicklung der Sprache war, sie einfach zu halten und dabei zu helfen, von vornherein bestimmte Fehler zu vermeiden. Deshalb gibt es in Java insbesondere keine Zeiger wie bei C++. Auch das Speichermanagement in Java erfolgt automatisch, d. h. nicht mehr benötigte Objekte werden von einem Garbage Collector automatisch freigegeben. Die Anzahl der Speicherfehler geht damit dramatisch zurück. Durch die Verankerung der Unterstützung aller wichtigen Netzwerkprotokolle bereits in der Sprache ist es sehr leicht, auf Objekte im Internet zuzugreifen.

Bei den Datentypen unterscheidet Java zwischen einfachen (primitive types) und Referenztypen (reference types). Zu den einfachen Datentypen gehören Bytewerte, Integerwerte, Gleitkommazahlen, Zeichen und Boolesche Werte (Bild 11.2). Diese einfachen Typen sind bei Java zwar keine Objekte im eigentlichen Sinne, können aber durch die Nutzung von Holderklassen als solche verwendet werden.

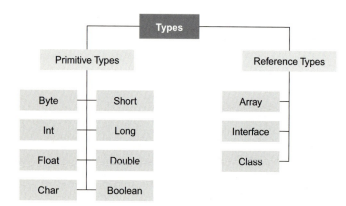

Bild 11.2
Java-Datentypen

Referenztypen enthalten im Gegensatz zu einfachen Typen keinen Wert, sondern verweisen auf eine Datenstruktur. Zu den Referenztypen gehören Felder, Interfaces und Klassen.

Die Verwaltung von geschriebenem Code erfolgt in Java mit Packages. Häufig werden thematisch zusammengehörende Klassen in Packages zusammengefasst. Das Java-System selbst enthält bereits eine Vielzahl von Klassen, die in Packages organisiert sind.

11.3 Anwendungen und Applets

Java-Programme können als eigenständige Anwendungen oder auch als Applets erstellt werden. Im Gegensatz zu Anwendungen benötigen Applets eine spezielle Laufzeitumgebung – den Container, der vom Browser bereitgestellt wird (Bild 11.3).

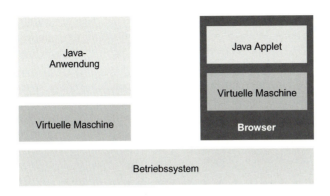

Bild 11.3
Java-Anwendungen
und Applets

Applets werden vor allem für die Animation von Webseiten und für die Realisierung von Benutzeroberflächen verwendet.

Die von einer Anwendung oder einem Applet benötigten Dateien werden zur leichteren Verteilung normalerweise in Java Archive-(JAR)-Dateien zusammengefasst. Der Inhalt eines Archivs wird von einer Manifest-Datei beschrieben.

11.3.1 Java-Anwendungen

Da Java eine objektorientierte Sprache ist, wird eine Java-Anwendung immer durch eine Klasse implementiert. Der Aufruf des Programms erfolgt über die main-Methode dieser Klasse, die den Kontrollfluss steuert, Resourcen belegt und die anderen Methoden des Programms aufruft. Beim Starten der Anwendung wird dem Interpreter der Name der Klasse übergeben. Er startet dann die in dieser Klasse vorhandene main-Methode.

Listing 29 enthält den Code für eine Java-Anwendung, die den String „Hello World!" auf Standardausgabe ausgibt. Java kennt neben den normalen Kommentaren, die wie bei C zwischen „/*" und „*/" eingeschlossen werden, zusätzlich die documentation comments, die mit „/**" geöffnet werden. Sie enthalten den Text, der von dem im SDK (Software Development Kit) enthaltenen Tool javadoc für die Generierung der Programmdokumentation übernommen wird.

```
/* Application HelloWorld */
/** Implementierung der Klasse HelloWorldApplication */

public class HelloWorldApplication {
    public static void main(String[] args) {
        System.out.println("Hello, World!");
    }
}
```

Listing 29 Hello World als Java-Anwendung

Die Programmlogik des verwendeten Beispiels wird durch die Klasse „HelloWorldApplication" bzw. deren *main*-Methode realisiert. Die Schlüsselwörter „public", „static" und „void" charakterisieren die *main*-Methode näher. „public" kennzeichnet eine Methode als öffentlich, d. h. dass sie von anderen Methoden aus aufgerufen werden kann. „static" weist darauf hin, dass auf die Methode zugegriffen werden kann, ohne dass zuvor eine Instanz für ein Objekt der zugehörigen Klasse eingerichtet werden muss. „void" bedeutet, dass die Methode keine Daten zurückgibt.

Das Argument *args* der *main*-Methode sorgt wie bei C/C++ dafür, dass dem Programm beim Aufruf Parameter übergeben werden können.

In der letzten Zeile erfolgt die Ausgabe von „Hello World!" auf die Standardausgabe mit Hilfe der Klasse „System". Dabei verweist die Variable *out* dieser Klasse auf eine Instanz der *Print-Stream*-Klasse aus dem Java API, die einen Ausgabestrom implementiert. Nun muss nur noch die Methode *println* dieser Klasse aufgerufen werden, um die gewünschte Zeichenkette auszugeben.

Das Programm wird mit dem im Java-SDK enthaltenen javac-Kommando, das den Bytecode Compiler startet, übersetzt und kann anschließend mit Hilfe des java-Kommandos, das den Bytecode an die virtuelle Maschine übergibt, ausgeführt werden.

11.3.2 Java-Applets

Etwas anders stellt sich das Ganze bei der Implementierung eines Applet dar. Applets werden in Java stets durch Ableitung von der Applet-Klasse des Java API gebildet. Im Gegensatz zu Java-Anwendungen benötigen Applets aber keine *main*-Methode. Sie verfügen stattdessen über die Methoden *init*, *start*, *stop* und *paint*, die vom Browser beim Eintreten bestimmter Ereignisse, zum Beispiel beim Laden oder Verlassen einer Webseite, automatisch aufgerufen werden. Sie sind zuständig für die Initialisierung und das Beenden von Applets sowie für die Ausgabe von Texten und Bildern in dessen Ausgabebereich. Da diese Methoden bereits in der Applet-Klasse des Java API definiert sind, müssen sie nicht unbedingt implementiert werden. Sie können aber überschrieben werden um bestimmte gewünschte Effekte zu erzielen.

Im *HelloWorldApplet* (siehe Listing 30) wird die *paint*-Methode der Applet-Klasse überschrieben und die *DrawString*-Methode der *Graphics*-Klasse verwendet um den

```
/* Applet HelloWorld */
/** Implementierung der Klasse HelloWorldApplet */

import java.applet.Applet;
import java.awt.Graphics;

public class HelloWorldApplet extends Applet {
  public void paint(Graphics g) {
    g.drawString("Hello world!", 50, 25);}}
```

Listing 30 Hello World als Java-Applet

gewünschten Text auszugeben. Dem Compiler wird mit dem *import*-Kommando mitgeteilt, in welchen Packages er die benötigten Klassen finden kann. An dieser Stelle noch eine kurze Bemerkung zu Listing 30: Da der Compiler das System Package automatisch durchsucht, mussten dort keine Klassen explizit importiert werden.

Da Java-Applets immer nur im Kontext eines Browsers ablaufen können, müssen Sie in eine HTML-Seite eingebettet werden (Listing 31). Dafür gibt es in HTML das *object*-Element, das zum Einfügen jeder Art von Datenquelle dient, die sich außerhalb der HTML-Datei befindet, z. B. Applets, ActiveX Controls, Musik- oder Excel-Dateien.

```
<!DOCTYPE HTML PUBLIC "-//W3C//DTD HTML 4.01 Strict//EN"
    "http://www.w3.org/TR/html4/strict.dtd">
<html>
  <head>
    <title>Hello Applet</title>
  </head>
  <body>
    <object classid="java:HelloWorldApplet.class"
        codetype="application/java-vm" width="200" height="50"></object>
  </body>
</html>
```

Listing 31 Einfügen eines Applet in eine HTML-Seite

Das *classid*-Attribut dieses Elements verweist auf die Implementierung des Applet. Das *codetype*-Attribut gibt den Mime-Typ (Kapitel 5.5) des auszuführenden Programms an. Durch die Attribute *width* und *height* wird die Größe des Bereiches festgelegt, den der Browser für das Applet reserviert.

Wird diese HTML-Seite im Browser aufgerufen, erhält man die Darstellung gemäß Bild 11.4.

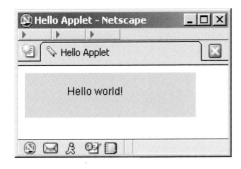

Bild 11.4
Darstellung des Applets im Browser

11.4 Sicherheit

Da die Sicherheit von Code unbekannter Herkunft, der aus dem Internet geladen wird, in der Regel nicht garantiert werden kann, wurden in Java von vornherein Sicherheitsmechanismen eingebaut.

Im Gegensatz zu lokalem Code, der auf alle Systemresourcen zugreifen kann, gibt es bei heruntergeladenem Code Einschränkungen. Von einer Webseite heruntergeladener Code läuft bei Java in einer so genannten Sandbox und hat nur eingeschränkte Zugriffsrechte. Allerdings können auch fremdem Code erweiterte Rechte eingeräumt werden. Dies geschieht mit einer digitalen Signatur, die es gestattet, die Unverfälschtheit des heruntergeladenen Codes zu verifizieren. Einem signierten Applet werden dann die gleichen Rechte eingeräumt wie lokalem Code.

Darüber hinaus hat der Anwender noch die Möglichkeit Security Policies (Bild 11.5) zu definieren. Der Code wird je nach seiner Herkunft oder Signatur verschiedenen Domains zugeordnet, für die der Benutzer oder Administrator bestimmte Rechte festlegen kann. So können beliebige Zwischenstufen zwischen vollem Zugriff auf alle Systemresourcen und eingeschränktem Zugriff wie bei der Sandbox festgelegt werden.

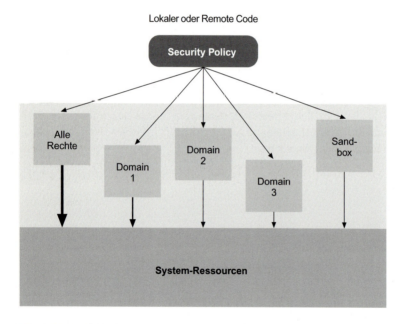

Bild 11.5 Sicherheitsmechanismen bei Java

Damit kann zum Beispiel Code unbekannter Herkunft der Zugriff auf lokale Resourcen, etwa Dateien, verwehrt werden, während in Intranet-Umgebungen solche Zugriffe gestattet werden.

11.5 Java 2 Standard Edition

Die Java 2 Standard Edition ist die Variante der Java-Plattform für den Einsatz auf Clients und Workstations und gleichzeitig die Basis für die beiden anderen Editionen. Die zum Zeitpunkt des Erscheinens dieses Buches aktuelle Version ist J2SE 1.4.

Sun unterscheidet bei der J2SE zwischen dem Java Runtime Environment (JRE) und dem Software Development Kit (SDK).

Das JRE enthält eine Reihe von Klassenbibliotheken, die Java Virtual Machine (JVM), sowie zwei für den jeweiligen Einsatzzweck optimierte Compiler (Bild 11.6). Der Hot-Spot Client Compiler löst die ursprüngliche JVM und den JIT-(Just-in-time)-Compiler ab. Er ist für den Ablauf von Java-Anwendungen auf Clients optimiert. Er sorgt für das schnelle Starten von Anwendungen und kommt mit geringen Resourcen zurecht. Der HotSpot Server Compiler ist für den Einsatz auf Servern ausgelegt und führt umfangreiche Analysen aus, um die Laufzeit von Programmen zu optimieren.

Weitere Bestandteile des JRE sind Java Web Start und das Java Plug-in. Java Web Start vereinfacht das Verteilen von Java-Anwendungen. Beim Anklicken eines Link auf einer Webseite, der auf eine Java-Anwendung verweist, werden alle für diese Anwendung notwendigen Daten heruntergeladen und gespeichert. Die Anwendung kann dann jederzeit unabhängig vom Browser gestartet werden.

Das Java Plug-in stellt das JRE als Browser Plug-in zur Verfügung. Damit wird sichergestellt, dass beim Aufruf eines Applet stets die aktuelle JRE-Version eingesetzt wird und nicht die in den Browser integrierte JVM.

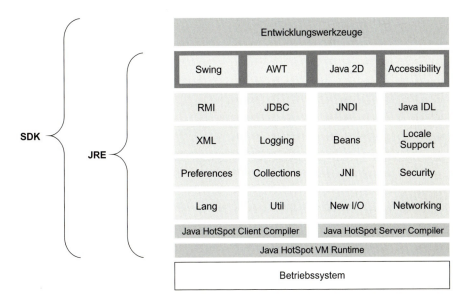

Bild 11.6 Übersicht über die Java 2 Standard Edition

Das SDK enthält zusätzlich eine Reihe von Entwicklungswerkzeugen, insbesondere den bereits erwähnten Bytecode Compiler und einen einfachen Debugger.

11.5.1 J2SE APIs

Die J2SE enthält eine Vielzahl von APIs, die in zahlreiche Packages aufgeteilt sind. Die wichtigsten sind:

- Abstract Windows Toolkit (AWT)

  Das bereits mit dem JDK 1.0 verfügbare Abstract Windows Toolkit enthält Funktionen für die Realisierung der Benutzeroberfläche. Es bildet eine Schicht über dem originären Oberflächensystem einer Systemplattform und enthält Klassen für die Implementierung von Benutzeroberflächen, z. B. Textfelder, Buttons oder Menüs. Mit AWT geschriebene Anwendungen entsprechen im Look&Feel dem der Zielplattform. AWT wird nur noch aus Kompatibilitätsgründen unterstützt.

- Java Foundation Classes (JFC)

  Die Java Foundation Classes beinhalten gegenüber dem AWT eine erheblich erweiterte Funktionalität.

  Der wichtigste Teil der JFC ist Swing, ein Toolkit mit Graphical-User-Interface-(GUI)-Komponenten (Bild 11.7), das vollständig in Java implementiert und daher von spezifischen Oberflächensystemen völlig unabhängig ist. Das Look&Feel dieser Komponenten kann zwischen dem von Java und dem der Windows-, Solaris- und Macintosh-Plattformen umgeschaltet werden.

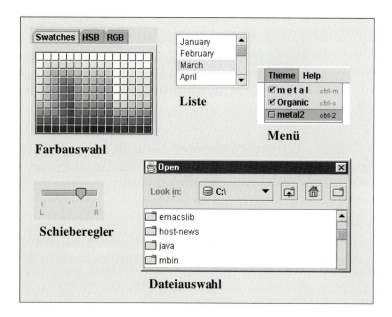

Bild 11.7 Beispiele für Swing-Komponenten

Die JFC bietet außerdem Unterstützung für Behinderte (Accessibility), Drag&Drop zwischen Java- und nativen Anwendungen sowie Klassen für zweidimensionale Grafiken (Java 2D).

- Java Remote Method Invocation (RMI)

  RMI ist ein spezieller Remote Procedure Call um Methoden von Java-Objekten aufzurufen, die auf einer anderen virtuellen Maschine laufen. RMI bildet damit die Grundlage für die Entwicklung verteilter Java-Anwendungen.

- Java Database Connection (JDBC)

  JDBC ist eine universelle Datenbankschnittstelle, die den Zugriff von Java-Programmen auf relationale Datenbanken, aber auch andere Datenquellen wie Spreadsheets oder normale Dateien unterstützt und stark vereinfacht.

- Java Data Object (JDO)

  Eine Alternative zu JDBC ist JDO (Java Data Object). Es definiert ein standardisiertes API, das Entwicklern eine transparente, objektorientierte Sicht auf persistente Daten unabhängig von Ort und Form der Speicherung gibt. Eine Alternative zu JDBC ist JDO (Java Data Object). Es definiert ein standardisiertes API, das Entwicklern eine transparente, objektorientierte Sicht auf persistente Daten unabhängig von Ort und Form der Speicherung gibt ohne SQL verwenden zu müssen. JDBC hat dagegen den Vorteil, dass es dem Entwickler mehr Freiheit gibt, da er Datenbankzugriffe und Cache Management direkt beeinflussen kann.

- Java Naming and Directory Interface (JNDI)

  JNDI bietet eine systemunabhängige Schnittstelle für den Zugriff auf unterschiedliche Naming und Directory Services.

- Java IDL

  Java IDL, ein Bestandteil der CORBA-Architektur (Kapitel 10), ist ähnlich wie RMI, nur dass hier auch eine Kommunikation mit Objekten möglich ist, die nicht in Java implementiert wurden.

  Die Sprachunabhängigkeit der CORBA-Architektur beruht auf dem Mapping von Programmiersprachen auf eine einheitliche Interface Definition Language (IDL). Java IDL stellt dieses Mapping für die Java-Sprache bereit. Es enthält außerdem einen in Java implementierten ORB (Object Request Broker) und die zur Nutzung benötigten Klassen. Damit ist es möglich, auch entfernte Objekte aufzurufen, die nicht in Java, sondern in einer anderen Programmiersprache realisiert wurden.

- Java API for XML (JAXP)

  JAXP enthält APIs für die Bearbeitung von XML-Dokumenten mit einem SAX- bzw. DOM-Parser und für die Transformation von Dokumenten mit XSLT.

- Logging

  Ermöglicht die Protokollierung von Fehlern, zum Beispiel zum Zweck der Analyse durch den Service.

- JavaBeans

  JavaBeans stellen das Komponentenmodell von Java dar und werden hauptsächlich auf der Client-Seite für die Entwicklung grafischer Oberflächen eingesetzt.

  Mit Hilfe der von JavaBeans unterstützten Introspection lässt sich feststellen, welche Fähigkeiten eine Komponente besitzt und wie sie geändert werden können. Mit geeigneten Werkzeugen können JavaBeans daher visuell manipuliert und an spezifische Bedürfnisse angepasst werden. Der Programmieraufwand für die Anpassung von Beans an eigene Bedürfnisse wird dadurch stark reduziert.

  Beans kommunizieren untereinander über Events. So können zum Beispiel durch einen Mausklick oder eine Cursorbewegung Methoden des Beans aktiviert werden. Beans registrieren sich bei anderen Beans, um ihr Interesse an gewissen Ereignissen (Events) zu bekunden. Sie besitzen aber auch die Fähigkeit, auf externe Ereignisse, z. B. die Änderung eines Börsenkurses, zu reagieren.

  JavaBeans können ihre Zustände speichern und wiederherstellen (Serialisierung).

  JavaBeans benötigen wie auch andere Komponenten einen Container, der ihnen bestimmte Laufzeitdienste zur Verfügung stellt. Beispiele für Container für JavaBeans sind Anwenderprogramme, Entwicklungstools oder auch die BeanBox (Bild 11.8), ein Werkzeug für die Manipulation von Beans, das im SDK enthalten ist.

- Local Support

  Enthält alle für die Lokalisierung von Java-Programmen erforderlichen Klassen. Anwendungen können so an verschiedene Landessprachen angepasst werden, ohne dass deren Code geändert werden muss.

- Preferences

  Dient dem Abspeichern und Einlesen benutzer- und systemspezifischer Präferenzen.

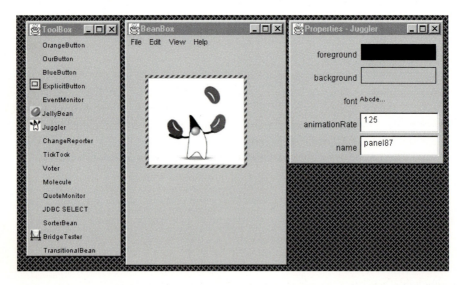

Bild 11.8 Java BeanBox

- Collections

  Eine Collection ist ein Objekt, das unterschiedliche Elemente (z. B. Listen, Felder, Baumstrukturen) zu einer Einheit zusammenfasst. Das Collections API enthält Methoden um solche Daten zu speichern, zu manipulieren oder sie zwischen Methoden auszutauschen.

- Java Native Interface (JNI)

  JNI dient der Integration von Programmen oder Bibliotheken, die in einer anderen Programmiersprache geschrieben wurden. Anwendung findet JNI beispielsweise, wenn systemspezifische Funktionen genutzt oder für eine andere Sprache entwickelte Komponenten eingebunden werden sollen oder wenn zeitkritischer Code in einer systemnahen Programmiersprache implementiert werden muss.

- Security

  Bietet Schnittstellen für die Nutzung von Public-Key-Verschlüsselungsalgorithmen in Java-Programmen.

- Lang

  Das Package java.lang stellt alle Java-Basisklassen bereit.

- Util

  Enthält die für die Eventbehandlung benötigten Klassen, Klassen für die Verwendung von Datum und Zeit sowie eine Reihe von Hilfsklassen.

- I/O

  Enthält alle für die Ein- und Ausgabe benötigten Klassen.

- Networking

  Enthält Schnittstellen für die Nutzung von Internetprotokollen.

11.5.2 Werkzeuge

Im SDK sind folgende Werkzeuge enthalten:

- Der Bytecode-Compiler javac, dessen Aufgabe die Erzeugung von Bytecode aus dem Java-Quellprogramm ist. Die Quelldatei hat dabei den Namen der zu übersetzenden Klasse und den Suffix java. Der Compiler legt den Bytecode in einer Datei gleichen Namens mit dem Suffix class ab.
- jdb ist ein einfacher kommandozeilen-orientierter Debugger für Java-Programme.
- javadoc ist ein Dokumentationswerkzeug, das Quellprogramme nach Deklarationen und speziellen Kommentaren durchsucht und daraus eine HTML-Seite mit Beschreibung der verwendeten Klassen, Schnittstellen, Methoden und Variablen erzeugt.

Diese Werkzeuge bieten zwar grundsätzlich die Möglichkeit Java-Programme zu entwickeln, im Normalfall wird man aber leistungsfähige grafische Entwicklungsumgebungen einsetzen, die von mehreren Herstellern angeboten werden.

11.6 Java 2 Micro Edition

Mobile Endgeräte werden in naher Zukunft auch als Clients für Geschäftslösungen zunehmende Bedeutung erlangen. Man denke zum Beispiel an Wartungs- oder Beratungsszenarien, wo Mitarbeiter eines Unternehmens von ihrem jeweiligen Einsatzort aus auf aktuelle Datenbestände zugreifen oder diese aktualisieren müssen.

Die Java 2 Micro Edition (J2ME) wurde für den Einsatz von Java auf mobilen Endgeräten und Embedded-Systemen, zum Beispiel im Bereich der Unterhaltungselektronik, entwickelt.

Die J2ME enthält nicht nur eine für die begrenzten Resourcen kleiner Geräte optimierte virtuelle Maschine sondern auch angepasste APIs, da viele Funktionen, die im normalen SDK enthalten sind, auf Geräten dieser Klasse nicht benötigt werden. Dagegen sind andere Funktionen notwendig, um zum Beispiel die Verbindung eines Gerätes mit dem Funk-Netz zu realisieren.

Wegen der sehr unterschiedlichen Leistungsfähigkeit der vorhandenen Geräte gibt es die J2ME in zwei Varianten, die sich bezüglich virtueller Maschine und APIs voneinander unterscheiden (Bild 11.9):

- Die Connected Device Configuration (CDC) ist für den Einsatz im Bereich Unterhaltungselektronik, z. B. in Set-top-Boxen ausgelegt. Sie basiert auf einer Variante der JVM mit dem Namen C Virtual Machine (CVM).
- Die Connected Limited Device Configuration (CLDC) ist für Geräte mit beschränkten CPU- und Speicherresourcen, z. B. Mobiltelefone und Handheld-Computer optimiert und basiert auf der K Virtual Machine (KVM).

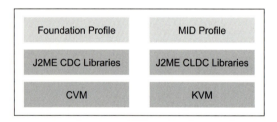

Bild 11.9
Varianten der J2ME

Beide Varianten enthalten unterschiedliche Teilmengen der Java APIs und können um anwendungsspezifische Bibliotheken, so genannte Profiles, ergänzt werden. Bisher verabschiedet wurden:

- Das Foundation Profile, das spezielle Klassen für Unterhaltungselektronik und Embedded Devices enthält.
- Das Mobile Information Device Profile (MIDP) mit Funktionen für die Realisierung von Benutzerschnittstellen, Datenpersistenz und Kommunikation.

11.7 Java 2 Enterprise Edition

Die Java 2 Enterprise Edition spezifiziert einen Application Server für Java-Anwendungen. Sie legt eine Standardarchitektur für verteilte Anwendungen fest und besteht aus den folgenden Teilen:

- Einer Spezifikation von Schnittstellen, die im Rahmen des bereits erwähnten Java Community Process festgelegt werden. Jedem Softwarehersteller steht es frei, Produkte, die auf dieser Spezifikation basieren, zu implementieren.
- Der J2EE Compatibility Test Suite (CTS), für die ein Software-Hersteller eine Lizenz erwerben kann um seine J2EE-Implementierung auf ihre Übereinstimmung mit der Spezifikation zu testen.
- Einer Referenzimplementierung, die verwendet werden kann um die von einer Implementierung geforderte Funktionalität oder die Portierbarkeit einer Anwendung zu prüfen.
- Architekturrichtlinien, die ein Programmiermodell für die Entwicklung verteilter Anwendungen beschreiben.

J2EE hat nicht nur die Vorteile eines Application Servers, sondern natürlich gleichzeitig auch die Vorteile von Java: Eine für einen J2EE Application Server erstellte Java-Anwendung ist im Idealfall unverändert auch auf einer anderen Systemplattform mit einer anderen Application-Server-Implementierung ablauffähig.

Hersteller von J2EE-Application-Server-Produkten bieten fast immer Erweiterungen an, die über den Standard hinausgehen, um sich gegenüber ihren Konkurrenten zu differenzieren. Die Verwendung dieser Funktionen führt dann dazu, dass bei einer Portierung auf ein Konkurrenzprodukt Anpassungen erforderlich werden.

11.7.1 J2EE-Technologien

Die J2EE baut auf der J2SE auf. Sie enthält Erweiterungen der in der Standard-Edition enthaltenen APIs sowie zusätzliche Technologien zum Entwickeln von Web-Anwendungen und verteilten Geschäftsanwendungen:

- Enterprise JavaBeans (EJB), die das Server-seitige Komponentenmodell von Java definieren, bilden das zentrale Konzept der J2EE. In der Spezifikation wird insbesondere das Zusammenspiel zwischen dem Application-Server und einem Bean festgelegt. Ich gehe auf diese Technologie in Kapitel 11.7.2 noch ausführlicher ein.
- J2EE Connector Architecture (JCA) bietet eine Lösung für die Integration von Geschäftsanwendungen in eine Java-Anwendung. Die von JCA definierte Schnittstelle gibt Herstellern von Standardsoftware (ERP, CRM, etc.) die Möglichkeit, Adapter für die Integration ihrer Produkte bereitzustellen, die zu jedem J2EE-Application-Server passen (Kapitel 11.7.5).
- Java Messaging Service (JMS) ist eine Schnittstelle für den Zugriff auf Message-Systeme (MOM) von Java-Programmen aus.

- Java Naming and Directory Interface (JNDI) dient dem Zugriff auf Naming und Directory Services und kann zum Beispiel benutzt werden, um eine Java-Anwendung mit anderen Resourcen im Netz zu verbinden. JNDI implementiert selbst keine Dienste, sondern ermöglicht über ein Service Provider Interface (SPI) den einheitlichen Zugriff auf installierte Namens- und Verzeichnisdienste. Es ist daher weitestgehend unabhängig von den spezifischen Eigenschaften der Dienste.
- JavaMail ist eine Programmierschnittstelle zum Empfangen und Versenden von E-Mails und kann zum Beispiel in einer E-Commerce-Anwendung eingesetzt werden um eine Kundenbestellung zu bestätigen.
- Das Java Transaction API (JTA) unterstützt die Abwicklung von Transaktionen in Java-Programmen. Auch hier ist die Schnittstelle unabhängig von der Implementierung des eingesetzten Transaktionssystems.
- Java Database Connectivity (JDBC) erlaubt den Zugriff auf relationale Datenbanken und wird von Session Beans (Kapitel 11.7.2) oder von bean-managed Entity Beans (Kapitel 11.7.2) verwendet. Mit JDBC können Datenbanken, aber auch andere Datenquellen, über eine einheitliche Schnittstelle adressiert werden. Wie bei JNDI muss der Hersteller der Datenbank ein entsprechendes SPI bereitstellen.
- Java API for XML Parsing (JAXP) unterstützt die Verarbeitung von XML-Dokumenten mit DOM, SAX oder XSLT (Kapitel 8.9) über standardisierte Schnittstellen. JAXP macht den Anwendungscode unabhängig von dem konkret eingesetzten Parser. Je nach den Anforderungen eines Projektes kann so zum Beispiel ein besonders performanter oder ein Resourcen schonender Parser ausgewählt werden.
- Java API for XML-based RPC (JAX-RPC) unterstützt den Aufruf von Stateless Session Beans und Message Driven Beans als Web Services. Alle Arten von EJBs können externe Web Services über diese Schnittstelle aufrufen. Insbesondere enthält dieses API auch das Mapping zwischen WSDL (Web Service Description Language) (Kapitel 13.3) und Java-Datentypen.
- Java API for XML Messaging (JAXM) ermöglicht das Senden und Empfangen von SOAP-Nachrichten.
- Java API for XML Registries (JAXR) stellt eine einheitliche Schnittstelle für den Zugriff auf Registries (Kapitel 13.4) bereit. Sie beruht auf einem eigenen, allgemeinen Informationsmodell, das auf die konkreten Datenstrukturen von Registries abgebildet wird. Derzeit werden UDDI und ebXML unterstützt.
- SOAP with Attachments API for Java (SAAJ) ermöglicht die Erstellung und Verarbeitung von XML-Nachrichten, die konform zum SOAP-Standard sind.
- RMI-IIOP ist eine Erweiterung von RMI, die für die Integration von CORBA eingesetzt werden kann, und ist gleichzeitig die Standardmethode für die Kommunikation in J2EE.
- Java Servlets sind Komponenten, die verwendet werden um die Funktionalität eines Web-Servers zu erweitern. Sie werden besonders im Umfeld von Web-Anwendungen eingesetzt. Von EJBs unterscheiden sie sich dadurch, dass ihnen nicht die volle Bandbreite der für EJBs vorhandenen Funktionalität zur Verfügung steht. Sie benötigen als Laufzeitumgebung einen so genannten Web-Container (Kapitel 11.7.3).

- Java Server Pages (JSP) sind Skripts, die eine Mischung von Java und HTML-Code enthalten. Sie werden zur Laufzeit vom Web-Container in Servlets übersetzt (Kapitel 11.7.4).

11.7.2 Enterprise JavaBeans

Anders als auf dem Client, wo Sie es primär mit visuellen Komponenten zu tun haben, sind EJB-Komponenten für die Realisierung der Geschäftslogik bestimmt. Zwar wäre auch ohne EJB die Entwicklung einer Serveranwendung zum Beispiel auf der Basis von JavaBeans möglich, jedoch müssten dann die Systemdienste, die EJB bietet, selbst implementiert werden. EJB beinhaltet eine umfangreiche Infrastruktur, die auch Nichtspezialisten die Entwicklung von Serveranwendungen ermöglicht und höchste Anforderungen an Hochverfügbarkeit, Transaktionssicherheit, Fehlertoleranz und Skalierbarkeit sichergestellt.

In einer EJB-Architektur spielen mehrere Instanzen eine Rolle. Die Basiskomponente ist der EJB-Server, der die Laufzeitumgebung für den Container darstellt. Der EJB-Container stellt wiederum die Ablaufumgebung für Enterprise JavaBeans bereit (Bild 11.10).

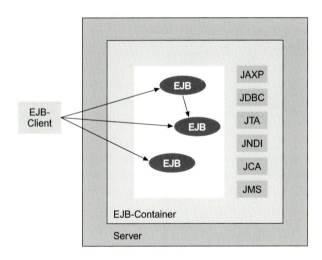

Bild 11.10
EJB-Server und EJB-Container

Enterprise JavaBeans werden nach ihrem Einsatzzweck verschiedenen Kategorien zugeordnet. Session Beans und Message Driven Beans realisieren die Logik von Geschäftsprozessen, Entity Beans repräsentieren Daten in einer Datenbank.

Browserbasierte Clients, Java-Clients, CORBA-Clients, andere EJB- und Web Services können durch Methodenaufrufe bzw. bei Message Driven Beans durch ein Messaging System auf Enterprise JavaBeans zugreifen.

Der EJB-Server

Der EJB-Server ist die Basiskomponente der EJB-Architektur. Er ist die Laufzeitumgebung für einen oder mehrere Komponenten-Container. Zu seinen Aufgaben gehören die Sicherstellung der Skalierbarkeit, das Thread- und Prozessmanagement, damit mehrere Container parallel existieren können, und die Unterstützung von Clustering, damit die Anwendung trotz Ausfall eines Servers verfügbar bleibt. Weiterhin ist er zuständig für Lastverteilung und Fehler-Management sowie für die Integration von Middlewarediensten wie Messaging-Systemen oder Verzeichnisdiensten.

Der EJB-Container

Der EJB-Container ist die Laufzeitumgebung für Enterprise JavaBeans. Er verwaltet die Bean-Instanzen, steuert ihren Lebenszyklus, kontrolliert die Einhaltung der im Deployment Descriptor (siehe Listing 35) festgelegten Eigenschaften von Datenbankzugriffen und Transaktionen und ist zuständig für den rechnerübergreifenden Aufruf von Komponenten.

Fast alle Hersteller von Java-Application-Servern stellen darüber hinaus zusätzliche Dienste zur Verfügung. EJBs, die solche Dienste verwenden, sind dann allerdings nicht mehr in einem anderen Container ablauffähig.

Das Zusammenspiel von EJB-Server, EJB-Container und Enterprise JavaBeans wird durch Verträge, so genannte Contracts (Bild 11.11) geregelt. Auch an anderer Stelle (JCA) werden Sie dem Konzept dieser Contracts noch begegnen.

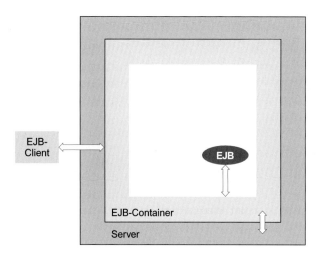

Bild 11.11
EJB Contracts

Der Vertrag zwischen Bean und Container legt fest, welche Laufzeitdienste der Container erbringen muss. Diese werden vom Entwickler deklarativ beschrieben und regeln insbesondere die Transaktionseigenschaften und die Datenpersistenz. Durch diesen Vertrag wird auch sichergestellt, dass Enterprise JavaBeans in einem beliebigen J2EE-Container ablauffähig sind.

Der Vertrag zwischen dem Client und dem Container beschreibt, wie ein Client auf Enterprise JavaBeans zugreifen kann.

Der dritte Vertrag beschreibt das Zusammenspiel von Server und Container. An dieser Stelle gibt die J2EE-Spezifikation keine Details vor, sondern geht davon aus, dass Server und Container vom gleichen Hersteller geliefert werden.

Enterprise JavaBeans

Enterprise JavaBeans sind serverseitige Komponenten, die in einem EJB-Container ablaufen und deren Aufgabe es ist, die Geschäftslogik in einer Anwendung zu realisieren. Es gibt drei Arten von Enterprise JavaBeans: Session Beans, Entity Beans und Message Driven Beans, die ich in den folgenden Abschnitten etwas genauer betrachten werde.

Session Beans

Session Beans realisieren die Logik eines Geschäftsprozesses. Sie schirmen den Client von der Komplexität der Geschäftslogik ab. Der Client hat über den EJB-Container Zugriff auf eine Session-Bean-Instanz und nutzt deren Funktionalität. Für die Realisierung der Funktionalität kann die Session Bean andere Enterprise Beans und die Services des EJB-Containers nutzen. Session Beans sind transiente Objekte, die nur für die Dauer einer Sitzung existieren. Sie werden vom Client erzeugt und gehen verloren, wenn die Sitzung durch Client oder Server beendet wird.

Es gibt stateful und stateless Session Beans. Stateful Session Beans werden bei Anwendungen eingesetzt, die Geschäftsprozesse darstellen, die aus mehreren Schritten bestehen, zum Beispiel einer Bankanwendung oder einer Shopping-Anwendung. In solchen Fällen hängen die weiteren Schritte der Anwendung immer vom jeweiligen Status ab. Damit die Zustandsinformation für einen Client während einer Sitzung erhalten bleibt, benötigt jeder Client eine eigene Session-Bean-Instanz.

Stateless Session Beans speichern keine Zustandsinformation. Sie arbeiten nur mit den Daten, die ihnen beim Aufruf übergeben wurden, und können nach jedem Methodenaufruf von einem anderen Client verwendet werden. Umgekehrt können aufeinander folgende Methodenaufrufe eines Clients von verschiedenen Instanzen bearbeitet werden. Aus Optimierungsgründen verteilt der EJB-Container die Methodenaufrufe oft auf eine feste Anzahl von Bean-Instanzen. Die Persistenz der Daten muss, falls sie benötigt wird, vom Bean selbst realisiert werden.

Entity Beans

Entity Beans sind persistente Objekte und repräsentieren Daten, die in einer Datenbank gespeichert werden, zum Beispiel ein Bankkonto. Ein Entity Bean ist aber nicht nur ein Datenspeicher, sondern enthält auch Geschäftslogik, zum Beispiel zur Abfrage oder zum Verändern des Kontostandes. Es ermöglicht mehreren Clients parallel auf die Daten zuzugreifen. Probleme, die sich daraus ergeben könnten, vermeidet der Container durch die Verwendung von Transaktionen. Entity Beans bleiben so lange erhalten, bis sie von einem Client explizit gelöscht werden.

Die Persistenz der Daten, d. h. das Abspeichern der Daten in der Datenbank, kann wahlweise dem Container (container-managed Persistence) oder dem Bean selbst (bean-managed Persistence) überlassen werden.

Bei bean-managed Persistence muss der Code für den Zugriff auf eine Datenbank im Bean vom Entwickler implementiert werden. Bei container-managed Persistence werden Datenbankzugriffe vom EJB-Container generiert. Der Code enthält dann keine expliziten Datenbankzugriffe, sondern nur abstrakte Zugriffsmethoden. Der Umfang des Codes wird sehr viel geringer und die Portierung auf einen anderen Application-Server ist einfacher.

Message Driven Beans

Session Beans und Entity Beans werden über RMI-IIOP aufgerufen. In einigen Fällen hat dieser synchrone Aufruf von Methoden jedoch Nachteile. In manchen Situationen kann es ungewünschte Auswirkungen, zum Beispiel auf die Performance haben, wenn eine Anwendung solange blockiert wird, bis der Server geantwortet hat. Ist der benötigte Server einmal gerade nicht verfügbar, kann die Anwendung unter Umständen überhaupt nicht ausgeführt werden. Hier kann die asynchrone Verarbeitung Vorteile bieten. Diese basiert auf dem Versenden von Nachrichten zwischen einem Client und einem Server.

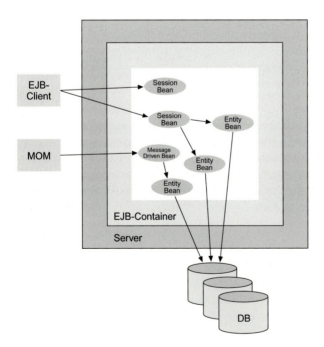

Bild 11.12
Zusammenspiel zwischen Session Beans, Message Driven Beans und Entity Beans

Message Driven Beans sind Beans, die die asynchrone und parallele Verarbeitung von Nachrichten über die JMS-Schnittstelle erlauben. Sie unterscheiden sich von Session und Entity Beans dadurch, dass sie keine Schnittstelle besitzen und daher nicht direkt aufgerufen werden können. Stattdessen wird, wenn eine Nachricht z. B. von einem Messaging System (Kapitel 21.1) eintrifft, vom Container die *onMessage*-Methode des Beans aufgerufen.

Vorteil von Message Driven Beans ist neben der garantierten Auslieferung von Nachrichten sofern das eingesetzte Messaging-System dies unterstützt, auch die Möglichkeit Nachrichten von verschiedenen Sendern zu empfangen und an mehrere Empfänger weiterzuleiten.

Das Zusammenspiel der verschiedenen Beans ist in Bild 11.12 dargestellt.

EJB-Clients

Bei der Entwicklung einer J2EE-Anwendung müssen vom Entwickler nicht nur die benötigten Beans und Interfaces implementiert, sondern auch die vom Container benötigten Infrastrukturservices festgelegt werden. Die Spezifikation dieser Services erfolgt im so genannten Deployment Descriptor, einem XML-Dokument mit dem Namen ejb-jar.xml.

Bei der Installation der entwickelten Beans im Application-Server, dem als Deployment bezeichneten Vorgang, wird mit Hilfe von Tools, die der Hersteller des Application-Servers mitliefert, die Übereinstimmung des Codes mit der J2EE-Spezifikation geprüft.

Außerdem werden außer bei Message Driven Beans, die ja nicht vom Client aufgerufen werden, ein Home Object und ein EJB Object für die Instanziierung und für die Interaktion mit dem EJB generiert. Diese sind auch die Grundlage für die Bereitstellung der gewünschten Laufzeitdienste durch den Container.

Das Home Object ermöglicht dem Client das Erzeugen und Vernichten bzw. bei Entity Beans das Finden von Beans im Datenspeicher. Das EJB Object repräsentiert aus der Sicht des Clients das EJB und gestattet den Zugriff auf die Geschäftslogik.

Die Interfaces für Home Object und EJB Object müssen vom Bean-Entwickler erstellt werden. Beim Deployment generiert der Container daraus dann die genannten Klassen, die diese Interfaces implementieren. Dieses Vorgehen ist die Grundlage dafür, dass der Container zur Laufzeit die Möglichkeit hat, alle Aufrufe zu kontrollieren und das im Deployment Descriptor angegebene Laufzeitverhalten bereitzustellen.

In einer verteilten Umgebung kann ein Client zur Laufzeit einer Anwendung zunächst nicht wissen, wo sich das Home Object für ein bestimmtes EJB befindet. Um die Lokalität eines EJB im Netz finden zu können, muss daher jeder Application-Server einen Namensdienst anbieten, der JNDI unterstützt.

JNDI sucht dann zum Beispiel in einem LDAP Naming Service nach einer Referenz auf das Home Object und gibt diese zurück. Die Referenz (Home Stub) ist ein lokales Stellvertreterobjekt, über das die Methoden des Home Object aufgerufen werden können. Unter anderem kann der Client diese Referenz verwenden, um ein EJB zu erzeugen.

Nachdem das EJB erzeugt oder aus dem Datenspeicher ausgelesen wurde, gibt der Container eine Referenz darauf zurück (Remote Stub). Dies ist wie beim Home Object ein lokales Stellvertreterobjekt, über das in diesem Fall die Methoden des EJB aufgerufen werden können.

Beim Aufruf einer Bean-Methode durch den Client erzeugt das EJB Object aus den Angaben im Deployment Descriptor die benötigten Middleware-Aufrufe und delegiert erst dann den Aufruf an das verteilte Objekt. Das verteilte Objekt selbst enthält nur die Implementierung der Geschäftslogik.

Zusammengefasst sind die einzelnen Schritte beim Aufruf eines EJB durch einen Client (Bild 11.13) also die folgenden:

1. Beim Deployment eines Bean wird eine Referenz auf das Home Object im Naming Service eingetragen.
2. Ein Client, der das Bean nutzen möchte, sucht im Naming Service und erhält eine Referenz auf das Home Object.
3. Der Client ruft die create-Methode des Home Object auf.
4. Das EJB und gleichzeitig das EJB Object werden angelegt.
5. Der Client ruft eine Methode des EJB Object auf.
6. Der Container führt die im Deployment Descriptor beschriebenen Einstellungen aus und ruft die Methode des EJB auf.

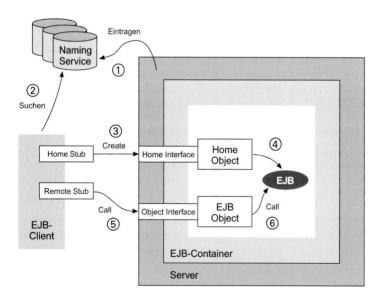

Bild 11.13 Aufrufen von EJB

EJB-Entwicklung

Nun möchte ich die Entwicklung einer EJB-Anwendung anhand eines einfachen Beispiels betrachten. Sie besteht im Wesentlichen aus folgenden Schritten:

1. Implementierung von Home Interface und Object Interface.

    Das Home Interface erweitert das *javax.ejb.EJBHome* Interface und enthält die Methoden zum Anlegen und Löschen von Session-Objekten. Da das *javax.ejb.EJBHome* Interface bereits eine *remove*-Methode zum Löschen enthält, muss nur noch eine *create*-Methode implementiert werden. Diese liefert ein Stub-Objekt zurück, über das das Session-Objekt angesprochen werden kann. Für die *create*-Methode muss eine entsprechende *ejbCreate*-Methode in der Klasse des Enterprise JavaBeans implementiert werden. Implementiert wird das Interface durch das vom Container beim Deployment generierte Home Object (siehe Listing 32).

```
package beispiel.helloworld;

public interface HelloWorldHome extends javax.ejb.EJBHome {
    HelloWorld create() throws javax.ejb.CreateException, java.rmi.RemoteException;}
```

Listing 32 Home Interface

Das Object Interface erweitert das *javax.ejb.EJBObject* Interface. Es wird durch das vom Container generierte EJB Object implementiert und definiert die Geschäftsmethoden des EJB, im Beispiel-Fall nur die Methode *Hello*, die ein Remote-Client aufrufen kann (siehe Listing 33).

```
package beispiel.helloworld;

public interface HelloWorld extends javax.ejb.EJBObject {
    public String Hello() throws java.rmi.RemoteException;}
```

Listing 33 Object Interface

2. Die JavaBean-Klasse

    Die EJB-Klasse implementiert das *Javax.ejb.SessionBean* Interface wodurch das Bean als Session Bean ausgezeichnet wird. Außer der Geschäftslogik muss jedes Session Bean mehrere Methoden implementieren, die nur vom Container aufgerufen werden können:

    - Die *ejbCreate*-Methode realisiert die *create*-Methode des Home Interfaces und kann Codes für die Initialisierung des Bean enthalten.
    - Die *ejbRemove*-Methode wird beim Löschen des Bean aufgerufen und ermöglicht die Durchführung von Aufräumarbeiten.

- Die Methode *ejbActivate* wird aufgerufen, wenn eine Bean Instanz reaktiviert wird.
- Die Methode *ejbPassivate* wird aufgerufen, wenn eine Bean-Instanz passiviert wird.
- Die Methode *setSessionContext* wird verwendet um das Bean mit dem jeweils gültigen Sitzungskontext, d. h. Informationen über die Identität des Clients oder den Status laufender Transaktionen, zu versorgen. Dazu wird der vom Container übergebene Sitzungskontext in einer Variablen vom Typ *SessionContext* abgespeichert.

In dem gewählten, sehr einfachen Beispiel haben diese Methoden keine praktische Bedeutung und können deshalb leer gelassen werden (Listing 34). Die Geschäftslogik wird von der *Hello*-Methode implementiert.

```
package beispiel.helloworld;
import javax.ejb.*;

public class HelloWorldBean implements SessionBean {
   private SessionContext sessionContext;
   public void ejbCreate () {}
   public void ejbRemove () {}
   public void setSessionContext (SessionContext ctx) {
      this.sessionContext = ctx;}
   public void ejbActivate () {}
   public void ejbPassivate () {}
   public String Hello() {
      return ("Hello, World!");}}
```

Listing 34 EJB-Komponente

3. Deployment Descriptor

Der Deployment Descriptor ist eine XML-Datei (Listing 35), in der die Eigenschaften des Bean und dessen Anforderungen an die Laufzeitumgebung deklariert wer-

```
<?xml version="1.0" encoding="ISO-8859-1"?>
<!DOCTYPE ejb-jar PUBLIC "-//Sun Microsystems, Inc.//DTD Enterprise
   JavaBeans 2.0//EN" http://java.sun.com/dtd/ejb-jar_2_0.dtd">
<ejb-jar>
   <descripton>HelloWorld Bean</description>
   <display-name>HelloWorld</description>
   <enterprise-beans>
```

Listing 35 Deployment Descriptor (**Anfang**)

```
    <session>
      <ejb-name>HelloWorld</ejb-name>
      <home>beispiel.helloworld.HelloWorldHome</home>
      <remote>beispiel.helloworld.HelloWorld</remote>
      <ejbclass>beispiel.helloworld.HelloWorldBean</ejb-class>
      <session-type>Stateless</session-type>
      <transaction-type>Container</transaction-type>
    </session>
  </enterprise-beans>
</ejb-jar>
```

Listing 35 Deployment Descriptor (**Fortsetzung**)

den. Das Element *ejb-name* enthält den Bezeichner für das Bean. *Home* und *remote* enthalten die Namen von Home- und Remote-Interface. Das Element *ejb-class* gibt den Namen der Bean-Klasse an. Die Elemente *session-type* und *transaction-type* legen fest, ob es sich um ein stateful oder ein stateless Bean handelt bzw. wie Transaktionen gehandhabt werden sollen.

4. Der EJB-Client

Nun fehlt noch die Implementierung des EJB-Clients (Listing 36). Hier wird zunächst über einen JNDI Lookup eine Referenz auf das Home Object angefordert. Daraus wird mit Hilfe der Methode *narrow* ein lokales Stub-Objekt *home* erzeugt, das den Zugriff auf das Home Object gestattet. Mit Hilfe der Methode *create* werden

```
package beispiel.helloworld;
import javax.naming.InitialContext;
import javax.rmi.PortableRemoteObject

class HelloWorldClient {
  public static void main (String args[]) throws Exception
  {
  InitialContext jndiContext = new InitialContext();
  Object ref = jndiContext.lookup("HelloWorld");
  HelloWorldHome home = (HelloWorldHome)
    PortableRemoteObject.narrow(ref, HelloWorldHome.class);
  HelloWorld bean = home.create();
  System.out.println(bean.Hello());
  bean.remove ()
  }
}
```

Listing 36 EJB-Client

sowohl ein Session-Objekt im Container als auch ein lokales Stub-Objekt bean für das EJB Object erzeugt. Die Methode *hello* des EJB kann dann als Methode des Stub-Objektes aufgerufen werden. Als letztes wird das nicht mehr benötigte Session Bean gelöscht.

11.7.3 Servlets

Für die Realisierung dynamischer Webseiten wurden in der Vergangenheit unterschiedliche Technologien eingesetzt. Auf der Client-Seite wurden Java-Applets und verschiedene Skripting-Technologien verwendet um dynamische Inhalte zu erzeugen. Auf der Server-Seite hat man verschiedene Technologien eingesetzt, um die Funktionalität des Web-Servers zu erweitern. Durchgesetzt haben sich zunächst vor allem die CGI-Skripts (siehe Kapitel 5.4.1). Allerdings hat diese Technologie eine Reihe von Einschränkungen. So sind CGI-Skripts in der Regel plattformabhängig, da es sich dabei um ganz normale Programme handelt. Noch schwerwiegender ist in vielen Fällen aber der Nachteil, dass CGI-Anwendungen nur unzureichend skalierbar sind, da für jeden Request ein eigener Prozess gestartet wird, d. h. dass jedes Mal ein Prozesskontext auf- und abgebaut werden muss und dass für jeden Prozess eine eigene Kopie des Programms im Speicher liegt.

Mit den Java Servlets gibt es eine Alternative, die die genannten Nachteile nicht hat: Simultane Requests werden hier alle von der gleichen JVM behandelt, die für jeden Request lediglich einen eigenen Thread erzeugt. Auch das Programm befindet sich nur einmal im Speicher. Servlets haben außerdem den Vorteil, dass alle Anwendungsteile in einer einzigen Programmiersprache, nämlich in Java, realisierbar sind.

Da es sich dabei prinzipiell um ganz normale Java-Programme handelt, können sie natürlich alle Java-APIs benutzen und haben damit auch die Möglichkeit z. B. über JDBC auf Datenbanken zuzugreifen. Der Zugriff auf den Web-Server erfolgt über das Java Servlet API, das der Web-Server unterstützen muss. Über das Servlet API registriert das Java-Programm zwischen Browser und Web-Server ausgetauschte Requests und Responses und kann entsprechend reagieren.

Was auf der Client-Seite die Applets sind, sind auf der Server-Seite die Servlets. Wie Applets benötigen auch sie eine Laufzeitumgebung, den Web-Container (Bild 11.14).

Der Web-Container ist für das Lifecycle Management für Java Server Pages und Servlets zuständig. Er stellt den Anschluss zu Netzwerkdiensten her, bietet Schnittstellen zum Lesen von HTTP Requests und zum Erzeugen von HTTP Responses und erlaubt den Zugriff auf J2EE APIs. Zu seinen Aufgaben gehört außerdem das Erzeugen von Servlets aus Java Server Pages.

Listing 37 zeigt die typische Struktur eines Servlets anhand eines einfachen Beispiels. Ein Servlet muss immer von der Klasse *HttpServlet* abgeleitet werden. Je nachdem, ob es auf einen GET- oder einen POST Request reagieren soll, wird dann eine der Methoden *doGet* oder *doPost* überschrieben. Diese Methoden haben beide Argumente vom Typ *HttpServletRequest* und *HttpServletResponse*.

11.7 Java 2 Enterprise Edition

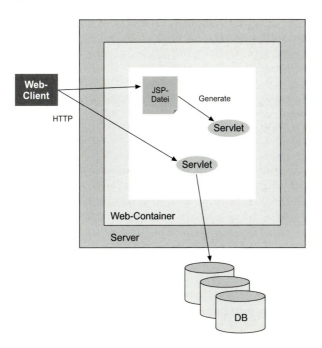

Bild 11.14
Web-Container

```
package hallo;

import java.io.*;
import javax.servlet.*;
import javax.servlet.http.*;

public class HelloWWW extends HttpServlet {
  public void doGet(HttpServletRequest request,
            HttpServletResponse response)
    throws ServletException, IOException {
   response.setContentType("text/html");
   PrintWriter out = response.getWriter();
   out.println("<!DOCTYPE HTML PUBLIC \"-//W3C//DTD HTML 4.0" +
                    "Transitional//EN\">\n" +
       "<html>\n" +
       "<head>\n" +
       "<title>Java Servlet Beispiel</title>\n" +
       "</head>\n" +
       "<body>\n" +
       "<h1>" + request.getQueryString () + "</h1>\n" +
       "</body>\n" +
       "</html>");}}
```

Listing 37 Java Servlet

HttpServletRequest gestattet den Zugriff auf Daten, die mit dem HTTP Request geschickt wurden. Zum Beispiel kann mit der Methode *getQueryString* der Query String eines HTTP Requests abgefragt werden. *HttpServletResponse* stellt Methoden zum Schreiben der HTTP Response bereit.

Mit der Methode *getWriter* wird eine Instanz *out* der Klasse *PrintWriter* erzeugt und die Methode *println* wird verwendet um einen HTML-Zeichenstrom an den Client zu schicken.

Einfache Servlets bestehen häufig vor allem aus *println*-Statements. Sie werden normalerweise in einem bestimmten Verzeichnis abgelegt und dann vom Webserver bei Eingabe eines entsprechenden URL aufgerufen.

11.7.4 Java Server Pages

Eine alternative und in vielen Fällen einfachere Methode zur Erstellung dynamischer Webseiten beruht auf so genannten Java Server Pages (JSP). Eine JSP ist nichts anderes als eine HTML-Seite mit eingebettetem Java. Zum Erstellen einer JSP kann daher ein ganz normaler HTML-Editor genommen werden. Beim ersten Aufruf der Seite wird daraus vom Web-Container ein Servlet erzeugt.

In einer Java Server Page kann Java Code in Form von Expressions oder Scriptlets zwischen den HTML-Code eingestreut werden. Dazu muss er zwischen „<%" und „%>" eingeschlossen werden.

Expressions und Scriptlets unterscheiden sich auf folgende Weise:

Java Expressions werten den Code zur Laufzeit aus und fügen das Ergebnis als Zeichenkette in die HTML-Seite ein. So liefert zum Beispiel der Ausdruck

```
<%= request.getRemoteHost %>
```

den Namen des Rechners.

JSP Scriptlets ermöglichen es, mehrere Zeilen beliebigen Java Code in eine Seite einzufügen. Bei der Generierung des Servlet wird dieser Code dann unverändert übernommen.

Beispielsweise wird aus den Zeilen

```
<% if (Math.random() < 0.5 ) %>
<b>Viel Spass beim Arbeiten !</b>
<% } else { %>
<b>Viel Spass beim Faulenzen !</b>
<% } %>
```

der folgende Java-Code generiert:

```
if (Math.random () < 0.5 )
   out.println("<b>Viel Spass beim Arbeiten !</b>"); ((Hochkomma oben !))
```

```
} else {
    out.println("<b>Viel Spass beim Faulenzen !</b>"); ((Hochkomma oben !))
}
```

Ein einfaches Beispiel für eine Java Server Page, die das gleiche leistet wie der in Listing 37 dargestellte Servlet-Code, ist in Listing 38 dargestellt.

```
<!DOCTYPE HTML PUBLIC "-//W3C//DTD HTML 4.0 " "Transitional//EN\">
<html>
  <head>
    <title>Java Server Page Beispiel</title>
  </head>
  <body>
    <h1> <%= out.println (request.getQueryString ()) %> </h1>
  </body>
</html>
```

Listing 38 Java Server Page

11.7.5 JCA

Bei der Realisierung neuer IT-Lösungen müssen häufig vorhandene EIS-(Enterprise Informations Systems)-Systeme, also etwa betriebliche Standardsoftware oder vorhandene unternehmensspezifische Lösungen, mit neuen Java-Anwendungen integriert werden. Bisher haben sowohl Hersteller von Application-Servern als auch EIS-Hersteller dafür proprietäre Lösungen angeboten.

Die Java Connector Architecture (JCA) definiert eine standardisierte Verbindung zwischen Application-Servern und EIS-Systemen. Dabei wird die Zusammenarbeit zwischen dem EJB-Container und einem Resource Adapter in einem Vertrag, dem JCA SystemContract, geregelt (Bild 11.15). Dabei wird festgelegt

- wie Verbindungen zwischen einer Anwendung und dem EJB-Container verwaltet werden (Connection Management)
- wie Transaktionen vom EJB-Container zur Anwendung propagiert werden (Transaction Management)
- wie Sicherheitsmechanismen zum Beispiel zur Authentifizierung oder Authorisierung durchgeführt werden.

Eine ebenfalls standardisierte Schnittstelle, das Common Client Interface (CCI) beschreibt die Schnittstelle zwischen dem EJB und dem Resource Adapter und ist damit die Programmierschnittstelle für den Entwickler. Sie beschreibt insbesondere den Verbindungsaufbau, die Ausführung von Kommandos und den Zugriff auf Daten.

Die Kommunikation zwischen dem Resource Adapter und dem EIS erfolgt über ein EIS-spezifisches Interface und ist demzufolge nicht Bestandteil der Spezifikation.

11 Java

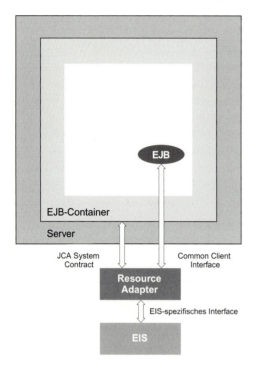

Bild 11.15
JCA-Architektur

Auf Basis der JCA ist es nicht mehr notwendig, dass EIS-Hersteller und Application-Server-Hersteller ihre Produkte besonders anpassen, sie müssen lediglich die JCA-Spezifikation erfüllen.

11.8 Java-Anwendungsarchitektur

Sie haben in den vorhergehenden Abschnitten dieses Kapitels alle wichtigen Java-Technologien kennen gelernt. Zum Abschluss dieses Kapitels möchte ich die Architektur einer typischen Java-Anwendung nochmals in einer Übersicht darstellen.

Grundsätzlich hat man es mit einem mehrschichtigen Architekturmodell (Kapitel 18), bestehend aus einer Präsentations-Schicht, einer Applikations-Schicht und einer Resourcen-Schicht zu tun.

Auf der Client-Seite steht der Entwickler in einer Java-Umgebung entweder Java-Clients, browserbasierten Clients oder SOAP-Clients gegenüber.

Java-Clients besitzen eine eigene Benutzeroberfläche und kommunizieren über RMI mit dem Application-Server.

Bei browserbasierten Clients, die über das HTTP-Protokoll mit dem Webserver kommunizieren, zerfällt die Präsentationsschicht in einen Client-seitigen und einen Server-seitigen Teil. Dabei werden die für die Präsentation benötigten Daten normalerweise von Servlets erzeugt, für die der Web-Container die benötigten Laufzeitdienste bereitstellt. Servlets können über RMI auf Enterprise JavaBeans oder über JDBC auf eine Datenbank zugreifen.

SOAP-Clients sind Programme, die über das SOAP-Protokoll auf Komponenten zugreifen. Der Web-Container enthält dazu eine SOAP-Laufzeitumgebung, die das SOAP-Protokoll in die entsprechenden Methodenaufrufe umsetzt.

Die Geschäftslogik wird von solchen Enterprise JavaBeans implementiert, die nur die Geschäftslogik enthalten. Laufzeitdienste werden vom EJB-Container bereitgestellt, der über standardisierte APIs wie JDBC, JNDI, JCA oder JAX-RPC auch den Anschluss an Transaktionsmonitore, Datenbanken, Directories, EIS-Systeme und Web Services realisiert (siehe Bild 11.16).

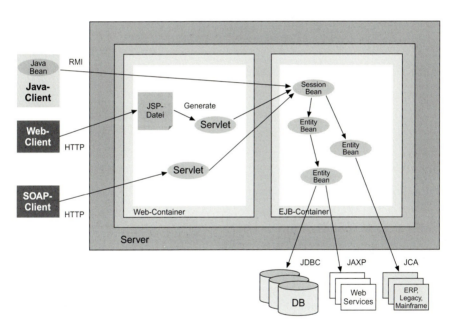

Bild 11.16 Architektur einer Java-Anwendung

12 .NET Framework

Das .NET Framework ist die Microsoft-Plattform für Windows-basierte Client-Server- und Web-Anwendungen. Es beruht in vielen Bereichen auf Technologien der bisherigen Distributed Network Architecture (DNA), enthält jedoch in wesentlichen Teilen auch völlig neue Komponenten und Konzepte.

Das .NET Framework (Bild 12.1) besteht im Wesentlichen aus den beiden folgenden Teilen:

- Common Language Runtime (CLR), der Ablaufumgebung für .NET-Programme
- Framework Class Library (FCL), einer für alle .NET-Programmiersprachen einheitlichen Menge von Klassenbibliotheken

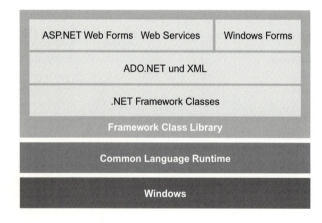

Bild 12.1
.NET Framework

12.1 Common Language Runtime

Die Common Language Runtime ist – ähnlich wie die JVM bei Java – eine virtuelle Maschine für die Ausführung von Code, der in einer .NET-Sprache geschrieben wurde. .NET-Programme sind damit prinzipiell – wie Java-Programme auf der Basis der JVM – plattformunabhängig, allerdings gibt es bisher noch keine Implementierung der CLR für Nicht-Windows-Plattformen. Code, der unter Aufsicht der CLR ausgeführt wird, bezeichnet man als Managed Code.

12.1 Common Language Runtime

Für die Ausführung eines Programms in der CLR muss dieses zunächst von einem Compiler in einen als Intermediate Language (IL) bezeichneten Zwischencode übersetzt werden, der damit sozusagen die Assemblersprache der CLR darstellt. Allerdings unterscheidet sich die IL sehr stark von herkömmlichem Assembler Code. Sie enthält Anweisungen zum Anlegen und Initialisieren von Objekten und zum Aufruf virtueller Methoden, die sonst nur in höheren Programmiersprachen vorhanden sind. Auch komplexe Datentypen, Objekte und Konzepte wie Vererbung oder Polymorphie werden von der IL unterstützt.

IL-Code wird zur Laufzeit eines Programms von einem in die CLR integrierten Just-in-Time-(JIT)-Compiler in Maschinencode umgesetzt. Dies führt zwar beim jeweils ersten Aufruf einer jeden Methode zu einer durch die JIT-Compilierung bedingten Verzögerung. Da jedoch bei den meisten Anwendungen immer wieder die gleichen Methoden aufgerufen werden, fällt dies normalerweise nicht ins Gewicht. Anderseits hat JIT-Compilierung den Vorteil, dass für die spezifische Umgebung, in der das Programm abläuft, (z. B. Pentium-II- oder Pentium-III-Prozessor) optimierte CPU-Anweisungen generiert werden können.

Ich möchte die Arbeitsweise des JIT-Compilers anhand eines einfachen C#-Programms erklären, das mit der Methode *WriteLine* nacheinander zwei Zeichenketten auf den Bildschirm ausgibt (Bild 12.2). Dazu gehe ich davon aus, dass das Programm bereits mit dem .NET-Compiler in IL-Code übersetzt wurde (1).

Beim Aufruf des Programms wird von der CLR ein Speicherbereich reserviert (2), der für jede Methode ein Feld mit der Adresse des zugehörigen Codes im Speicher enthält.

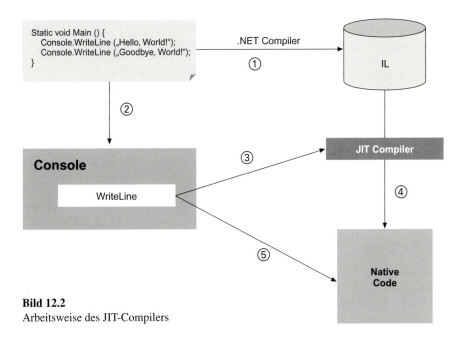

Bild 12.2
Arbeitsweise des JIT-Compilers

Beim Initialisieren des Speicherbereiches wird dieses Feld von der CLR zunächst mit der Speicheradresse des JIT-Compilers vorbelegt.

Dies führt dazu, dass beim ersten Aufruf der Methode *WriteLine* automatisch der JIT-Compiler aufgerufen wird (3). Dieser übersetzt den IL-Code der Methode in nativen Code (4) und ersetzt in dem für die Methode angelegten Speicherbereich die Adresse des JIT-Compilers durch die Adresse des nativen Code. Beim nächsten Aufruf der Methode wird somit nicht mehr der JIT-Compiler aktiviert, sondern sofort der native Code aufgerufen (5).

Viele Basisfunktionen, die bisher vom Programm selbst implementiert werden mussten, sind in der CLR enthalten. Dazu gehört zum Beispiel das Exception-Handling, das in .NET die Grundlage für jede Fehlerbehandlung darstellt. Es erlaubt die Trennung des Fehlerbehandlungscodes von der eigentlichen Programmlogik, macht dadurch den Code übersichtlicher und vereinfacht die Wartung. Eine weitere wichtige Funktionalität liefert ein integrierter Garbage Collector. Er befreit den Programmierer von der Aufgabe sich um die Freigabe von belegtem Speicher kümmern zu müssen. Memory Leaks und Dangling Pointers, Hauptursache vieler Programmabstürze, werden damit von vornherein vermieden.

Auch die Sicherheit von Programmen wird von der CLR gewährleistet. So wird jeder ablaufende Code auf Typsicherheit geprüft. Das bedeutet, dass bei jedem Zugriff auf Daten sichergestellt wird, dass diese typkompatibel mit der gewünschten Variablen oder dem reservierten Speicherbereich sind. Dadurch können unbeabsichtigte oder böswillige Datenmanipulationen vermieden und die Einhaltung von Sicherheitseinstellungen garantiert werden. So kann zum Beispiel in ähnlicher Weise wie auch bei Java der Zugriff aus heruntergeladenem Code auf lokale Daten eingeschränkt werden.

Nur bei C++ gibt es die Möglichkeit, auf die CLR als Ablaufumgebung zu verzichten. Man spricht dann von unmanaged Code. Dies kann bei Spezialanwendungen wie zum Beispiel bei der Implementierung von Gerätetreibern sinnvoll sein. Es hat andererseits aber zur Folge, dass anstelle der von der CLR bereitgestellten Funktionen die klassischen Windows APIs verwendet werden müssen.

12.1.1 Assemblies

Beim Übersetzen eines Programms mit einem .NET Compiler erzeugt dieser einen Modul. Dies ist eine .EXE- oder .DLL-Datei, die außer dem IL-Code, der zur Laufzeit des Programms in nativen Code übersetzt wird, noch zusätzliche Metadaten enthält, die die im Code enthaltenen bzw. im Code referenzierten Typen und Methoden beschreiben. Diese Metadaten werden beispielsweise auch verwendet, um die WSDL-Beschreibung (Kapitel 13.3) für einen Web Service zu generieren.

Mehrere zusammengehörende Module werden zu einer Assembly (Kapitel 12.3) zusammengefasst, die neben Codedateien zusätzlich weitere von der Anwendung benötigte Resourcen, z. B. GIF- oder JPEG-Dateien enthalten kann. Damit wird sichergestellt, dass zur Laufzeit einer Anwendung immer die Komponenten vorhanden sind, mit denen sie auch erstellt und getestet wurde.

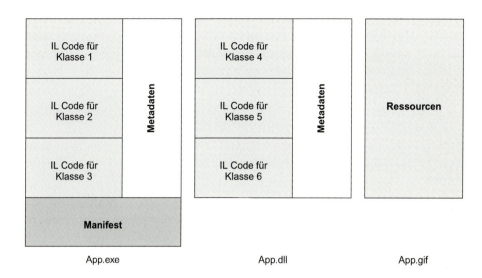

Bild 12.3 .NET Assembly

In jeder Assembly ist ein Manifest enthalten, das Metadaten zu den Inhalten der Assembly enthält und zum Beispiel beschreibt, aus welchen Dateien es besteht. Außerdem enthält jede Assembly in ihrem Manifest Versionsinformationen. Auch Abhängigkeiten von anderen Assemblies können ausgedrückt werden. Assemblies sind damit die Basis für die Verteilung und Versionierung von Software. Für den Code in Assemblies können ähnlich wie bei Java, zum Beispiel in Abhängigkeit von der Herkunft, spezifische Rechte vergeben werden.

Im Gegensatz zu den bisherigen Dynamic Link Libraries (DLL) können von einer Assembly mehrere Versionen vorhanden sein. Wenn ein Client gestartet wird, sucht die CLR automatisch nach der passenden Assembly-Version.

Das Manifest kann Teil einer der den Code enthaltenden .EXE- oder .DLL-Dateien sein oder sich in einer dieser Dateien befinden, die außer dem Manifest keinen Inhalt haben. Zu beachten ist, dass im Dateisystem Assemblies durch nichts aneinander gebunden sind. Der Entwickler muss daher sicherstellen, dass die im Manifest aufgeführten Dateien wirklich vorhanden sind, wenn Sie gebraucht werden.

Je nachdem, ob Assemblies nur von einer oder von mehreren Anwendungen genutzt werden, wird zwischen Private Assemblies und Shared Assemblies unterschieden. Private Assemblies werden anhand eines einfachen Namens identifiziert und durch einfaches Kopieren der zugehörigen Dateien in ein gemeinsames Dateiverzeichnis installiert. Eine Versionsüberprüfung findet in diesem Fall nicht statt.

Shared Assemblies werden durch einen eindeutigen generierten Namen identifiziert und im Global Assembly Cache (GAC), einem bestimmten Verzeichnis, abgelegt. Über die im Manifest enthaltene Versionsbezeichnung wird sichergestellt, dass jeder Client stets die von ihm benötigte Assembly-Version erhält.

Da alle zu einer Anwendung gehörenden DLL immer Bestandteil der Assembly sind, kann bei .NET der Fall, der bei bisherigen Windows-Versionen große Probleme bereitete, nicht mehr auftreten: dass eine Anwendung nicht mehr funktioniert, weil sich die Version einer mit anderen Anwendungen gemeinsam genutzten DLL geändert hat.

Ein weiterer Vorteil von Assemblies ist die Tatsache, dass sie nachgeladen werden können. Beim Starten eines Programms muss deshalb nur die für die Initialisierung benötigte Assembly vorhanden sein. Das ermöglicht kurze Ladezeiten insbesondere beim Herunterladen von Programmen aus dem Netz. Weitere Resourcen, zum Beispiel für die Lokalisierung von Programmen, können dann nach Bedarf dynamisch nachgeladen werden.

Die Metadaten von Modulen und Assemblies können zur Laufzeit ausgelesen und verändert werden. Diese als Reflection bezeichnete Technologie wird in der Regel aber nur von speziellen Anwendungen wie zum Beispiel Entwicklungswerkzeugen genutzt. Damit können zum Beispiel Informationen über die in einer Assembly definierten Typen oder die für einen Datentyp definierten Membervariablen erhalten werden.

12.1.2 Application Domains

Bei bisherigen Windows-Versionen wurden Anwendungen dadurch voneinander isoliert, dass sie in voneinander getrennten Prozessen abliefen. Da Windows-Prozesse aber einen hohen Bedarf an Systemresourcen haben, konnte es bei zu vielen Prozessen zu Performance-Engpässen kommen.

Da managed Code einen Verifizierungsprozess durchläuft, der von vornherein ausschließt, dass er auf unerlaubte Speicherbereiche zugreift, bietet die CLR die Möglich-

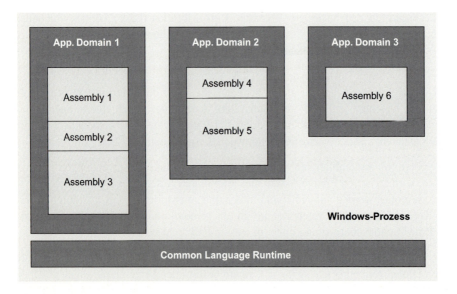

Bild 12.4 Application Domains

keit, mehrere Anwendungen in einem einzigen Windows-Systemprozess ablaufen zu lassen und damit Systemresourcen zu sparen.

Die Grundlage dafür sind Application Domains (Bild 12.4), die von der CLR beim Starten einer Anwendung erzeugt werden.

Application Domains enthalten neben dem Code außerdem den dynamischen Speicher einer Anwendung und grenzen verschiedene Anwendungen genauso voneinander ab, wie getrennte Prozesse, vermeiden aber den sonst für die Interprozesskommunikation und Prozesswechsel notwendigen Aufwand.

12.2 .NET-Sprachen

Bisher war eine der wichtigsten Entscheidungen beim Beginn eines neuen Projektes die Auswahl der Programmiersprache. Je nachdem ob viel systemnaher Code implementiert werden musste oder es primär um die Realisierung einer Benutzeroberfläche ging, waren zum Beispiel entweder C++ oder Visual Basic die am besten geeigneten Sprachen. Daraus ergab sich fast zwangsläufig das Problem in verschiedenen Sprachen geschriebene Komponenten integrieren zu müssen.

Da bisher die verschiedenen Windows-Compiler über eigene Typsysteme verfügten, konnten in einer Sprache erzeugte Objekte jedoch in der Regel nicht ohne weiteres in einer anderen Sprache weiterverarbeitet werden. Eine für den Entwickler nicht besonders komfortable Lösung dieses Problems lieferte Microsoft mit dem Component Object Model (COM), das zwar ein sprachunabhängiges Typsystem festlegte, das Mapping der Sprachtypen auf COM-Typen aber der Anwendung und damit dem Entwickler überließ.

In .NET beschreitet Microsoft einen völlig neuen Weg um die Interoperabilität zwischen verschiedenen Programmiersprachen herzustellen. Dazu wird die Semantik der .NET-Sprachen in einer für alle Sprachen gemeinsamen und verbindlichen Spezifikation, der Common Language Specification (CLS) festgelegt.

12.2.1 Das Common Type System

Elementarer Bestandteil der CLS ist das Common Type System (CTS), das die Datentypen der CLR und deren Eigenschaften beschreibt. Datentypen werden dadurch unabhängig von der Programmiersprache, zum Beispiel gibt es keinen Unterschied zwischen einem String in C# und einem String in VB.NET. Das gleiche gilt auch bei der Definition einer Klasse und ihrer Methoden. Je nach der verwendeten Sprache unterscheidet sich zwar die Syntax, aber das Verhalten zur Laufzeit ist für alle Sprachen exakt das gleiche, da dieses ja von der CLS festgelegt und von der CLR implementiert wird.

Das CTS bildet eine Hierarchie von Objekttypen mit einem generischen Object als Wurzel (Bild 12.5). Alle weiteren Typen des CTS werden von Object abgeleitet. Damit

12 .NET Framework

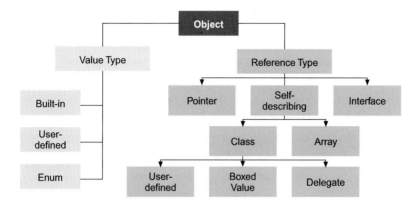

Bild 12.5 .NET-Datentypen

ist in .NET jede Variable automatisch ein Objekt. Grundsätzlich wird ähnlich wie bei Java zwischen einfachen Datentypen (Value Types) unterschieden, die die Daten direkt enthalten und auf dem Stack abgespeichert werden, und Referenztypen (Reference Types), die nur die Adresse eines Speicherbereiches in dem von der Anwendung dynamisch belegten Speicher (Heap) enthalten, wo sich die eigentlichen Daten befinden. Zur Veranschaulichung sind in Bild 12.6 Stack und Heap einer Anwendung dargestellt. Die Variablen I und C sind einfache Datentypen und liegen auf dem Stack, während die Variablen Name und Feld zu den Referenztypen gehören und daher auf Speicherbereiche im Heap verweisen.

Zu den einfachen Datentypen gehören neben den von der CLR implementierten (Built-in)-Typen wie Byte, Boolean, Integer, Floating Point und Character benutzerdefinierbare Typen sowie die bei den meisten Programmiersprachen unterstützten Enumerations.

Den Referenztypen zuzuordnen sind Pointer und Interfaces, sowie die selbstbeschreibenden Datentypen Array und Klasse. Zu den Klassen wiederum gehören benutzerdefinierte Klassen, Boxed Value Types und Delegates.

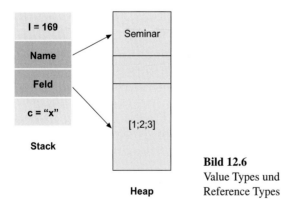

Bild 12.6
Value Types und Reference Types

12.2 .NET-Sprachen

Es mag hier verwundern, dass die CTS überhaupt Pointer unterstützt. Schließlich besteht einer der wesentlichen Vorteile des Framework darin, dass ausschließlich die CLR für das Speichermanagement zuständig ist. Tatsächlich ist es so, dass zwischen einem managed pointer und einem unmanaged pointer unterschieden werden muss. Ein managed pointer zeigt auf einen von der CLR verwalteten Speicherbereich, der damit auch der Garbage Collection unterliegt. Ein unmanaged pointer ist nichts anderes als ein Zeiger in C++ und ist in der CLS nicht enthalten.

Als Ersatz für die von C++ bekannten Funktionszeiger gibt es im CTS die Delegates. Sie werden zum Beispiel für Event Handler oder Callback-Funktionen verwendet.

Boxed Value Types sind Klassen, die von der CLR dynamisch für jeden Value Type bereitgestellt werden und die sich genauso verhalten wie der Value Type selbst. Sie stellen die Grundlage dar, damit auch für Value Types Objektmethoden aufgerufen werden können. Dazu werden auf dem Heap temporäre Objekte angelegt und die Werte der Variablen dort hineinkopiert. Diesen Vorgang nennt man Boxing.

Wollen Sie zum Beispiel in einem C#-Programm einen Integer-Wert als Objekt behandeln, können Sie das Boxing mit den folgenden Befehlen realisieren:

```
int wert1 = 123;
object o = wert1;
```

Beim umgekehrten Vorgang, der Unboxing genannt wird, wird der Inhalt des Objektes wieder in einem Value Type abgelegt. Dies ist durch ein einfaches Typcasting zu realisieren:

```
wert2 = (int) o;
```

12.2.2 Sprachintegration in .NET

Die CLR implementiert eine Obermenge der CLS, die den einzelnen Sprachen neben den gemeinsamen Features zusätzlich die Implementierung sprachspezifischer Eigenschaften ermöglicht (Bild 12.7). Mit dem IL-Assembler kann auf alle Funktionen der CLR zugegriffen werden.

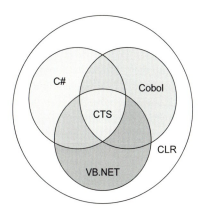

Bild 12.7
Nutzung von CLR-Features durch .NET-Sprachen

Da alle .NET-Sprachen in IL-Code übersetzt werden, können sie auf IL-Ebene leicht miteinander integriert werden (Bild 12.8), d. h. bei der Implementierung einer Komponente kann immer diejenige Sprache ausgewählt werden, mit der sich die gewünschte Funktionalität am besten ausdrücken lässt oder für die am meisten Know-how zur Verfügung steht.

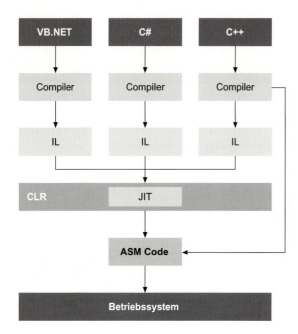

Bild 12.8
Sprachintegration bei .NET

Zur Sicherstellung der Interoperabilität zwischen verschiedenen Sprachen muss man sich natürlich auf diejenigen Features beschränken, die in der CLS spezifiziert sind. Dann spielt es zur Laufzeit keine Rolle mehr, in welcher Sprache ein Programm implementiert wurde. Auch sprachübergreifendes Debuggen ist möglich.

.NET unterstützt die Sprachen VB.NET, C#, C++, J# und JScript. Zusätzlich bieten viele Fremdhersteller weitere Sprachen wie Cobol, Fortran oder Pascal für .NET an.

12.2.3 VB.NET

VB.NET ist eine Weiterentwicklung der weit verbreiteten Visual-Basic-Sprache. Wesentliche Unterschiede zu seiner Vorgängerversion sind die Objektorientierung der Sprache und die Unterstützung des Exception-Handling, die die Fehlerbehandlung in Programmen deutlich vereinfacht. Existierende Visual-Basic-Programme sind in .NET nur als unmanaged Code ablauffähig. Wenn die Eigenschaften der CLR genutzt werden sollen, ist aufgrund der geänderten Semantik der Sprache eine Reihe von Anpassungen notwendig.

Listing 39 zeigt die Implementierung eines Hello-World-Programms in VB.NET. Mit dem *Imports*-Kommando wird der System Namespace (Kapitel 12.3) importiert um dessen Elemente auf einfache Weise, d. h. ohne vollqualifizierte Namen verwenden zu müssen, referenzieren zu können. Danach benutzen wir die *WriteLine* Methode des *Console* Objektes, um den gewünschten Text auszugeben.

```
Imports System
Public Module Module1
    Sub Main ()
        Console.WriteLine("Hello, World!")
    End Sub
End Module
```

Listing 39 Hello World in VB.NET

12.2.4 C#

C# ist eine neue Sprache, die speziell für das .NET-Framework entwickelt wurde und von den Konzepten her sehr stark an Java angelehnt ist. Wie bei Java werden zahlreiche Probleme der Sprachen C/C++, die dort zum Beispiel durch die Verwendung von Zeigern auftreten, von vornherein ausgeschlossen.

Listing 40 zeigt die Implementierung des Hello-World-Programms in C#. Auffallend, aber nach den in den vorhergehenden Abschnitten diskutierten Eigenschaften der CLS sicher nicht weiter verwunderlich, ist die Ähnlichkeit mit der VB.NET-Implementierung des gleichen Programms: Beide haben die gleiche Struktur, benutzen die gleichen Bibliotheken und verwenden identische Funktionsaufrufe.

```
using System;
class HelloWorld {
    public static void Main () {
        Console.WriteLine("Hello, World!");
    }
}
```

Listing 40 Hello World in C#

12.2.5 C++

C++ ist die einzige Sprache, die managed und unmanaged Code erzeugen kann. Im Falle von unmanaged Code muss man logischerweise auf die Services der CLR und der Framework Class Library verzichten. Dafür steht natürlich die gesamte Funktionalität der Windows APIs zur Verfügung. Die Verwendung von unmanaged Code kann bei der Implementierung von sehr performancekritischen Programmteilen erforderlich sein oder wenn sehr systemnahe Funktionen benötigt werden, wie dies zum Beispiel bei der Implementierung von Gerätetreibern der Fall ist.

Die Implementierung des HelloWorld-Programms in Listing 41 wird nun niemanden mehr überraschen, sie hat die gleiche Struktur wie bei den bereits erwähnten Programmiersprachen. Um auf die Dienste der Common Language Runtime zugreifen zu können, muss die DLL „mscorlib.dll" angegeben werden, die die Implementierung aller Basistypen der CLR enthält.

```
#using <mscorlib.dll>
using namespace System;
void main () {
   Console::WriteLine ("Hello, World!");}
```

Listing 41 Hello World in C++

12.2.6 J#

J# ist das Java von Microsoft. Aufgrund von Lizenzstreitigkeiten mit Sun beruht J# allerdings auf dem veralteten JDK 1.1.4. Insbesondere stehen hier daher für die Implementierung von Serveranwendungen die Funktionen der J2EE nicht zur Verfügung. Stattdessen müssen Funktionen der Framework Class Library verwendet werden. J# ist somit eher als ein Migrationspfad für bisherige Visual-J++-Entwickler zu sehen, als eine Alternative für Java-Entwickler. Insbesondere kann nicht erwartet werden, dass nichttriviale Java- und J#-Programme in irgendeiner Form portabel sind. In Listing 42 ist die J#-Variante des HelloWorld-Programms dargestellt.

```
import System.*;
public class HelloWorld {
   public static void main () {
      Console.WriteLine ("Hello, World!");
   }
}
```

Listing 42 Hello World in J#

12.2.7 JScript

JScript ist eine neue Programmiersprache. Entwicklern, die in der Vergangenheit die gleichnamige Skriptingsprache zur Erstellung von Active Server Pages eingesetzt haben, wird damit der Einstieg in .NET erleichtert. Auch hier kann natürlich wie bei allen anderen Sprachen die *System.Console.WriteLine*-Methode für die Ausgabe eines Textes verwendet werden. Für einfache Fälle bietet JScript mit dem Print-Statement eine noch einfachere Alternative (Listing 43).

```
Print ("Hello, World");
```

Listing 43 Hello World in JScript

12.3 Die Framework Class Library

Bei bisherigen Windows-Versionen erfolgt die Entwicklung von Windows- und Web-Anwendungen in unterschiedlichen Sprachen mit unterschiedlichen Schnittstellen unter Anwendung verschiedener Entwicklungsparadigmen. Bei .NET wurde die Entwicklung dieser Anwendungstypen insbesondere durch die Bereitstellung einer für alle Sprachen einheitlichen Klassenbibliothek weitgehend vereinheitlicht.

Die Framework Class Library (FCL) enthält Hunderte von Klassen zum Erstellen von Anwendungen. Dabei werden folgende Anwendungstypen unterstützt:

- Windows-Anwendungen
- Web-Anwendungen
- Web-Services
- Komponentenbibliotheken (DLL)

Um Namenskollisionen zu vermeiden, verfügt die FCL über ein hierarchisches Namespace-Konzept. Zusammengehörende Klassen werden dabei immer dem gleichen Namespace zugeordnet. Bild 12.9 zeigt einen Ausschnitt des System Namespace der .NET-Klassen.

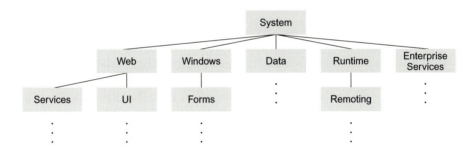

Bild 12.9 Einige Namespaces der Framework Class Library

Ich möchte hier nur auf die wichtigsten Namespaces eingehen. Diese werden in den folgenden Abschnitten genauer dargestellt. Folgende System.Namespaces stehen zur Verfügung:

- System.Runtime.Remoting enthält die Klassen für die Erstellung verteilter Anwendungen.
- System.EnterpriseServices enthält Klassen für die Realisierung von Transaktionen, Message Queues und Sicherheit.
- System.Data ist der Namespace mit den Klassen für die Implementierung von Datenbankanwendungen auf der Basis von ADO.NET.
- System.Windows.Forms stellt die für die Realisierung von Windows-Anwendungen benötigte Funktionalität bereit.

- System.Web.UI enthält die Klassen für die Entwicklung von Web-Anwendungen mit ASP.NET.
- System.Web.Services wird für die Implementierung und Nutzung von Web Services mit ASP.NET benötigt.

12.3.1 .NET Remoting

.NET Remoting ermöglicht den programmatischen Zugriff auf entfernte Objekte und ist damit der Ersatz für DCOM bzw. entspricht der Remote Method Invocation (RMI) von Java. Dabei kann das entfernte Objekt in einer anderen Application Domain, in einem anderen Prozess oder auch auf einem anderen Rechner sein. Der Zugriff erfolgt dabei immer über ein lokales Proxy-Objekt, das das entfernte Objekt einschließlich seiner Methoden repräsentiert. Die Remoting-Klassen befinden sich im Namespace System.Runtime.Remoting.

.NET Remoting ist auch für das Lifecycle-Management der entfernten Komponenten zuständig. Hier gibt es unterschiedliche Aktivierungsmodelle für entfernte Objekte:

- Client-activated objects (CAO) werden auf dem Server auf Anforderung des Clients instanziiert. Hat der Server das Objekt angelegt, gibt er dem Client eine Objektreferenz zurück. Auf der Client-Seite wird daraufhin ein Proxy-Objekt angelegt, das dem Client ermöglicht, die Methoden des entfernten Objektes aufzurufen. CAOs gehören einem spezifischen Client und können entsprechende Zustandsinformationen speichern.
- Bei Server-activated objects (SAO) wird das Proxy-Objekt sofort erzeugt, das Server-Objekt aber erst beim ersten Methodenaufruf. Hier wird nochmals unterschieden zwischen Single Call Objects und Singletons. Single Call Objects bedienen immer nur einem einzigen Request und speichern keine Zustandinformation. Sie sind vor allem dann geeignet, wenn eine hohe Skalierbarkeit erforderlich ist. Im Unterschied dazu können Singleton Objects von mehreren Clients verwendet werden, zum Beispiel wenn sie schnell Daten miteinander austauschen müssen. Allerdings müssen konkurrierende Zugriffe dann von der Anwendung synchronisiert werden.

Die Kommunikation zwischen Client und Server erfolgt in .NET Remoting über so genannte Kanäle. Zwei fertig konfektionierte Kanaltypen sind im Framework bereits mit enthalten. Der eine implementiert den Transport über HTTP und nutzt standardmäßig das SOAP-Protokoll (Kapitel 13.2). Damit ist dieser Kanal auch für die Überquerung von Firewalls geeignet. Der zweite Kanal erlaubt eine TCP/IP-Direktverbindung und verwendet ein binäres Protokoll.

Serverobjekte in .NET Remoting lassen sich als Web Services (Kapitel 13) ansprechen. Sie sind zwar komplexer zu entwickeln als ASP.NET-basierte Web Services, da der Entwickler hier selbst für die Laufzeitumgebung sorgen muss, dafür gibt es aber mehr individuelle Eingriffsmöglichkeiten.

12.3.2 Enterprise Services

Das von früheren Windows-Versionen bekannte Component Object Model (COM) bildete ursprünglich die Grundlage für die Erstellung komponentenbasierter Windows-Anwendungen. Die Nachfolgeversion COM+ ergänzte COM um eine Reihe von Infrastrukturservices und realisierte damit das Prinzip eines Application Servers.

.NET Enterprise Services vereinigt die Vorteile der Common Language Runtime mit denjenigen von COM+, lässt sich aber viel einfacher nutzen als dieses. Insbesondere entfällt das von COM+ bekannte aufwändige Erstellen spezieller Interfaces. Für alle nichtspezifizierten COM+-Attribute werden automatisch Standardwerte gesetzt. Aufgrund des für alle Sprachen geltenden CTS entfällt hier auch das bisher notwendige aufwändige Mapping zwischen Sprachtypen und COM-Typen.

Das Grundkonzept der Enterprise Services ist also das eines Application Servers, der die Infrastrukturdienste für .NET-Komponenten bereitstellt. Um die angebotenen Dienste nutzen zu können, brauchen Sie Ihre Komponenten nur von der Serviced Component-Klasse abzuleiten. Solche Komponenten werden dann Serviced Components genannt.

Die angebotenen Services reichen von Aktivierungseinstellungen für Komponenten (innerhalb derselben oder in einer anderen Application Domain oder in einem anderen Prozess) über Transaktionseinstellungen und Object Pooling bis zu Sicherheitseinstellungen. Die Spezifikation der gewünschten Services muss nicht programmiert werden, sondern wird durch spezielle Attribute im Code angegeben. Eine Vorgehensweise, die an die Deklaration von Eigenschaften im Deployment Descriptor von Enterprise Java-Beans erinnert. Zum Beispiel gibt das Attribut

```
[Transaction(TransactionOption.Required)]
```

in einer Klassendefinition an, dass diese Klasse eine Transaktion erfordert.

Für die Implementierung von Komponenten enthält das .NET Framework zwei Namensräume: System.EnterpriseServices mit den Klassen, die den Komponenten bestimmte Eigenschaften und Dienste zuweisen, System.Runtime.InteropServices mit den Klassen, die für die Interoperabilität von CLR und COM zuständig sind.

Bei der Entwicklung von unmanaged Code wird COM+ in seiner bisherigen Form verwendet, da wie bereits erwähnt in diesem Fall die Dienste der CLR nicht zur Verfügung stehen.

Die Zusammenarbeit mit COM

Um die Interoperabilität von .NET-Objekten, den so genannten Managed Components, und existierenden COM-Objekten herzustellen bietet .NET Wrapper-Technologien an. Über einen Runtime Callable Wrapper (RCW) können .NET-Clients auf COM-Objekte zugreifen (Bild 12.10). Dabei lässt der RCW das COM-Objekt für den .NET-Client so erscheinen, als ob es ein .NET-Objekt wäre. Umgekehrt sieht der RCW für das COM-

12 .NET Framework

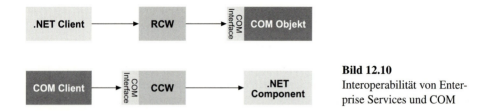

Bild 12.10
Interoperabilität von Enterprise Services und COM

Objekt wie ein COM-Client aus. Ein RCW kann zum Beispiel von Visual Studio .NET generiert werden.

Umgekehrt ist es auch möglich, .NET-Objekte in bestehende COM-Anwendungen zu integrieren. .NET unterstützt dies mit Hilfe eines COM Callable Wrappers (CCW), der das .NET-Objekt für den COM-Client als ganz normales COM-Objekt erscheinen lässt.

12.3.3 ADO.NET

ADO.NET ist eine Datenabstraktionsschicht, die die Unterschiede zwischen verschiedenen Datenbanken ausgleicht und mit Hilfe vorgefertigter Klassen und Methoden den Zugriff auf die Daten wesentlich erleichtert. Der Namespace für ADO.NET ist System.Data.

Voraussetzung für die Verwendung von ADO.NET ist die Implementierung der Objekte Connection, DataAdapter, Command und DataReader, die direkt mit der Datenbank kommunizieren. Für die am häufigsten genutzten Datenbanken vom Typ SQL-Server und OLE-DB sind die entsprechenden Objekte bereits Bestandteil der FCL. Für andere Datenquellen muss der Entwickler entweder diese Objekte direkt implementieren oder eine OLE-DB-Schnittstelle bereitstellen.

Der erste Schritt bei der Verwendung von ADO.NET in einem Programm ist das Erzeugen eines *Connection*-Objektes. Es stellt eine Verbindung zu der Datenquelle dar und ermöglicht insbesondere die Handhabung von Transaktionen (z. B. begin, commit, abort). Andere Objekte wie z. B. das *DataAdapter*-Objekt oder das *Command*-Objekt verwenden das Connection-Objekt für die Kommunikation mit der Datenbank.

Das *Command*-Objekt wird verwendet, um über ein vorhandenes *Connection*-Objekt Datenbankkommandos auszuführen. Es erlaubt die Angabe von Parametern für ein Kommando und sorgt für die Rückgabe der Ergebnisse.

Das *DataReader*-Objekt hat die Aufgabe, die aufgrund einer Datenbankabfrage zurückgegebenen Zeilen zeilenweise abzurufen. Damit ist ein lesender Zugriff auf die Datenbank direkt vom Client aus möglich.

Das *DataAdapter*-Objekt bildet die Verbindung zwischen der Datenbank und dem *DataSet*-Objekt, das nicht mit der Datenbank verbunden ist und die asynchrone Bearbeitung der Daten erlaubt. Mit dem *DataSet*-Objekt stellt ADO.NET einen Datencache bereit, der es ermöglicht, offline, also ohne ständige Verbindung zur Datenbank, mit den Daten zu arbeiten. *DataSet* ist eine .NET-Klasse, die eigene interne Tabellen enthält, in denen die Ergebnisse von Datenbankabfragen abgelegt werden, die über

12.3 Die Framework Class Library

DataAdapter und *Connection*-Objekt an die Datenbank gerichtet wurden. Die Methoden des *DataSet*-Objektes erlauben den Zugriff auf die Zeilen und Spalten einer Tabelle. Das *DataSet*-Objekt liefert also die gewohnte relationale Sicht auf die Daten.

Das *DataSet*-Objekt kann auch verwendet werden um gleichzeitig den Inhalt mehrerer Tabellen abzurufen, anstatt die Daten tabellenweise zu lesen. An den Daten vorgenommene Änderungen werden in den internen Tabellen gespeichert, beim Update der Datenbank werden nur die geänderten Daten übertragen.

DataSet-Objekte können in und aus XML konvertiert und daher auch problemlos zwischen verschiedenen Anwendungen ausgetauscht werden. Um den Inhalt eines *DataSet*-Objektes darzustellen, gibt es sowohl in Windows Forms als auch in Web Forms entsprechende Steuerelemente (Controls).

Das *DataView*-Objekt erlaubt unterschiedliche Sichten auf die im *DataSet* enthaltenen Daten. Zum Beispiel können die Daten nach bestimmten Kriterien sortiert oder nicht benötigte Daten ausgeblendet werden. Das Zusammenspiel der benötigten Objekte ist in Bild 12.11 dargestellt.

Ich möchte nun die Verwendung von ADO.NET anhand eines Beispiels erläutern. Dazu betrachte ich im Vorgriff auf Kapitel 12.3.5 die in Listing 44 dargestellte ASP.NET-Seite.

Nach dem Importieren der benötigten Namespaces wird im *script*-Element der HTML-Seite die Funktion *Page_Load* implementiert, die beim Laden der Seite automatisch aufgerufen wird.

Hier wird zunächst ein *Connection*-Objekt für die SQL-Datenbank „KundenDB" angelegt. Danach muss als nächstes ein *DataAdapter*-Objekt erzeugt werden, das die Ver-

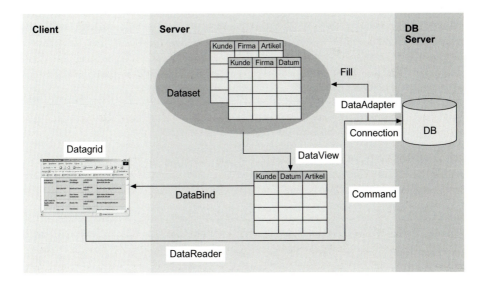

Bild 12.11 Übersicht über ADO.NET

```
<%@ Import Namespace="System.Data" %>
<%@ Import Namespace="System.Data.SqlClient" %>
<html>
  <script language="C#" runat="server">
    protected void Page_Load (Object Src, EventArgs E)
    {
        // Connection Object erzeugen
        SqlConnection myConnection = new SqlConnection ("server=localhost;" +
"database=KundenDB");
        // Data Adapter Object erzeugen
        SqlDataAdapter myAdapter = new SqlDataAdapter ("SELECT " + " * FROM
Kunde", myConnection);
        // DataSet Object erzeugen und füllen
        DataSet myDataSet = new DataSet ();
        myAdapter.Fill (myDataSet);
        // DataView erzeugen
        DataView myDataView = new DataView (myDataSet.Tables[0]);
        // Daten in das DataGrid Steuerelement übernehmen
        MyDataGrid.DataSource = myDataView;
        // DataGrid Steuerelement anweisen, seine Inhalte anzuzeigen
        MyDataGrid.DataBind();
        // Datenbankverbindung trennen
        myConnection.Close();
    }
  </script>
<body>
<%-- Ausgabe des DataGrid --%>
<h3><font face="Verdana">DataGrid Control Beispiel</font></h3>
<ASP:DataGrid id="MyDataGrid" runat="server"
   Width="700"
   BackColor="#ccccff"
   BorderColor="black"
   ShowFooter="false"
   CellPadding="3"
   CellSpacing="0"
   Font-Name="Verdana"
   Font-Size="8pt"
   HeaderStyle-BackColor="#aaaadd"
   EnableViewState="false"/>
</body>
</html>
```

Listing 44 Web-Forms-Datei mit ADO.NET

bindung zwischen der Datenbank und dem DataSet herstellt. Dabei wird eine SQL-SELECT-Anweisung verwendet um die Tabelle „Kunde" aus der Datenbank auszulesen.

Als nächstes wird ein *DataSet*-Objekt erzeugt und mit Daten gefüllt, indem die *Fill*-Methode des *DataAdapter*-Objektes aufgerufen wird. Anschließend wird ein *DataView*-Objekt erzeugt und ihm werden die Daten des *DataSet*-Objektes übergeben. Als nächstes wird der Inhalt des *DataView* dem im HTML-Body der Seite definierten *DataGrid* Control, einem Web Forms Control übergeben, indem dessen *DataSource*-Eigenschaft auf das *DataView* eingestellt wird. Die Zuordnung zu dem *DataGrid*-Steuerelement erfolgt über die im HTML-Body definierte ID „MyDataGrid".

Als letztes wird das *DataGrid* mit der *DataBind*-Methode angewiesen, die Daten auszugeben. Danach kann die Datenbankverbindung geschlossen werden.

12.3.4 Windows Forms

Die Klassen für die Erstellung von Anwendungen mit Windows Forms befinden sich im Namespace System.Windows.Forms. Dazu gehört eine große Zahl von Steuerelementen (Controls) für die Gestaltung der grafischen Benutzeroberfläche, zum Beispiel *Form* zur Darstellung des Hauptfensters einer Anwendung, *Menu* für die Implementierung von Menüs oder *Clipboard*, das einer Anwendung den Zugriff auf das Clipboard ermöglicht.

Eine andere wichtige Klasse in diesem Namespace ist *Application*. Sie enthält die Methode *Run* zum Starten einer Anwendung. Dabei wird gleichzeitig das Anwendungsfenster aufgebaut und eine Message Loop eingerichtet, deren Aufgabe es ist, bei Benutzereingaben oder bei Mausbewegungen die entsprechenden Behandlungsroutinen aufzurufen.

Das einfachste Beispiel einer Windows-Forms-Anwendung ist – wieder einmal – eine Hello-World-Anwendung (Listing 45), die in diesem Fall in C# geschrieben wurde.

Die *using*-Anweisungen in den ersten Zeilen des Programms geben die Namespaces der verwendeten Klassen an. Das Hauptfenster der Anwendung wird durch eine Instanz

```
using System;
using System.Windows.Forms;
using System.Drawing;
public class MyForm : Form
{
  public MyForm ()
  {
    Text = "Win Form";
  }
```

Listing 45 Hello World als Windows-Forms-Anwendung **(Anfang)**

```
    protected override void OnPaint (PaintEventArgs e)
    {
       e.Graphics.DrawString ("Hello, World!", Font,
          new SolidBrush (Color.Black), ClientRectangle);
    }
    public static void Main (string[] args)
    {
       Application.Run (new MyForm ());
    }
}
```

Listing 45 Hello World als Windows-Forms-Anwendung **(Fortsetzung)**

der Klasse *MyForm* repräsentiert, die von der Systemklasse *Form* abgeleitet wurde. Die *Form*-Klasse verfügt über zahlreiche Methoden und Eigenschaften. In diesem Beispiel wird der Text-Eigenschaft der Wert „HelloWorld Demo" zugewiesen und damit die Überschrift des auszugebenden Fensters geändert.

Wie bereits erwähnt, findet in Windows eine ereignisgesteuerte Verarbeitung statt. Durch bestimmte Ereignisse werden definierte Messages ausgelöst, auf die die Anwendung reagieren muss. Eine dieser Messages ist WM_PAINT, die immer dann ausgelöst wird, wenn der Fensterinhalt von der Anwendung neu dargestellt werden muss. In diesem Fall ruft die Laufzeitumgebung automatisch die Methode *OnPaint* der *Forms*-Klasse auf. Eine von *Forms* abgeleitete Klasse kann, wie das auch im gewählten Beispiel der Fall ist, diese Methode überschreiben, um die gewünschten Inhalte in das Fenster auszugeben.

Beim Aufruf von *OnPaint* wird dieser Methode als Argument ein Objekt vom Typ *PaintEventArgs* übergeben, das in einer Instanzvariablen ein *Graphics*-Objekt enthält. Die Methode *DrawString* der *Graphics*-Klasse ermöglicht es, den gewünschten String auszugeben. Dabei werden außer der Zeichenkette mit weiteren Parametern noch Zeichensatz und Zeichenfarbe sowie der Ausgabebereich spezifiziert.

Über die *Main*-Methode, die jede Windows-Anwendung haben muss, erfolgt der Aufruf des Programms. Das *args*-Argument erlaubt, falls notwendig, die Übergabe von Kommandozeilenparametern. Mit Aufruf der Methode *Run* der Klasse *Application* wird erreicht, dass das Fenster erzeugt und dargestellt und die Message Loop eingerichtet wird (Bild 12.12).

Bild 12.12
Ausgabe des HelloWorld-Programms

12.3 Die Framework Class Library

Um aus dem Quellcode, der sich in der Datei Hello.cs befindet, ein ausführbares Programm zu erzeugen, wird der C#-Compiler eingesetzt:

```
csc /target:winexe /out:Hello.exe /reference:System.dll
/reference:System.WinForms.dll /reference:System.Drawing.dll
/reference:Microsoft.Win32.Interop.dll Hello.cs
```

Die Option target:winexe gibt an, dass eine grafische Windows-Anwendung erzeugt werden soll, out:Hello.exe spezifiziert den Namen der Ausgabedatei und die reference-Anweisungen beschreiben, wo die Assemblies mit den verwendeten Datentypen zu finden sind. Wie bereits beschrieben, erzeugt der Compiler daraus eine .EXE-Datei, die nichts anderes ist als ein Assembly mit IL-Code, Metadaten und Manifest.

In der Praxis wird der Aufruf des Compilers über die Kommandozeile nur in seltenen Fällen verwendet, da Entwicklungsumgebungen dafür eine grafische Oberfläche bieten.

12.3.5 ASP.NET

ASP.NET enthält die Klassen für die Entwicklung von Web-Anwendungen und löst damit die bisherige ASP (Active Server Pages)-Technologie ab. Zu ASP.NET gehören außerdem die Klassen, die für die Implementierung von Web Services gebraucht werden. Die entsprechenden Namespaces sind System.Web.UI bzw. System.Web.Services.

Web Forms

Eine der wichtigsten Neuerungen von .NET ist die Web Forms-Technologie zur Entwicklung von Web-Anwendungen. Viele Nachteile der bisherigen ASP-Technologie wurden damit beseitigt.

Eine ASP.NET-Seite (eine Datei mit dem Suffix .aspx) besteht immer aus zwei Teilen: Visuellen Elementen (HTML-Code, Controls und statischer Text) sowie Programmierlogik.

Bei den Controls unterscheidet man zwischen Client Controls, die auf der Client-Seite, und Server Controls, die auf der Server-Seite ausgeführt werden. Client Controls wurden schon im Kapitel 5.4 beschrieben, zum Beispiel das *input*-Element, das die Eingabe von Daten in ein Formular erlaubt.

Server Controls sind entweder Web Controls oder HTML Controls. Für beide gibt es entsprechende Namespaces in der FCL (System.Web.UI.WebControls, System.Web.UI.HtmlControls). Bei HTML Controls wird die ganz normale HTML-Syntax verwendet, nur dass als zusätzliches Attribut-Wert-Paar runat="server" angegeben werden muss. Ein Beispiel für ein HTML Server Control ist das *form*-Element in Listing 46.

Web Controls, auch ASP.NET Controls genannt, sind alle Elemente in der .aspx-Datei, die mit asp: beginnen. Sie werden auf dem Server ausgeführt und generieren HTML. Sie können natürlich je nach Bedarf erweitert oder modifiziert werden. Beispiele für Web Controls sind die Elemente *asp:button* bzw. *asp:label* in Listing 46.

```
<html>
  <script runat="server" language="C#">
  void doClick(object sender, EventArgs e) {
    Label1.Text = "Hello, World!";
  }
  </script>
  <head>
    <title>ASP.NET Beispiel 1</title>
  </head>
  <body>
    Web Form mit Script Technik<p><p>
    <form runat="server" id="Form1">
      <asp:button runat="server" text="Start"
        onclick="doClick" id="Button1" name="Button1"/>
      <p>
      <asp:label runat="server" text="" id="Label1" />
    </form>
  </body>
</html>
```

Listing 46 HelloWorld als ASP.NET-Seite in der Script-Variante

Für die Ablage der Programmlogik bietet ASP.NET sowohl die Möglichkeit den Code in der HTML-Datei zu integrieren (Single File Web Form) als auch die Möglichkeit ihn in einer eigenen Programmdatei abzuspeichern (Codebehind-Technik).

Bei Single File Web Forms ist der Code in einem *script*-Element der HTML-Datei enthalten. Listing 46 zeigt ein Beispiel für eine Single File Web Form „WebForm1.aspx". Sie enthält im *script*-Element das Unterprogramm „DoClick", das beim Aktivieren des *button*-Steuerelementes aufgerufen wird und dem im folgenden HTML-Code definierten Steuerelement *label* den Text „Hello World!" zuweist. Mit dem *runat*- bzw. *language*-Attribut wird angegeben, dass das Skript auf dem Server ablaufen soll und dass es in C# geschrieben ist. Im Anschluss an das *script*-Element folgt der HTML-Code, der in diesem Fall sowohl client-side Controls als auch server-side Controls enthält. Bild 12.13 zeigt die Darstellung des von dem Programm erzeugten HTML-Codes im Browser.

Bild 12.13
Darstellung der ASP.NET-Seite im Browser

Bei ASP.NET Web Forms gibt es keine *Main*-Methode, da die Verarbeitung der Seite ereignisorientiert gesteuert wird. Die definierten Eventhandler, in diesem Fall „DoClick", werden beim Eintreten der entsprechenden Ereignisse, im Beispiel also beim Anklicken des Buttons, aufgerufen.

Bei größeren Projekten ist es oft vorteilhaft, den Programmcode in einer eigenen Datei abzuspeichern. ASP.NET unterstützt dies mit der so genannten Codebehind-Technik. Anders als bei Single File Web Forms bietet die Codebehind-Technik die Möglichkeit der vollständigen Trennung von Code und HTML. Die .aspx-Seite enthält hier nur noch einen Verweis auf den Programmcode, der in einer eigenen Datei abgespeichert wird. Das macht den Code nicht nur übersichtlicher, sondern ermöglicht auch, dass sowohl für den HTML-Code als auch für den Programmcode die jeweils am besten passenden Werkzeuge eingesetzt werden können.

Die Codebehind-Dateien für alle Web Forms, die zu einem Projekt gehören, werden von der ASP.NET-Laufzeitumgebung übersetzt und in einer DLL abgespeichert. Listing 47 zeigt den Aufbau der ASP.NET-Seite WebForm1.aspx bei Verwendung der

```
<%@ Page Language="c#" codebehind="WebForm1.aspx.cs"
  Inherits="HelloWorld"%>
<html>
  <head>
    <title>ASP.NET Beispiel 2</title>
  </head>
  <body>
    Web Form mit Codebehind<p><p>
    <form runat="server" id="Form1">
      <asp:button runat="server" text="Start" id="Button1" />
      <p>
      <asp:label runat="server" text="" id="Label1" />
    </form>
  </body>
</html>
```

Listing 47 HelloWorld als ASP.NET-Seite in der Codebehind-Variante

```
public class HelloWorld : System.Web.UI.Page
{
  protected System.Web.UI.WebControls.Button Button1;
  protected System.Web.UI.WebControls.Label Label1;
  override protected void OnInit(System.EventArgs e)
  {
```

Listing 48 Codebehind-Code in der Datei WebForm1.aspx.cs (**Anfang**)

12 .NET Framework

```
    this.Button1.Click +=
        new System.EventHandler(this.Button1_Click);
    base.OnInit(e);
}
private void Button1_Click(object sender, System.EventArgs e)
{
    Label1.Text = "Hello, World!";
}
}
```

Listing 48 Codebehind-Code in der Datei WebForm1.aspx.cs **(Fortsetzung)**

Codebehind-Eigenschaft. Bei der Page-Anweisung bezeichnet Language die verwendete Programmiersprache, Inherits den Namen der Klasse in der der Eventhandler definiert ist, und Codebehind den Namen der Datei mit dem zugehörigen in Listing 48 dargestellten Programmcode.

Im Codebehind-Code in der Datei WebForm1.aspx.cs werden zunächst zwei Variablen deklariert, die auf das *button*- bzw. *label*-Element im HTML-Code verweisen. Wir überschreiben dann die *OnInit*-Methode, die beim Initialisieren der Seite aufgerufen wird und verbinden sie mit dem Eventhandler *Button1_Click*. Die Ausgabe des generierten HTML-Codes an den Browser liefert das in Bild 12.14 gezeigte Ergebnis.

Bild 12.14
Darstellung der ASP.NET-Seite im Browser

Die Verarbeitung von ASP.NET-Seiten

Eine ASP.NET-Seite wird in einem Verzeichnis des Web-Servers abgelegt und kann durch Eingabe des entsprechenden URL im Browser aufgerufen werden.

Bild 12.15 zeigt schematisch die Verarbeitung einer ASP.NET-Seite. Beim ersten Aufruf der Seite durch einen Browser wird diese vom Internet Information Server (IIS) in die ASP.NET Engine geladen. Die Seite wird geparst (1) und ein Programm der in der Page-Anweisung angegebenen Programmiersprache generiert. Dieses wird wie jedes andere Programm vom JIT-Compiler der CLR übersetzt, die erzeugte DLL wird im Assembly Cache abgelegt (2). Bei allen weiteren Aufrufen der gleichen Seite kann die DLL dann von der CLR in den Speicher geladen und ausgeführt werden (3). Sie verarbeitet den angekommenen Request und schickt eine dynamisch generierte HTML-Ausgabe an den Client zurück (4).

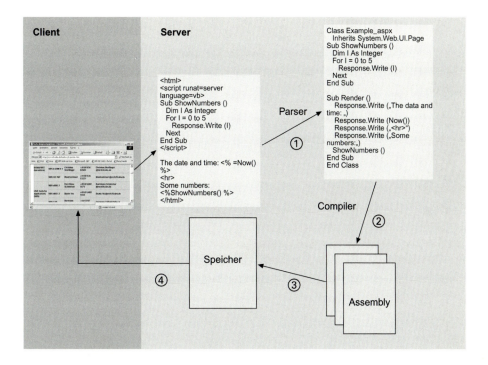

Bild 12.15 Verarbeitung einer ASP.NET-Seite

Obwohl .NET-Web-Anwendungen prinzipiell mit einem normalen Editor geschrieben werden können, wird man in der Praxis Visual Studio .NET für die Entwicklung verwenden, da diese Entwicklungsumgebung sehr umfangreiche Unterstützung für die Entwicklung von ASP.NET-Seiten enthält. Nachdem die Steuerelemente über eine grafische Oberfläche auf einer Form platziert und ihnen die gewünschten Eigenschaften zugewiesen wurden, sind nur noch die Routinen für die Ereignisbehandlung zu schreiben. Hierfür kann jede beliebige .NET-Sprache verwendet werden. Der gesamte HTML-Code wird generiert. Visual Studio .NET verwendet immer die Codebehind-Variante.

State Management

Aufgrund der Zustandslosigkeit des HTTP-Protokolls sind Webseiten voneinander unabhängig. Für das Lesen statischer Seiten ist das völlig ausreichend. Für die Realisierung komplexerer Szenarien muss die Server-Anwendung aber wissen, in welchem Zustand sich der Dialog mit einem bestimmten Benutzer gerade befindet.

ASP.NET erzeugt dafür automatisch auf der Server-Seite ein Session-Objekt, wenn ein neuer Benutzer auf eine .aspx-Seite zugreift. Dieses Objekt enthält eine Auflistung von Daten, die sich auf dem Server befinden und an einen bestimmten Benutzer gebunden sind. So können beim Abschicken eines Formulars die Formulardaten, zum Beispiel Angaben zu einer Bestellung, im Session-Objekt gespeichert werden. Werden die

Daten zu einem späteren Zeitpunkt, zum Beispiel beim Bezahlen der bestellten Waren, wieder gebraucht, so kann einfach der Inhalt des Session-Objektes ausgelesen werden. Die Zuordnung der Session-Objekte zu den verschiedenen Benutzern erfolgt über Cookies.

ASP.NET kann den Status einer Sitzung auch auf einem unabhängigen State Server speichern. Dies löst auch das Problem, dass eine Anwendung, die auf einer Server Farm läuft, unabhängig davon, auf welchem Web-Server ein Request gerade verarbeitet wird, immer auf den aktuellen Zustand zugreifen kann.

Web Services

ASP.NET beinhaltet auch die Unterstützung für Web Services (Kapitel 13). Ein Web Service in .NET ist eine Textdatei mit dem Suffix .asmx, zum Beispiel Service1.asmx, vgl. Listing 49.

```
<%@ WebService Language="c#" Codebehind="Service1.asmx.cs" Class="Hello-
   WorldService" %>
```

Listing 49 Web-Service in ASP.NET

Ähnlich wie bei ASP.NET Web Forms wird in der WebService-Direktive die Implementierungssprache spezifiziert und der Name der Codebehind-Datei angegeben, die die Implementierung des Service enthält. Class gibt den Namen der Klasse an, die den Web Service implementiert.

Listing 50 gibt die Codebehind-Datei Service1.asmx.cs des Web Service an, der als Ergebnis den String „Hello, World!" zurückgibt.

```
using System;
using System.Web.Services;
public class HelloWorldService : WebService {
   [WebMethod]
   public string HelloWorld() {
      return "Hello, World!";
   }
}
```

Listing 50 Codebehind-Code in der Datei Service1.asmx.cs

Die Implementierung des Web Service importiert zunächst den Namespace System.Web.Services. Die Klasse „HelloWorldService", die den Web Service realisieren soll, wird von der Framework-Klasse „WebService" abgeleitet. Um die Methoden, die als Teil des Web Service zugänglich sein sollen, zu markieren, wird in C# das Attribut [WebMethod] verwendet. Im Beispiel betrifft das nur die Methode „HelloWorld".

12.4 NET-Anwendungsarchitektur

Zur Nutzung des Service werden die Dateien Service1.asmx und Service1.asmx.cs in das Verzeichnis HelloWorldWebService des Rechners kopiert.

Mit „http://localhost/HelloWorldWebService/Service1.asmx/HelloWorld" kann die *HelloWorld*-Methode des Service aufgerufen werden und man erhält das in Bild 12.16 dargestellte Ergebnis. Unser Web Service gibt also ein XML Dokument zurück, das in einem *string*-Element die gewünschte Zeichenkette enthält.

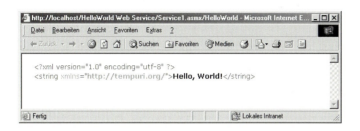

Bild 12.16
Ausgabe des aufgerufenen Web Service

Um den Service von einer Anwendung aus aufrufen zu können, benötigen Sie ähnlich wie bei CORBA (Kapitel 10) ein Client-Proxy, das jedoch von der Entwicklungsumgebung, also zum Beispiel von Visual Studio .NET, generiert wird.

12.4 NET-Anwendungsarchitektur

Zusammenfassend möchte ich nochmals die wesentlichen Merkmale der Architektur einer .NET-Anwendung darstellen (Bild 12.17). Nachdem ich in den letzten Abschnit-

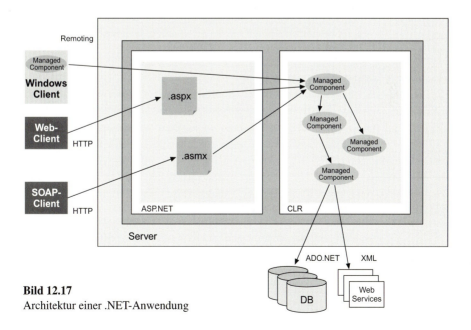

Bild 12.17
Architektur einer .NET-Anwendung

ten bereits viele Konzepte beschrieben habe, die so oder in ähnlicher Form auch bereits in der Java-Welt vorgestellt wurden, zeigt sich auch auf Ebene der Anwendungsarchitektur eine große Ähnlichkeit zwischen den beiden konkurrierenden Technologien.

Wie bei Java geht es um ein mehrschichtiges Architekturmodell (Kapitel 18), das aus einer Client-Schicht, einer Applikations-Schicht und einer Resourcen-Schicht besteht.

Auf der Client-Seite hat es der Anwender in einer .NET-Umgebung entweder mit Windows-Clients, Browser-basierten Clients oder SOAP-Clients zu tun.

Windows-Clients besitzen eine eigene mit Windows Forms implementierte Benutzeroberfläche. Sie kommunizieren über .NET Remoting mit Managed Objects, die die Geschäftslogik realisieren und von der CLR verwaltet werden. Managed Objects erlauben den Zugriff auf Datenbanken, XML-Dokumente und entfernte Web Services.

Bei Browser-basierten Clients kann die Präsentationsschicht wie bei Java in einen Client-seitigen und einen Server-seitigen Anteil aufgeteilt werden. Für die Präsentation benötigte Daten werden auf dem Server vom Web-Container erzeugt, der vom ASP.NET-Laufzeitsystem realisiert wird.

ASP.NET-Seiten können in jeder .NET-Sprache realisiert werden und haben Zugriff auf die gesamte Framework Class Library. Insbesondere können sie Geschäftskomponenten aufrufen.

ASP.NET regelt auch den Zugriff von SOAP-Clients auf Framework-Komponenten. Dabei erfolgt die Umsetzung des SOAP-Protokolls auf Methodenaufrufe durch das ASP.NET-Laufzeitsystem.

Die Geschäftslogik wird in einer beliebigen .NET-Sprache implementiert. Zugriffe auf externe Resourcen wie Datenbanken, Directories oder Web Services werden durch APIs der Framework Class Library unterstützt.

12.5 NET Compact Framework

Das .NET Compact Framework ist eine reduzierte Variante des .NET Framework für den Einsatz auf intelligenten Geräten mit eingeschränkten Resourcen, zum Beispiel PDAs oder Mobiltelefonen. Das .NET Compact Framework enthält eine resourcensparende Variante der CLR und an den jeweiligen Verwendungszweck angepasste Klassenbibliotheken (Bild 12.18). Es unterstützt insbesondere Web Services, drahtlosen Zugriff auf Datenbanken über ADO.NET und verfügt über Verschlüsselungsalgorithmen für die Übertragung sensibler Daten.

Das .NET Compact Framework verfügt zusätzlich über spezielle Klassen für mobile Endgeräte sowie Emulatoren für den Test. Das Programmiermodell ist identisch mit dem des vollständigen .NET Framework und .NET Code ist sowohl auf mobilen Geräten als auch auf Clients und Servern ablauffähig.

12.5 NET Compact Framework

Bild 12.18
.NET Compact Framework

Das Konzept der CLR ist besonders für mobile Endgeräte geeignet, da durch das Konzept einer virtuellen Maschine die gerade in diesem Bereich noch herrschende Vielfalt von Prozessoren und Betriebssystemen verdeckt und damit die Portierung von Anwendungen auf unterschiedliche Plattformen stark vereinfacht wird. Bisher ist das Compact Framework allerdings nur für Windows CE verfügbar.

13 Web Services

In Kapitel 8 habe ich Ihnen mit XML eine Technologie vorgestellt, die eine plattformunabhängige Darstellung von strukturierten Daten erlaubt und damit den Austausch und die Weiterverarbeitung dieser Daten im Internet wesentlich vereinfacht.

In diesem Abschnitt werden Sie sehen, wie mit Hilfe von XML auch dynamische Resourcen, d. h. Programme und Komponenten im Internet genutzt werden können.

13.1 Definition und Architektur von Web Services

Komponenten und Anwendungen im Internet, die über XML-Protokolle genutzt werden können, werden als Web Services [50] bezeichnet.

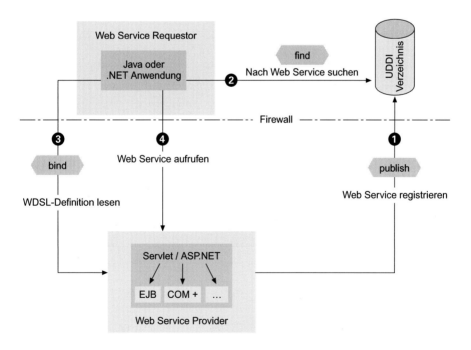

Bild 13.1 Web-Services-Architektur

13.1 Definition und Architektur von Web Services

Die Architektur der Web Services legt drei verschiedene Rollen fest: den Service Provider als Anbieter eines Services, den Service Requestor als Interessenten an einem solchen und den Service Broker, einen Verzeichnisdienst als Vermittler zwischen beiden.

Das Zusammenspiel zwischen diesen Rollen (Bild 13.1) sieht folgendermaßen aus:

1. Zunächst implementiert ein Service Provider einen Service und registriert diesen beim Service Broker.
2. Der Service Requestor sucht bei einem Verzeichnisdienst, z. B. UDDI (Kapitel 13.4) nach einem Service mit den gewünschten Eigenschaften.
3. Findet er einen passenden Service, holt er sich beim Service Provider eine Beschreibung des Service, die die Spezifikation der Schnittstelle im WSDL-Format enthält (Kapitel 13.3).
4. Über ein lokales Interface (Client-Proxy) ruft er den Service auf und der Service wird ausgeführt.

13.1.1 Web-Services-Protokoll-Stack

Die Interaktionen zwischen den beteiligten Instanzen beruhen auf einer Hierarchie von Protokollen, dem so genannten Web-Services-Protokoll-Stack (vgl. Bild 13.2).

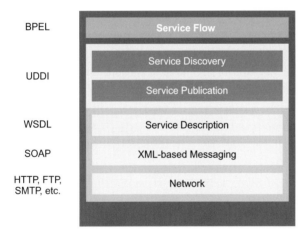

Bild 13.2 Web-Services-Protokoll-Stack

Den einzelnen Schichten in diesem Protokoll-Stack fallen dabei folgende Aufgaben zu:

- HTTP (Hypertext Transfer Protocol), basierend auf IP/TCP, dient als Kommunikationsinfrastruktur.
- SOAP (Simple Object Access Protocol) erlaubt das Versenden von Funktionsaufrufen und Daten im XML-Format.

- WSDL (Web Services Definition Language) dient zur Beschreibung der technischen Schnittstelle von Web Services.
- UDDI (Universal Description, Discovery & Integration) ist ein Verzeichnisdienst für das Publizieren und Finden von Web Services.
- BPEL (Business Process Execution Language) ist eine noch sehr junge Technologie, die bestehende Entwicklungsparadigmen in Zukunft völlig verändern könnte. Ziel von BPEL ist die Modellierung von Geschäftsprozessen auf der Basis elementarer Web Services, die mit den üblichen Programmiersprachen, zum Beispiel Java oder C# und auf der Basis der vorhandenen Komponentensysteme erstellt werden.

Damit lässt sich der Kontrollfluss einer Anwendung vom Code in die Prozesssteuerung verlagern und es wird eine klare Arbeitsteilung zwichwen dem Softwareentwickler, der Anwendungsbausteine als Web Services bereitstellt und dem Geschäftsanalysten, der diese Bausteine zu einem Geschäftsprozess zusammenfügt, ermöglicht.

13.2 SOAP

SOAP dient dem Transport von XML-Dokumenten über das Internet und erlaubt damit insbesondere auch die Realisierung von Remote Procedure Calls (RPC). RPC-Protokolle für den Aufruf von Funktionen auf fernen Systemen werden heute bereits von verschiedenen Plattformen unterstützt, zum Beispiel IIOP in CORBA (Kapitel 10), RMI in Suns Java (Kapitel 11) und .NET Remoting in Windows (Kapitel 11 und 12). Diese Protokolle haben jedoch alle entscheidende Nachteile:

- Client und Server müssen die gleiche Architektur verwenden, d. h. sie sind eng gekoppelt. Plattformübergreifende Aufrufe sind, wenn überhaupt, dann nur mit speziellen Brückentechniken möglich.
- Sie sind nicht für das Internet als Übertragungsmedium geeignet, da sie spezielle Ports verwenden, die von Firewalls in der Regel aus Sicherheitsgründen blockiert werden. Der Einsatz ist also in der Regel auf unternehmensinterne Anwendungen beschränkt.

Der aktuelle Stand der Spezifikation, SOAP Version 1.2 ist ein Working Draft des W3C und wird von der XML Protocol Working Group des W3C herausgegeben.

SOAP, selbst eine XML-Anwendung, beschreibt die Übertragung von XML-Daten über das HTTP-Protokoll. Es ist wie HTTP ein zustandsloses Protokoll zum Versenden von Nachrichten, auf dessen Basis aber auch komplexere Szenarien wie Request Response Pattern aufgebaut werden können.

Damit hat SOAP folgende Eigenschaften:

- SOAP ist wie XML plattformunabhängig.
- SOAP kann unternehmensübergreifend eingesetzt werden, da es für die Kommunikation das HTTP-Protokoll verwendet und dieses von Firewalls normalerweise nicht blockiert wird.

13.2.1 Die Struktur einer SOAP-Nachricht

Den Rahmen für eine SOAP-Nachricht bildet ein Envelope (vgl. Bild 13.3). Dieser enthält einen optionalen Header sowie einen Body. Header und Body können selbst wieder aus mehreren Blöcken bestehen.

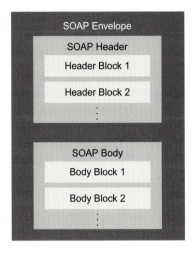

Bild 13.3
Struktur einer SOAP-Nachricht

SOAP Header

Mit dem SOAP Header können zusätzliche Informationen wie Sicherheits- oder Transaktionseigenschaften (z. B. eine Transaktionsnummer) an den Empfänger einer Nachricht übermittelt werden. Der Inhalt des Header ist allerdings nicht Bestandteil der SOAP-Spezifikation, sondern muss anwendungsspezifisch festgelegt werden.

Die Übertragung von SOAP-Nachrichten im Internet wird in der Regel über mehrere Netzknoten gehen. Neben dem Sender und dem Empfänger einer Nachricht kann es daher auch noch eine Anzahl von Zwischenknoten geben. Diese sind dann gleichzeitig Sender und Empfänger. Im SOAP Header kann festgelegt werden, wie sich jeder einzelne Knoten zu verhalten hat, wenn er eine Nachricht bekommt.

Envelope, Header und Body sind dabei nichts anders als die im SOAP-Schema definierten Elemente *envelope*, *header* und *body*.

Zwei Attribute des *header*-Elementes regeln die Verarbeitung des Headers:

- Das *actor*-Attribut gibt an, welche Knoten die Informationen im *header*-Element verarbeiten müssen.
- Das *mustUnderstand*-Attribut wird verwendet, um anzugeben, ob die Verarbeitung eines *header*-Elementes für einen betroffenen Knoten verpflichtend oder optional ist.

Da die Festlegung der Semantik der Daten im Header nicht Bestandteil der SOAP-Spezifikation ist, kann es vorkommen, dass ein Server diese Daten nicht versteht. In diesem Fall muss er bei vorgeschriebener Bearbeitung des *header*-Elementes eine Fehlermeldung zurückgeben.

Listing 51 zeigt ein Beispiel für eine SOAP-Nachricht. Es handelt sich dabei um den ersten Teil einer Sequenz von Nachrichten im Rahmen einer Reisebuchung. Mit der dargestellten ersten Nachricht wird beim Empfänger eine Flugreise von New York nach Los Angeles nachgefragt. Ich werde dieses Beispiel, das der SOAP-Spezifikation [49] entnommen wurde, in den weiteren Abschnitten dieses Kapitels fortführen.

Betrachten Sie zunächst den Header der Nachricht. Das *header*-Element enthält die Elemente *reservation* und *passenger*, die die Metadaten zu der SOAP-Nachricht im Body enthalten. Das *reservation*-Element enthält eine eindeutige Referenz auf die Bestellung sowie Angaben über Buchungszeit und -datum. Das *passenger*-Element enthält den Namen des Reisenden. Beide Elemente schreiben durch entsprechende Angaben im *actor*- bzw. *mustUnderstand*-Attribut ihre Verarbeitung durch alle Zwischenknoten verbindlich vor.

SOAP Body

In dem angegebenen Beispiel besteht der Body aus einem Element *itinerary*, das die Daten für Hin- und Rückflug enthält und dem *lodging*-Element mit Angaben zur Hotelbuchung.

An dieser Stelle sei noch einmal ausdrücklich darauf hingewiesen, dass die Verwendung des SOAP-Protokolls nicht automatisch die Interoperabilität von Web-Service-Client und -Server sicherstellt. Vielmehr bedarf es dazu der Festlegung der zu verwendenden Namespaces (in Listing 51 zum Beispiel http://travelcompany.example.org/

```
<?xml version='1.0' ?>
<env:Envelope xmlns:env="http://www.w3.org/2001/12/soap-envelope">
 <env:Header>
  <m:reservation xmlns:m="http://travelcompany.example.org/reservation"
      env:actor="http://www.w3.org/2001/12/soap-envelope/actor/next"
      env:mustUnderstand="true">
   <m:reference>uuid:093a2da1-q345-739r-ba5d-pqff98fe8j7d</reference>
   <m:dateAndTime>2001-11-29T13:20:00.000-05:00</m:dateAndTime>
  </m:reservation>
  <n:passenger xmlns:n="http://mycompany.example.com/employees"
      env:actor="http://www.w3.org/2001/12/soap-envelope/actor/next"
      env:mustUnderstand="true">
   <n:name>John Q. Public</n:name>
  </n:passenger>
```

Listing 51 SOAP Request (**Anfang**)

```xml
</env:Header>
<env:Body>
 <p:itinerary xmlns:p="http://travelcompany.example.org/reservation/travel">
  <p:departure>
    <p:departing>New York</p:departing>
    <p:arriving>Los Angeles</p:arriving>
    <p:departureDate>2001-12-14</p:departureDate>
    <p:departureTime>late afternoon</p:departureTime>
    <p:seatPreference>aisle</p:seatPreference>
  </p:departure>
  <p:return>
    <p:departing>Los Angeles</p:departing>
    <p:arriving>New York</p:arriving>
    <p:departureDate>2001-12-20</p:departureDate>
    <p:departureTime>mid morning</p:departureTime>
    <p:seatPreference/>
  </p:return>
 </p:itinerary>
 <q:lodging xmlns:q="http://travelcompany.example.org/reservation/hotels">
  <q:preference>none</q:preference>
 </q:lodging>
</env:Body>
</env:Envelope>
```

Listing 51 SOAP Request **(Fortsetzung)**

reservation), der Encoding Styles (Kapitel 13.2.2) sowie der Semantik der in Header und Body übertragenen Informationen. Auch die Festlegung der Verarbeitung durch Zwischenknoten ist Aufgabe des Anwendungsdesigns. Im gewählten Beispiel könnte es Aufgabe eines Zwischenknotens sein Zusatzinformationen für den Reisenden an die Nachricht anzuhängen.

13.2.2 SOAP Encoding

Um komplexe Datenstrukturen zwischen Client und Server zu übertragen, müssen diese serialisiert, d. h. in einen übertragbaren Datenstrom umgewandelt und auf Empfängerseite wieder in entsprechende Datentypen transformiert werden. SOAP Encoding ist eine Schema-Definition, die die Datentypen für die Serialisierung von Daten in SOAP-Nachrichten festlegt. Damit wird die konsistente Interpretation der Daten beim Sender und Empfänger einer Nachricht sichergestellt. Neben den von SOAP bereits unterstützten Datentypen

- Integers, floats, dates, times und boolean
- Unicode oder Byte Strings

- Enumeration
- Varianten und Unions
- Structures
- Records
- Arrays einschließlich Multiple und Nested Arrays

sind aber auch anwendungsspezifische Datentypen erlaubt.

Das Mapping von SOAP-Datentypen auf Programmiersprachen wird allerdings von der SOAP-Spezifikation nicht festgelegt. Es kann also Unterschiede zwischen verschiedenen SOAP-Implementierungen geben.

13.2.3 Nachrichtenaustausch mit SOAP

Mit SOAP lassen sich natürlich komplexere Szenarien aufbauen, zum Beispiel ein Dialog, bestehend aus einem Request, der vom Empfänger mit einer entsprechenden Response beantwortet wird.

Listing 52 zeigt die Antwort auf den in Listing 51 dargestellten Request. Die Response hat, da es sich ja wieder um eine SOAP-Nachricht handelt, die gleiche Struktur wie die Request Message.

```xml
<?xml version='1.0' ?>
<env:Envelope xmlns:env="http://www.w3.org/2001/12/soap-envelope">
 <env:Header>
  <m:reservation xmlns:m="http://travelcompany.example.org/reservation"
      env:actor="http://www.w3.org/2001/12/soap-envelope/actor/next"
      env:mustUnderstand="true">
   <m:reference>uuid:093a2da1-q345-739r-ba5d-pqff98fe8j7d</reference>
   <m:dateAndTime>2001-11-29T13:35:00.000-05:00</m:dateAndTime>
  </m:reservation>
  <n:passenger xmlns:n="http://mycompany.example.com/employees"
      env:actor="http://www.w3.org/2001/12/soap-envelope/actor/next"
      env:mustUnderstand="true">
   <n:name>John Q. Public</n:name>
  </n:passenger>
 </env:Header>
 <env:Body>
  <p:itinerary xmlns:p="http://travelcompany.example.org/reservation/travel">
   <p:airportChoices>
    JFK LGA EWR
   </p:airportChoices>
```

Listing 52 SOAP Response (**Anfang**)

```
    </p:itinerary>
  </env:Body>
</env:Envelope>
```

Listing 52 SOAP Response **(Fortsetzung)**

Die Header-Elemente aus der Request Message werden zurückgegeben, um dem Sender die Verbindung zwischen beiden Nachrichten zu ermöglichen. Im Body befinden sich wieder die eigentlichen Informationen, in diesem Beispiel entsprechend der geschickten Anfrage nach Reisemöglichkeiten eine Liste der möglichen Flughäfen.

SOAP RPC

Eine spezielle Form des beschriebenen Request-Response Pattern ist der Remote Procedure Call (RPC), der immer dann verwendet wird, wenn ein bestimmtes programmatisches (synchrones) Verhalten benötigt wird. Dabei wird mit einem Request eine entfernte Funktion aufgerufen, ihre Rückgabewerte werden mit der Response zurückgegeben.

Um einen SOAP RPC auszuführen, werden folgende Informationen benötigt:

- URI des SOAP-Knotens, der den RPC ausführen soll
- Name der auszuführenden Methode
- Parameter der Methode
- Rückgabewerte der Methode

In Listing 53 wird die Reisebuchung weiter fortgeführt. Im Header finden Sie wieder zusätzliche Angaben, die für die Verarbeitung benötigt werden, die aber nicht Bestand-

```
<?xml version='1.0' ?>
<env:Envelope xmlns:env="http://www.w3.org/2001/12/soap-envelope" >
  <env:Header>
    <m:reservation xmlns:m="http://travelcompany.example.org/reservation"
        env:actor="http://www.w3.org/2001/12/soap-envelope/actor/next"
        env:mustUnderstand="true">
      <m:reference>uuid:093a2da1-q345-739r-ba5d-pqff98fe8j7d</reference>
      <m:dateAndTime>2001-11-29T13:36:50.000-05:00</m:dateAndTime>
    </m:reservation>
    <t:transaction
        xmlns:t="http://thirdparty.example.org/transaction"
        env:encodingStyle="http://example.com/encoding"
```

Listing 53 SOAP RPC: Aufruf **(Anfang)**

```
              env:mustUnderstand="true" >
           5
    </t:transaction>
  </env:Header>
  <env:Body>
    <m:reserveAndCharge
        env:encodingStyle="http://www.w3.org/2001/12/soap-encoding"
        xmlns:m="http://travelcompany.example.org/" >
      <n:name xmlns:n="http://mycompany.example.com/employees">
        John Q. Public
      </n:name>
      <o:creditCard xmlns:o="http://mycompany.example.com/financial">
        <o:number>123456789099999</o:number>
        <o:expiration>2005-02</o:expiration>
      </o:creditCard>
    </m:reserveAndCharge>
  </env:Body>
</env:Envelope>
```

Listing 53 SOAP RPC: Aufruf (**Fortsetzung**)

teil der Methodensignatur sind. Außer dem schon bekannten *reservation*-Element enthält der Header diesmal zusätzlich ein *transaction*-Element, das Angaben zu Transaktionseinstellungen enthält. Die Bearbeitung von Vorgängen als Transaktion ist immer dann wichtig, wenn mehrere Aktivitäten entweder ganz oder gar nicht – so wie bei Buchung einer Reise die Reservierung und die Kreditkartenbelastung – ausgeführt werden müssen.

Der eigentliche Methodenaufruf wird im *reserveAndCharge*-Element übertragen, das die Eingabeparameter *name* und *creditCard* enthält. Beide Parameter haben dabei den gleichen Typ und werden in der gleichen Reihenfolge übergeben wie in der Methodensignatur. Die Angabe des *encodingStyle*-Attributes weist darauf hin, dass die Serialisierung gemäß der SOAP-Spezifikation durchgeführt wird.

In der Response Message (Listing 54) werden die Rückgabewerte der aufgerufenen Methode an den Requestor zurückgeschickt. Dazu ist in dem *reserveAndCharge*-Element ein *confirmation*-Element enthalten, das eine Bestätigung sowie einen URL enthält, unter dem weitere Informationen abgerufen werden können.

Es soll hier explizit darauf hingewiesen werden, dass es sich bei Web Services im Gegensatz zu den RPC-Architekturen von CORBA, .NET oder Java um lose gekoppelte Bausteine handelt, d. h. der Requestor hat und benötigt keinerlei Kenntnisse darüber, wie der Service, den er benutzt, implementiert ist. Es kann sich dabei zum Beispiel um eine .NET-Komponente, ein EJB oder aber auch um eine Mainframe-Anwendung handeln.

13.2 SOAP

```xml
<?xml version='1.0' ?>
<env:Envelope xmlns:env="http://www.w3.org/2001/12/soap-envelope" >
<env:Header>
   <t:transaction
      xmlns:t="http://thirdparty.example.org/transaction"
      env:encodingStyle="http://example.com/encoding"
      env:mustUnderstand="true" >
         5
   </t:transaction>
</env:Header>
<env:Body>
   <m:reserveAndChargeResponse
      env:encodingStyle="http://www.w3.org/2001/12/soap-encoding"
      xmlns:m="http://travelcompany.example.org/" >
      <m:confirmation>
         <reference>FT35ZBQ</reference>
         <viewAt>
         http://travelcompany.example.org/reservations?code=FT35ZBQ
         </viewAt>
      </m:confirmation>
   </m:reserveAndChargeResponse>
</env:Body>
</env:Envelope>
```

Listing 54 SOAP RPC: Response

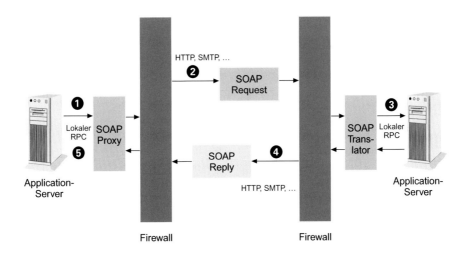

Bild 13.4 Aufruf eines Web Service

Die Durchführung eines SOAP RPC besteht insgesamt aus den in Bild 13.4 dargestellten Schritten:

1. Der Client ruft über ein lokales Proxy-Objekt den gewünschten Service auf.
2. Nach Serialisierung der Parameter erzeugt das Proxy-Objekt einen SOAP Request, der über das HTTP-Protokoll an den Server geschickt wird.
3. Ein SOAP Translator (auch SOAP Server genannt) parst die Nachricht auf Serverseite, deserialisiert die empfangenen Daten und erzeugt einen lokalen Aufruf zur Aktivierung der gewünschten Funktion.
4. Nach Ausführung des Web Service werden dessen Rückgabewerte wiederum in eine SOAP-Nachricht verpackt und an den Client zurückgeschickt. Wie bei einem Request können Zwischenknoten optional spezielle Dienste erbringen, die im SOAP Header spezifiziert werden, zum Beispiel das Entschlüsseln eines Datenpaketes.
5. Das SOAP Proxy auf der Clientseite liefert die Daten genau wie eine lokale Funktion an die aufrufende Anwendung zurück.

13.2.4 Session Management mit SOAP

Bei nichttrivialen Anwendungen unterliegt der Dialog zwischen Client und Server im Allgemeinen einer Reihe von Regeln. Zum Beispiel erwartet der Client in bestimmten Situationen eine Antwort vom Server oder er kann in Abhängigkeit von dem Zustand, in dem er sich gerade befindet, nur bestimmte Funktionen auf Serverseite auslösen. Für die Steuerung des Dialoges muss zu jedem Zeitpunkt bekannt sein, in welchem Zustand Client und Server und damit der Dialog sich gerade befinden.

SOAP ist, da es die Übertragung von Zustandsinformationen nicht festlegt, genau wie HTTP ein verbindungsloses Protokoll. Dialogorientierten Anwendungen fehlt damit sozusagen der rote Faden. Die Verwaltung von Zustandsinformationen muss daher von der Anwendung selbst realisiert werden. Dazu können die gleichen Technologien verwendet werden wie bei normalen Web-Applikationen, zum Beispiel Cookies (Kapitel 3.6), falls die gewählte SOAP-Implementierung dies unterstützt. Es bietet sich aber an, den SOAP Header, der ja für die Übertragung von Metainformationen erfunden wurde, zu verwenden um die Zustandsinformationen zu übertragen.

13.3 WSDL

Eine wichtige Voraussetzung für das Publizieren und Benutzen von Web Services ist die standardisierte Beschreibung der Service Interfaces. Zum Beispiel braucht der Aufrufer Informationen über vorhandene Methoden, deren Parameter und Rückgabewerte. Auch für diesen Zweck wurde eine XML-Grammatik entwickelt, die WSDL (Web Services Description Language). Die WSDL-Spezifikation liegt derzeit als W3C Note vor.

Es sei hier darauf hingewiesen, dass weder die Semantik eines Web Services noch die Semantik seiner Parameter mit WSDL beschrieben werden kann. Zur Beschreibung dafür, was ein Web Service konkret tut, wenn er aufgerufen wird, ist also eine gesonderte Dokumentation notwendig. Auch, ob es sich bei einem Parameter um eine Längen- oder um eine Temperaturangabe handelt, ist der WSDL nicht zu entnehmen.

Insbesondere definiert die WSDL auch keine Bindung von Datentypen an eine Programmiersprache. Ob ein Integer-Parameter zum Beispiel auf eine 32-Bit oder eine 64-Bit-Zahl abgebildet wird, ist daher implementierungsspezifisch.

Grundsätzlich zerfällt die WSDL-Beschreibung eines Web Service in zwei Teile (siehe Bild 13.5): In der Service Implementation Definition befinden sich die Informationen zum Auffinden des Service, die Service Interface Defintion ist eine abstrakte Beschreibung des Service.

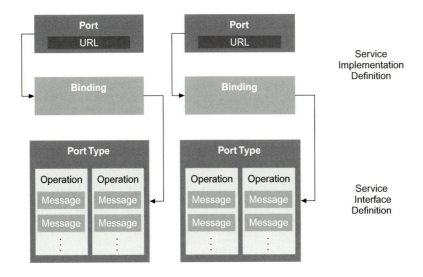

Bild 13.5 Struktur einer WSDL

Listing 55 zeigt ein Beispiel für eine WSDL-Datei aus der WSDL-Spezifikation [50]. Es beschreibt den Web Service GetLastTradePrice, der mit dem Börsensymbol eines Unternehmens als Parameter aufgerufen wird und dessen aktuellen Aktienkurs zurückgibt.

```
<?xml version="1.0"?>
<definitions name="StockQuote"

targetNamespace="http://example.com/stockquote.wsdl"
    xmlns:tns="http://example.com/stockquote.wsdl"
    xmlns:xsd1="http://example.com/stockquote.xsd"
```

Listing 55 WSDL-Datei **(Anfang)**

```xml
      xmlns:soap="http://schemas.xmlsoap.org/wsdl/soap/"
      xmlns="http://schemas.xmlsoap.org/wsdl/">

  <types>
    <schema targetNamespace="http://example.com/stockquote.xsd"
        xmlns="http://www.w3.org/2000/10/XMLSchema">
      <element name="TradePriceRequest">
        <complexType>
          <all>
            <element name="tickerSymbol" type="string"/>
          </all>
        </complexType>
      </element>
      <element name="TradePrice">
        <complexType>
          <all>
            <element name="price" type="float"/>
          </all>
        </complexType>
      </element>
    </schema>
  </types>

  <message name="GetLastTradePriceInput">
    <part name="body" element="xsd1:TradePriceRequest"/>
  </message>
  <message name="GetLastTradePriceOutput">
    <part name="body" element="xsd1:TradePrice"/>
  </message>
 <portType name="StockQuotePortType">
    <operation name="GetLastTradePrice">
      <input message="tns:GetLastTradePriceInput"/>
      <output message="tns:GetLastTradePriceOutput"/>
    </operation>

</portType>
  <binding name="StockQuoteSoapBinding" type="tns:StockQuotePortType">
    <soap:binding style="document" transport="http://schemas.xmlsoap.org/soap/http"/>
    <operation name="GetLastTradePrice">
      <soap:operation soapAction="http://example.com/GetLastTradePrice"/>
```

Listing 55 WSDL-Datei (**Fortsetzung**)

```
            <input>
                <soap:body use="literal"/>
            </input>
            <output>
                <soap:body use="literal"/>
            </output>
        </operation>
    </binding>
    <service name="StockQuoteService">
        <documentation>My first service</documentation>
        <port name="StockQuotePort" binding="tns:StockQuoteBinding">
            <soap:address location="http://example.com/stockquote"/>
        </port>
    </service>
</definitions>
```

Listing 55 WSDL-Datei (**Fortsetzung**)

Von der Komplexität einer WSDL-Datei sollten Sie sich nicht zu sehr beeindrucken lassen. Bei der praktischen Anwendung von Web Services kann glücklicherweise davon ausgegangen werden, dass die benötigte Infrastruktur entweder in der Laufzeitumgebung oder in der Entwicklungsumgebung enthalten ist. Sie werden daher im Allgemeinen nicht in die Verlegenheit kommen, eine WSDL-Datei von Hand schreiben zu müssen.

13.3.1 Service Interface Definition

Die Service Interface Definition enthält folgende Elemente:

Types

Dieses Element erlaubt die Definition von eigenen Datentypen, falls nicht die in der XML-Schema-Spezifikation definierten Typen verwendet werden. In Listing 55 werden die Datentypen *TradePriceRequest* und *TradePrice* definiert, die im *message*-Element als Eingabe- bzw. Rückgabewert des Web Service festgelegt werden.

Message

Im *message*-Element werden die Parameter der von dem Web Service unterstützten Request- und Response-Nachrichten – im Beispiel *GetLastTradePriceInput* und *GetLastTradePriceOutput* festgelegt.

PortType

Im *portType*-Element können mehrere Methoden zu einem Service zusammengefasst werden. Im verwendeten Beispiel gibt es nur die eine Methode *GetLastTradePrice*.

Operation

Das *operation*-Element in einem *portType*-Element legt die Methoden des Web Service fest und beschreibt, welche Nachrichten sie verwenden.

Grundsätzlich gibt es vier unterschiedliche Typen von Operationen:

- One-way, wenn der Endpunkt eine Nachricht erhält, auf die er nicht reagiert.
- Request-response, wenn der Server eine Nachricht erhält und eine Nachricht an den Client zurückschickt.
- Solicit-response, wenn zuerst der Server eine Nachricht an den Client schickt, die dieser mit einer Nachricht an den Server beantwortet.
- Notification, wenn der Endpunkt eine Nachricht an den Client sendet.

Im Beispiel wird durch die Elemente *input* und *output* das abstrakte Nachrichtenformat für Request und Response spezifiziert, es handelt sich also um eine Operation vom Typ Request-response.

Binding

Das *binding*-Element legt das Protokoll und das Nachrichtenformat für einen PortType fest. Es hat die Attribute *style* und *transport*. Das *style*-Attribut gibt an, ob es sich um eine Dokumenten-orientierte oder eine RPC-orientierte Operation handelt. Das *transport*-Attribut gibt an, welches Transportprotokoll, im Beispiel also SOAP über HTTP, verwendet wird.

Für einen PortType sind grundsätzlich mehrere Bindings erlaubt. Es kann also sein, dass ein Service über verschiedene Protokolle aufgerufen werden kann. Die WSDL-Spezifikation unterstützt derzeit Bindings für SOAP, HTTP GET/POST und MIME.

13.3.2 Service Implementation Definition

Die Informationen zum Auffinden eines Service werden durch folgende Elemente beschrieben:

Port

Das *port*-Element legt einen Kommunikationsendpunkt fest, z. B. den URL unter dem der Service zu erreichen ist.

Service

Im *service*-Element können mehrere solche konkrete Endpunkte zu einem abstrakten Endpunkt (Service) zusammengefasst werden.

13.4 UDDI

Als Vermittler zwischen dem Anbieter und den Nutzern von Web Services wird ein Verzeichnis gebraucht, bei dem Dienste registriert werden können bzw. nach Diensten anderer Anbieter gesucht werden kann.

UDDI (Universal Description, Discovery & Integration) ist ein solcher Verzeichnisdienst, der von OASIS (Organization for the Advancement of Structured Information Standards) entwickelt wird, einer Organisation in der sehr viele System- und Softwarehersteller vertreten sind.

Die UDDI-Spezifikation [51] enthält ein API für den Zugriff auf die Daten und ein Datenmodell. Dieses bietet für den Zugriff auf die in dem Verzeichnis abgelegten Daten drei Kategorien:

- Weiße Seiten enthalten Adressen und Kontaktdaten der registrierten Unternehmen, vergleichbar den Einträgen in einem Telefonbuch.
- Gelbe Seiten strukturieren die Informationen nach verschiedenen Taxonomien, z. B. nach dem Ort oder Industriezweig eines Unternehmens oder nach den von ihm angebotenen Produkten/Services. Sie sind also vergleichbar mit den gelben Seiten des Telefonbuches.
- Grüne Seiten enthalten Informationen über die von dem jeweiligen Unternehmen angebotenen Web Services.

In den beiden folgenden Abschnitten werden Datenmodell und Zugriffsschnittstellen eines UDDI-Verzeichnisses noch etwas genauer betrachtet.

13.4.1 UDDI-Datenmodell

Die zentrale Komponente in UDDI ist die UDDI Business Registration, eine XML-Datei, die dazu dient, ein Unternehmen und seine Web Services zu beschreiben. Das von UDDI verwendete Informationsmodell ist in einem XML-Schema festgelegt und beinhaltet folgende Elemente:

businessEntity

Im Element *businessEntity* sind Informationen über das Unternehmen selbst enthalten, zum Beispiel der Name, eine textuelle Beschreibung, Kontaktinformationen sowie das *serviceKey*-Element, ein Verweis auf die von dem Unternehmen angebotenen Web Services. Optionale Elemente erlauben zusätzlich die Angabe eindeutiger Kennzahlen für Firmen, z. B. D-U-N-S (D&B Data Universal Numbering System) und Branchen, z. B. NAICS (North American Industry Classification System).

businessService

Das Element *businessService* dient zur Beschreibung eines konkreten Web Service. Es beinhaltet den Namen und eine textuelle Beschreibung des Service sowie eine Liste von *bindingKey*-Elementen, die auf die technische Beschreibung des Service verweisen. Auch hier ist wieder die Angabe von Taxonomie-Informationen möglich.

bindingTemplate

Neben einer optionalen textuellen Beschreibung befinden sich in dem Element *bindingTemplate* die Angaben, die zum Aufrufen eines Web Service gebraucht werden, in der Regel ein URL. Außerdem enthält dieses Element einen Verweis auf ein *tModel*-Element, den so genannten *tModelKey*.

tModel

Das *tModel*-Element enthält Zusatzinformationen, die ein Nutzer des Web Service benötigt. Neben einer textuellen Beschreibung enthält es in der Regel Verweise (z. B. eine URL) auf zusätzliche Dokumentation. Mit weiteren optionalen Angaben können auch *tModel*-Elemente nach bestimmten Taxonomien geordnet werden.

tModel-Elemente können auch dafür verwendet werden, um auszudrücken, dass verschiedene Web Services sich kompatibel verhalten. In diesem Fall verweisen die *bindingTemplate*-Elemente mehrerer Services auf das gleiche *tModel*-Element. Dieses stellt damit letztlich so etwas wie den Fingerabdruck eines Web Service dar.

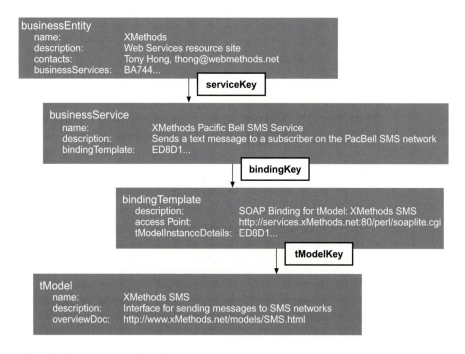

Bild 13.6 Struktur eines UDDI-Eintrages

publisherAssertion

Das Element *publisherAssertion* ist für große Konzerne wie zum Beispiel Siemens gedacht, die nicht durch eine einziges *businessEntity*-Element repräsentiert werden können. Es ermöglicht einem solchen Unternehmen mehrere *businessEntity*-Elemente einzutragen, die z. B. die verschiedenen Unternehmensbereiche repräsentieren, diese aber trotzdem als zusammengehörig zu kennzeichnen. Voraussetzung dafür ist, dass alle Bereiche die gleichen Informationen in einem *publisherAssertion*-Element veröffentlichen.

Bild 13.6 beschreibt die Struktur eines UDDI-Eintrages anhand eines Beispiels.

13.4.2 UDDI APIs

UDDI definiert für den Zugriff auf Daten in der Registry XML-basierte APIs. Diese können verwendet werden um von Programmen aus auf Verzeichnisdienste zuzugreifen.

Dabei erleichtern höhere Schnittstellen wie zum Beispiel UDDI4J (UDDI für Java) dem Entwickler die Arbeit. Auch Entwicklungsumgebungen bieten häufig eine grafische Oberfläche für den Zugriff auf Verzeichnisdienste.

Die APIs werden je nachdem, ob es um die Suche oder um das Publizieren von Web Services geht, einer der beiden folgenden Gruppen zugeordnet.

Inquiry API

Das Inquiry API besteht aus zwei Teilen. Die Funktionen find_business, find_service, find_binding, find_tModel unterstützen die Suche nach Unternehmen und Services im Verzeichnis mit unterschiedlichen Suchkriterien. Mit den Funktionen get_business, get_service, get_binding und get_tModel kann auf spezifische Datenstrukturen dieser Unternehmen und Services zugegriffen werden.

Publisher's API

Das Publisher's API bietet entsprechend mit den Funktionen save_business, save_service, save_binding und save_tModel bzw. delete_business, delete_service, delete_binding und delete_tModel Unterstützung beim Eintragen und Ändern der beschriebenen Datenstrukturen. Natürlich dürfen Informationen in UDDI nur von autorisierten Personen eingetragen oder geändert werden. Insbesondere dürfen Informationen nur von denjenigen Personen geändert oder gelöscht werden, die diese Informationen auch eingetragen haben.

13.5 Sicherheit bei Web Services

Die Vertraulichkeit und die Unverfälschbarkeit der Daten müssen durch Zugangskontrolle und Verschlüsselung sichergestellt werden. Bei Web Services hat dieser Aspekt ganz besondere Bedeutung, da alle Daten über das öffentliche Internet geschickt werden. Jedoch verfügt SOAP über keine eigenen Sicherheitsmechanismen. Es wird, wie Sie gesehen haben, lediglich ein XML-Vokabular zur Strukturierung von Nachrichten in Envelopes, Header und Body definiert. Bei Anwendung von SOAP in einem sicherheitsrelevanten Umfeld müssen daher zusätzliche Vorkehrungen getroffen werden.

Zur Identifizierung und Authentifizierung eines Benutzers sowie zur Wahrung der Vertraulichkeit eines Dokumentes kann HTTPS eingesetzt werden. Integrität und Vertraulichkeit lassen sich durch die Verwendung digitaler Signaturen und Verschlüsselungsalgorithmen realisieren. Während der Einsatz von HTTPS für die Anwendung transparent ist, muss für die Verwendung digitaler Signaturen und Encryption-Technologien das SOAP-Protokoll entsprechend erweitert werden.

13.5.1 Verwendung digitaler Signaturen in SOAP

Eine W3C Note von IBM und Microsoft spezifiziert die Nutzung digitaler Signaturen im SOAP Header. Basis für ist die W3C-XML-Signature-Spezifikation.

Die Signaturdaten werden durch ein eigenes XML-Vokabular dargestellt. Insbesondere wird ein neues Header-Element mit dem Namen Signature definiert (vgl. Listing 56).

```
<SOAP-ENV:Envelope
  xmlns:SOAP-ENV="http://schemas.xmlsoap.org/soap/envelope/">
  <SOAP-ENV:Header>
   <SOAP-SEC:Signature
     xmlns:SOAP-SEC="http://schemas.xmlsoap.org/soap/security/2000-12"
     SOAP-ENV:actor="some-URI"
     SOAP-ENV:mustUnderstand="1">
     <ds:Signature xmlns:ds="http://www.w3.org/2000/09/xmldsig#">
      <ds:SignedInfo>
       <ds:CanonicalizationMethod
         Algorithm="http://www.w3.org/TR/2000/CR-xml-c14n-20001026">
       </ds:CanonicalizationMethod>
       <ds:SignatureMethod Algorithm="http://www.w3.org/2000/09/
         xmldsig#dsa-sha1"/>
       <ds:Reference URI="#Body">
        <ds:Transforms>
         <ds:Transform Algorithm="http://www.w3.org/TR/2000/
           CR-xml-c14n-20001026"/>
        </ds:Transforms>
```

Listing 56 SOAP-Nachricht mit digitaler Signatur **(Anfang)**

```
        <ds:DigestMethod Algorithm="http://www.w3.org/2000/09/
        xmldsig#sha1"/>
        <ds:DigestValue>j6lwx3rvEPO0vKtMup4NbeVu8nk=</ds:DigestValue>
      </ds:Reference>
    </ds:SignedInfo>
    <ds:SignatureValue>MC0CFFrVLtRlk=...</ds:SignatureValue>
   </ds:Signature>
  </SOAP-SEC:Signature>
 </SOAP-ENV:Header>
 <SOAP-ENV:Body
   xmlns:SOAP-SEC="http://schemas.xmlsoap.org/soap/security/2000-12"
   SOAP-SEC:id="Body">
   <m:GetLastTradePrice xmlns:m="some-URI">
     <m:symbol>IBM</m:symbol>
   </m:GetLastTradePrice>
 </SOAP-ENV:Body>
</SOAP-ENV:Envelope>
```

Listing 57 SOAP-Nachricht mit digitaler Signatur **(Fortsetzung)**

Dieses enthält alle für die Signatur relevanten Informationen wie das Kanonisierungsverfahren und den Signaturalgorithmus. Das Element *Reference* bezeichnet das signierte Element, im Beispiel den Body der Nachricht. Die vom Signaturalgorithmus erzeugte Signatur wird in dem Element *DigestValue* im Header abgelegt.

13.5.2 Verwendung von Encryption in SOAP

Für die Verschlüsselung von SOAP-Nachrichten gibt es keine eigene SOAP-Erweiterung. Statt dessen wird das benötigte Vokabular von der XML-Encryption-Spezifikation [43] definiert. Die Granularität der Verschlüsselung kann variiert werden, so kann beispielsweise bei Übertragung von Kreditkartendaten die gesamte Nachricht oder auch nur die Kreditkartennummer verschlüsselt werden.

Teil III
Anwendungsarchitektur und Systembausteine

In diesem Teil des Buches werde ich darstellen, wie sich die Anwendungsarchitektur beginnend bei monolithischen Mainframeanwendungen bis hin zu modernen E-Business-Lösungen entwickelt hat. Sie erfahren, welche Systembausteine sich dabei herausgebildet haben und welche Rolle den einzelnen Technologien, die ich in den beiden ersten Teilen des Buches besprochen habe, dabei zukommt.

Ausgehend von Client-Server-Architekturen führte die Entwicklung über Web-Anwendungen mit einem Web-Server schließlich zu den heute auf allen Plattformen verbreiteten mehrstufigen Architekturen. Dabei wurden immer wieder Anwendungsteile, die nicht unmittelbar der Realisierung der Geschäftslogik dienten, als eigene Systembausteine, so genannter Middleware ausgelagert. Neben den klassischen Middleware-Produkten wie Datenbanken und Transaktionsmonitoren entstanden so der Application Server als Laufzeitumgebung für Komponenten, der Portal Server für die Implementierung von Internet-Portalen, der Integration Server für die Integration aller in einem Unternehmen vorhandenen IT-Resourcen und schließlich der Contact Server für die Verbindung des Telefonnetzes eines Unternehmens mit dessen IT-Infrastruktur.

14 Mainframe-Anwendungen

Vom Beginn der kommerziellen Datenverarbeitung bis zu modernen Anwendungsarchitekturen, wie sie heute in modernen E-Business-Lösungen zum Einsatz kommen, war es ein weiter Weg. Die ersten großen kommerziellen Anwendungen sind vor mehr als 30 Jahren auf Mainframes entstanden. Die Bedienung durch den Anwender erfolgte über zeichenorientierte Terminals ohne eigene Verarbeitungsmöglichkeiten, die gesamte Anwendungslogik und Datenhaltung befanden sich zentral auf einem Server. Diese Anwendungen waren monolithisch aufgebaut, d. h. nicht nach verschiedenen Aufgaben wie Realisierung der Benutzeroberfläche, Implementierung der Geschäftslogik und Zugriff auf Datenbanken strukturiert. Kleine Änderungen in einem Teilbereich hatten deswegen oft erhebliche Nebenwirkungen auf die gesamte Anwendung. Entsprechend schlecht bestellt war es häufig um die Wartbarkeit dieser Anwendungen.

15 Client-Server-Architektur

Mit wachsender Verbreitung des PC begann in der Mitte der 80er-Jahre der Trend zur Client-Server-Architektur. Wegen der komfortableren Darstellungsmöglichkeiten wurde bei diesem Architekturkonzept der Präsentationsteil der Anwendung auf den PC verlagert (Bild 15.1). Die Geschäftslogik war häufig auf Client und Server verteilt, je nachdem ob es sich um präsentationsnahe oder um datenintensive Teile handelte.

Diese Verteilung machte Mechanismen für die Kommunikation zwischen den Teilen einer Anwendung erforderlich. Für den Aufruf von Funktionen auf fernen Systemen entwickelten sich Remote Procedure Calls (RPC), für den Zugriff auf Datenbanken wurde die Structured Query Language (SQL) eingesetzt.

Die RPC-Protokolle waren in der Regel von Betriebssystem zu Betriebssystem verschieden. Auch bei SQL, das ursprünglich als Standard gedacht war, entstand durch herstellerspezifische Erweiterungen schnell eine große Zahl von inkompatiblen Varianten. Neben die Mainframes trat eine Vielzahl unterschiedlicher Unix-Betriebssysteme und schließlich auch Windows als Server-Betriebssystem. Die Systemlandschaften in den Unternehmen wurden damit immer heterogener.

Aufgrund der komfortablen grafischen Oberfläche für Anwendungen und der Möglichkeit, daneben eine Vielzahl von Office-Werkzeugen zu nutzen, führte der Einsatz des PC zwar zu einer Steigerung der Produktivität am Arbeitsplatz, brachte aber auch eine Reihe von Problemen mit sich, insbesondere das Problem der SW-Verteilung: Bei einer Änderung der Anwendung war häufig auch die Software auf dem Client betroffen, sodass dann auch auf allen Client-Systemen ein neuer Softwarestand installiert werden musste. Nicht zuletzt wegen der hohen Kosten für die Administration der lokalen Arbeitsplätze führte dieses Architekturprinzip zu einer Steigerung der Gesamtbetriebskosten von Anwendungen, der so genannten Total Cost of Ownership (TCO).

Bild 15.1
Client-Server-Architektur

Auch die Skalierbarkeit dieser Anwendungen erwies sich oft als unzureichend. Ein wesentlicher Grund hierfür liegt in den großen Datenmengen, die bei diesem Konzept häufig zwischen Client und Server übertragen werden müssen. Bei großen Benutzerzahlen konnte es hier deshalb leicht zu Netzproblemen und damit zu Performanceeinbußen kommen.

16 3-Tier-Architektur

Der Wunsch nach mehr Modularität, verbesserter Wartbarkeit, Verringerung der Netzbelastung und vor allem auch besserer Skalierbarkeit führte schließlich zu einer klaren logischen Strukturierung von Anwendungen in eine Präsentations-, eine Geschäftslogik- und eine Datenhaltungsschicht und damit zu einem dreischichtigen (3-Tier)- Architekturmodell (Bild 16.1).

Der Client ist hier ausschließlich für die Präsentation verantwortlich Geschäftslogik und Datenhaltung sind voneinander getrennt und laufen auf einem Anwendungs- bzw. einem Datenbankserver. Durch die Trennung der Datenbank von der Anwendungslogik war es auch sehr viel leichter verschiedene Datenbanksysteme zu integrieren.

Zur Steigerung der Performance können bei großen Benutzerzahlen Anwendungs- und Datenbankserver auch auf mehrere physikalische Systeme verteilt werden, es entstehen komplexe verteilte Systeme.

Diese erfordern Infrastrukturdienste für den Zugriff auf entfernte Prozeduren, für das Versenden asynchroner und synchroner Nachrichten, für die Realisierung von Datenbankzugriffen und die Durchführung von Transaktionen.

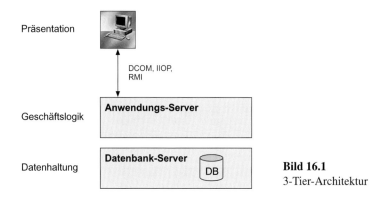

Bild 16.1
3-Tier-Architektur

16.1 Middleware

Zunächst wurden solche Dienste mit jeder Anwendung immer wieder neu implementiert, bestenfalls entwickelten Unternehmen eigene wieder verwendbare Bibliotheken.

Häufig wurde ein großer Teil der Entwicklungskosten in die Bereitstellung dieser Infrastrukturdienste investiert. Aufgrund dieser offensichtlichen Problematik fanden sich bald Hersteller, die diese Dienste auf der Basis von Middleware-Produkten wie Datenbanken, Transaktionsmonitoren, Object Request Brokern (Kapitel 10) und Messaging-Systemen anboten.

Diese Middleware-Produkte realisierten damit eine Schicht zwischen dem Betriebssystem und der Geschäftslogik einer Anwendung, die von spezifischen Eigenschaften einer Plattform abstrahiert und für die Anwendungsentwicklung höherwertige Funktionen bereitstellt. Sie boten erhebliche Vorteile und spielten schnell eine unverzichtbare Rolle. Sie erfüllten aber nicht nur funktionale Anforderungen, auch die Qualität der erbrachten Leistung wurde zum Beispiel durch Connection Pooling, Load Balancing, Skalierbarkeit, Verfügbarkeit und Performance deutlich gesteigert.

Der Einsatz von Middleware ermöglichte Entwicklern von Geschäftslösungen durch geringeren Aufwand für die Bereitstellung von Basisfunktionen sich mehr auf die Unterstützung der Geschäftsprozesse eines Unternehmens zu konzentrieren, anstatt immer wieder Infrastrukturdienste neu zu implementieren. Dafür handelten sich die Unternehmen häufig ein anderes Problem ein: Die Nutzung der meist proprietären Schnittstellen dieser Middleware-Produkte führte zu einer Abhängigkeit vom jeweiligen Hersteller. Erst durch die zunehmende Standardisierung wurde dieses Problem im Laufe der Zeit zumindest teilweise wieder abgebaut.

Zu den klassischen und am meisten genutzten Middleware-Systemen gehören neben Transaktionsmonitoren vor allem die Datenbank-Management-Systeme (DBMS). Aber auch Directory Server zur Verwaltung von Informationen über die Resourcen eines Unternehmens sind weit verbreitet.

16.1.1 Datenbanken

Datenbank-Management-Systeme sind für Organisation, Ablage und Retrieval von Daten in einer Datenbank sowie für deren Sicherheit und Integrität verantwortlich. Nutzern und Entwicklern bleibt die physikalische Ablage der Daten verborgen.

Im Laufe der Zeit haben sich für verschiedene Anwendungsbereiche verschiedene Datenbanktypen entwickelt. Relationale Datenbanken (RDBMS) basieren auf Tabellen, die über einzelne Felder miteinander verknüpft werden können, zum Beispiel kann eine Tabelle „Kunde" über ein gemeinsames Feld „Kundennummer" mit einer anderen Tabelle „Auftrag" verknüpft werden. Relationale Datenbanken können relativ leicht durch Hinzufügen zusätzlicher Tabellen erweitert werden, ohne bereits existierende Anwendungen ändern zu müssen. Die Standard-Abfragesprache für relationale Datenbanken ist SQL, die Structured Query Language, ein ANSI- und ISO-Standard. Anwendungen, die die SQL-Schnittstelle nutzen, sind damit prinzipiell unabhängig von dem konkret eingesetzten Datenbank-Produkt. Wie bereits erwähnt bieten jedoch die DBMS-Hersteller proprietäre Erweiterungen über den standardisierten SQL-Sprachumfang hinaus an. Darum haben sich für den Zugriff von Programmen auf relationale Datenbanken inzwischen die standardisierte ODBC-(Open Database Connectivity)-Schnittstelle bzw. in der Java-Welt JDBC (Kapitel 11.5.1) durchgesetzt. Beide abstrahieren von der konkret eingesetzten Datenbank. ODBC- bzw. JDBC-Aufrufe werden von entsprechenden Treibern in die für das verwendete DBMS passende SQL umgesetzt.

Objektorientierte Datenbanken (ODBMS) modellieren Daten als Objekte und unterstützen Klassenbildung und Vererbung. Damit können objektorientierte Programme interne Datenstrukturen direkt in der Datenbank ablegen, während die Daten bei Verwendung eine relationalen Datenbank erst serialisiert werden müssen. Eine Mischform sind objektrelationale Datenbanken, die alle Eigenschaften von relationalen Datenbanken haben, aber zusätzliche Erweiterungen für die Behandlung von Objekten (z. B. Multimedia-Objekten) anbieten.

Mit wachsender Verbreitung von XML entstehen heute auch Datenbanken, die von ihrer Architektur her auf die Verwaltung von XML-Dokumenten ausgerichtet sind. Als Datenbeschreibungssprache werden hier DTDs und XML-Schemata (Kapitel 8.4) anstelle von RDBMS-Schemata verwendet. Abfragen erfolgen dann mit Hilfe einer XML-spezifischen Sprache wie zum Beispiel XPath.

16.1.2 Transaktionsmonitore

Engen Bezug zu Datenbanken haben Transaktionsmonitore. Sie werden eingesetzt, um die Integrität von Daten sowohl bei konkurrierenden Zugriffen durch viele Nutzer einer Anwendung als auch bei Daten, zu gewährleisten, die auf mehrere Datenbanken verteilt sind.

Dazu werden zusammengehörende elementare Datenbankoperationen als Transaktion behandelt. Transaktionen werden charakterisiert durch die so genannte ACID-Eigenschaft. Dies bedeutet:

- **A**tomicy: Eine Transaktion wird entweder vollständig oder gar nicht ausgeführt. Bei Fehlern während der Abarbeitung wird jede bereits stattgefundene Aktion rückgängig gemacht.
- **C**onsistency: Nach Ablauf einer Transaktion ist die Datenbank in einem korrekten Zustand, während des Ablaufs einer Transaktion werden möglicherweise inkonsistente Zwischenzustände durchlaufen.
- **I**solation: Eine Transaktion läuft so ab, als wäre sie die einzige im System. Parallel ablaufende Transaktionen dürfen einander nicht beeinflussen.
- **D**urability: Änderungen, die von einer erfolgreichen Transaktion durchgeführt werden, überdauern jeden nachfolgenden Fehlerfall.

Ein typisches Beispiel für eine Transaktion ist eine Überweisung von einem Bankkonto auf ein anders. Die Gutschrift auf dem Konto des Empfängers und die Lastschrift auf dem Konto des Absenders müssen natürlich immer im Zusammenhang ausgeführt werden.

Ein Transaktionsmonitor ist die Software, die Transaktionsanwendungen kontrolliert ausführt. Um die genannten Eigenschaften zu erreichen, sind zwei weitere Voraussetzungen wichtig:

- Die an einer Transaktion beteiligten Resource-Manager (wie Datenbanken o.ä.) müssen in der Lage sein, Änderungen wieder rückgängig zu machen, und sie müssen so stabil sein, dass sie sich im Falle eines Systemausfalls nach dem Neustart selbst wieder in einen konsistenten Zustand versetzen können.
- Bei verteilten Transaktionen müssen entweder Änderungen an allen beteiligten Resourcen oder an keiner durchgeführt werden. Für diesen Zweck wird im Allgemeinen ein zweistufiges Commit-(Two Phase Commit)-Protokoll eingesetzt.

Transaktionsanwendungen wurden das erste Mal in den 1960er-Jahren von IBM und American Airlines zur Buchung von Flügen entwickelt und eingesetzt. Heute werden Transaktionsanwendungen überall dort verwendet, wo es auf zuverlässige Datenverarbeitung, Ausfallsicherheit und Leistungsfähigkeit ankommt. Dies gilt vor allem für die Bereiche Banking, Versicherungen, Verkauf, Telekommunikation und militärische Anwendungen.

16.1.3 Directory-Server

Viele Anwendungen eines Unternehmens benötigen Informationen über die im Unternehmensnetzwerk verfügbaren Resourcen. Das können Daten über Server, PC und Drucker sein, aber auch Kennungen, Passwörter, Zugriffsrechte einzelner Mitarbeiter oder Komponenten. Zum Beispiel benötigt ein Single-Sign-On-Verfahren ein Verzeichnis zur Verwaltung aller Passwörter, ein Call Center benötigt ein Verzeichnis für den raschen Zugriff auf die Telefon-Nummern oder E-Mail-Adressen von Kunden. Da solche Verzeichnisse häufig Daten enthalten, die von mehreren Anwendungen oder Personen nutzbar sind, ist es wünschenswert, deren Strukturen und Zugriffsschnittstellen zu standardisieren.

X.500 ist ein OSI-Standard, der sowohl das Informationsmodell als auch das Protokoll für den Zugriff auf Informationen über Personen in einem Unternehmen festlegt. Wegen der Komplexität dieses Protokolls hat sich mit dem Lightweight Directory Access Protocol (LDAP) eine Alternative herausgebildet, die heute das de facto Standard-Protokoll für Directories im Internet ist.

17 Web-Anwendungen

Ursprünglich war die Zielsetzung des WWW der Zugriff auf miteinander verknüpfte HTML-Dokumente von einem Browser aus. Mit der zunehmenden Verbreitung des World Wide Web ab Mitte der 90er-Jahre erkannte man jedoch schnell, dass sich dieser Mechanismus auch für den Bau von Anwendungen nutzen ließ, indem man den Web-Server so erweiterte, dass er eigenständige Programme aufrufen konnte.

Anstatt nur statische HTML-Seiten an den Browser zu schicken, konnte man auf diese Weise HTML-Seiten auf dem Web-Server dynamisch erzeugen. Damit wurde die Präsentationsschicht einer Anwendung in einen Server-seitigen Teil für die Generierung der Oberfläche in HTML und einen Client-seitigen Anteil für deren Anzeige in einem Browser aufgeteilt. Dies bildete die Grundlage für Web-Anwendungen, d. h. Anwendungen, die für die Präsentation einen Browser einsetzen.

Grundsätzlich hatte man so das Prinzip einer 3-Tier-Architektur auch für Web-Anwendungen übernommen (Bild 17.1). Gegenüber herkömmlichen Client-Server-Anwendungen hat dieses Konzept aber den großen Vorteil, dass auf dem Client außer dem Browser keine spezielle Softwarekonfiguration mehr erforderlich ist und damit natürlich auch das Problem der Softwareverteilung auf den Client entfällt.

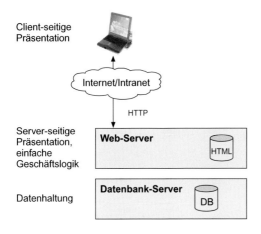

Bild 17.1 Architektur einer Web-Anwendung

Ein weiterer Vorteil dieser Architektur ergibt sich aus der Tatsache, dass die Kommunikation zwischen Browser und Web-Server auf dem HTTP-Protokoll basiert. Damit stellt auch die Durchquerung von Firewalls im Gegensatz zu anderen Verteilungstechnologien wie DCOM oder IIOP, die von der Öffnung zusätzlicher Ports (Kapitel 1) abhängig sind und damit unter Umständen Sicherheitsprobleme nach sich ziehen, in der Regel kein Problem dar. Es kann prinzipiell von einem beliebigen Browser im Internet aus auf eine Anwendung innerhalb eines Unternehmens zugegriffen werden.

Die beschriebene Architektur wurde primär bei einfachen Datenbankanwendungen eingesetzt, da es zunächst keine Möglichkeit gab, vom Web-Server aus auf die für die Implementierung komplexer Geschäftslösungen erforderlichen Middleware-Services zuzugreifen.

17.1 Web-Server

Eine wichtige Rolle spielt bei diesem Architekturmodell der Web-Server. Die Aufgaben des Web-Servers, oder genauer gesagt des HTTP-Servers, haben Sie bereits in Kapitel 1 ausführlich kennen gelernt. Grundprinzip des Web-Servers ist, dass als Antwort auf einen Request in der Regel eine HTML-Seite, in manchen Fällen aber auch Code, zum Beispiel JavaScript oder Java Applets an den Browser geschickt werden.

Spezielle Erweiterungen des Web-Servers ermöglichen den Aufruf von Programmen und damit natürlich auch Zugriffe auf die Datenbank auf dem Server. Neben den trotz einiger Nachteile immer noch weit verbreiteten CGI-Skripts werden hier heute bevorzugt Technologien wie Java Server Pages und ASP.NET eingesetzt (Kapitel 11, 12). Diese benötigen eine Laufzeitumgebung, den so genannten Web-Container.

Der Web-Container ist bei .NET ebenso wie auch der Web-Server bereits Bestandteil des Betriebssystems. Bei Java-basierten Architekturen ist der Web-Container entweder eine eigenständige Anwendung oder Produktbestandteil des Application-Servers (Kapitel 18.1).

18 Multi-Tier-Architektur

Natürlich war es nun nahe liegend, die Vorteile einer Web-Anwendung (Kapitel 17) mit der Nutzung von Middleware-Services zu kombinieren um die Vorteile beider Architekturkonzepte zu vereinen. Dies führte als bisher letzter Schritt in der Entwicklung der Anwendungsarchitektur zu einem mehrstufigen Architekturkonzept, der so genannten Multi-Tier-Architektur.

Diese Architektur vereinigt praktisch alle Vorteile der bisher dargestellten Architekturmodelle. Sie ermöglicht verteilte Anwendungen sowohl mit intelligenten Clients wie auch mit Web Clients, sie unterstützt Web-Technologien und stellt Middleware-Services für die Implementierung der Geschäftslogik bereit.

Die Zusammenfassung der heterogenen Middleware-Services in einen neuen Systembaustein als Laufzeitumgebung für Komponenten, den Application-Server, führt uns schließlich zu der in Bild 18.1 dargestellten Architektur, wobei natürlich auch hier aus Gründen der Skalierbarkeit, Performance oder Verfügbarkeit einzelne Aufgaben auf mehrere physikalische Systeme verteilt werden können.

Dieses Architekturkonzept ist gekennzeichnet durch einfache SW-Verteilung, hohe Skalierbarkeit, Performance und Ausfallsicherheit. Die am Markt verbreiteten Komponentensysteme – Java und .NET – realisieren genau diese Architektur (Kapitel 11, 12).

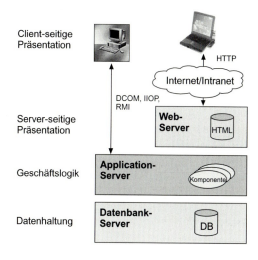

Bild 18.1
Multi-Tier-Architektur
mit Application-Server

18 Multi-Tier-Architektur

18.1 Application-Server

Mit der Client-Server-Architektur und der gleichzeitig zunehmenden Vielfalt von Hardware- und Betriebssystemen nahm die Anzahl der verfügbaren Middleware-Produkte sprunghaft zu. Zwar war es damit möglich, Anwendungen in kürzerer Zeit und mit größerer Funktionalität zu entwickeln, jedoch konfrontierten sie den Entwickler mit einer unüberschaubaren Anzahl von meist proprietären APIs.

Als äußerst hilfreich erwies sich, dass sich nach vielen Jahren der Entwicklung Objektorientierung und Komponententechnologie auf breiter Front durchzusetzen begannen. Damit konnten nicht nur Komponenten vom Markt gekauft und eigene Komponenten leichter wieder verwendet werden, es entstand auch eine neue Kategorie von Middleware, der Application-Server.

Er bietet einheitliche Schnittstellen für Zugriffe auf Datenbanken, Messaging-Systeme und Transaktionsmonitore sowie Unterstützung von Autorisierung und Authentisierung beim Zugriff auf geschützte Daten und Anwendungen.

Zusätzlich verfügt er über Dienste, die die Laufzeiteigenschaften von Anwendungen verbessern wie Ausfallsicherheit, Hochverfügbarkeit und Cluster-Unterstützung. Er garantiert die Skalierbarkeit von Anwendungen, deren Benutzerzahlen gerade im E-Commerce oft nicht vorhergesehen werden kann.

Komponenten nutzen diese Eigenschaften und Funktionen mittelbar über den Component-Container, der die benötigten Infrastrukturdienste für die Komponenten bereitstellt. Application-Server, und damit entsprechende Component-Container gibt es für Enterprise JavaBeans und .NET Managed Components. Zwar definiert auch das CORBA Component Model (Kapitel 10) einen Container, jedoch spielt diese Technologie in der Praxis bisher kaum eine Rolle. Java Application Server werden von verschiedenen Herstellern angeboten. Bei Windows ist der Application-Server bereits im .NET Framework integriert.

Der Nutzung der Container Services liegt ein deklarativer Ansatz zugrunde. Damit werden die Laufzeiteigenschaften des Systems nicht bei der Implementierung sondern erst beim so genannten Deployment, dem Verteilen des Codes auf die Zielsysteme, festgelegt. Diese Einstellungen sind später jederzeit änderbar, ohne dass der Code modifiziert werden muss.

Damit reduziert sich die Programmierung fast vollständig auf die Realisierung der Geschäftslogik. Vorteile für den Entwickler sind die geringere Komplexität in der Anwendungsentwicklung, die erhöhte Wiederverwendbarkeit und damit letztlich eine Steigerung der Qualität und Produktivität.

19 Mobile Anwendungen

Mit ständig wachsender Prozessorleistung und zunehmender Bandbreite bei gleichzeitig fallenden Preisen nimmt die Zahl mobiler Endgeräte beständig zu. Es gibt sie heute in einer großen Vielfalt sowohl mit eigener Intelligenz als auch mit einem Browser als Benutzeroberfläche. Damit werden traditionelle E-Business-Funktionen auch auf mobilen Endgeräten verfügbar, neue Anwendungsszenarien wie ortsabhängige Services und Benachrichtigungsdienste kommen dazu.

Eine wesentliche Voraussetzung ist die Verfügbarkeit leistungsfähiger Übertragungstechniken. Hier ist heute das Global System for Mobile Communication (GSM) mit einer Bandbreite von bis zu 14.4 kbit/s das für mobile Endgeräte in Europa am weitesten verbreitete Protokoll. Die Nachfolgetechnologie, General Packet Radio Services (GPRS) basiert auf GSM, ist aber im Gegensatz zu diesem nicht verbindungs- sondern paketorientiert. Es erlaubt damit die dauerhafte Verbindung mit dem Netz, da die Abrechnung auf der Basis der übermittelten Datenmenge und nicht auf der Basis der Dauer der Netzverbindung erfolgt. Es ermöglicht Datenraten bis 56 kbit/s. GSM und GPRS bilden heute die technische Grundlage für mobile Anwendungen in den unterschiedlichsten Bereichen.

Die Einführung von Universal Mobile Telecommunications Service (UMTS) mit einer Übertragungsrate bis zu 2 Mbit/s wird neue Anwendungsszenarien insbesondere in Bereichen wie Video-Konferenzen, Video Streaming und Video on Demand ermöglichen. Jedoch wird es noch Jahre dauern, bis die benötigte Netzinfrastruktur flächendeckend zur Verfügung steht.

Das in Europa am weitesten verbreitete Protokoll für die Kommunikation mit einem Server ist das Wireless Application Protocol (WAP). Es ist eine an die beschränkten Übertragungsmöglichkeiten von drahtlosen Netzen angepasste Variante des HTTP-Protokolls und arbeitet mit allen heute existierenden und geplanten Übertragungstechnologien zusammen.

Intelligente Geräte erlauben über APIs den Zugriff auf Funktionen des Betriebssystems und damit die Entwicklung eigener Client-Anwendungen. Hier setzen sich genau wie bei herkömmlichen Anwendungen zunehmend Java und das .NET Framework in den speziellen Ausprägungen der J2ME bzw. des .NET Compact Framework als Systemplattformen durch (Kapitel 11.6, 12.5). Verteilte Java- oder .NET-Anwendungen können mit den gewohnten Entwicklungsumgebungen realisiert werden, lediglich bei der Gestaltung der Benutzeroberfläche müssen die speziellen Darstellungs- und Eingabemöglichkeiten der Geräte berücksichtigt werden.

19 Mobile Anwendungen

Intelligente mobile Geräte haben gegenüber Browser-basierten Geräten eine Reihe von Vorteilen. So ist zum Beispiel asynchrones Verschicken von Nachrichten möglich, das heißt ein Client kann auch dann weiterarbeiten, wenn er gerade einmal keine Netzverbindung hat. Außerdem reicht es aus, Nettodaten zu übertragen, da der Client allein für deren Darstellung zuständig ist. Einen Nachteil dieser Architektur haben Sie schon bei klassischen Client-Server-Anwendungen kennen gelernt: Die Softwareverteilung auf den Client ist unter Umständen aufwändig und damit kostenintensiv.

Für die Präsentation von Webseiten auf mobilen Browser-basierten Endgeräten wie Mobiltelefonen oder PDAs wurde die Wireless Markup Language (WML) entwickelt. WML ist Teil der WAP-Spezifikation [48], weist in Teilbereichen große Ähnlichkeiten mit HTML auf und ist an die meist geringe für die Ausgabe zur Verfügung stehende Fläche angepasst. Für die Anzeige von WML-Daten ist ein WAP-Browser erforderlich.

Da die Darstellungsmöglichkeiten auf mobilen Endgeräten zum Beispiel aufgrund unterschiedlicher Bildschirmgrößen sehr verschieden sind, müssen die Inhalte von der Anwendung an die auf dem Endgerät vorhandenen Darstellungsmöglichkeiten angepasst werden. Dies ist häufig keine leichte Aufgabe, insbesondere dann, wenn von einer Anwendung verschiedene Gerätetypen unterstützt werden müssen.

Die Architektur einer mobilen IT-Lösung unterscheidet sich nicht grundsätzlich von der bereits dargestellten Multi-Tier-Architektur. Der einzige Unterschied ist, dass die Rolle des Kommunikationspartners des Clients auf der Server-Seite jetzt von einem WAP-Server übernommen wird. Geschäftslogik und Datenhaltung sind von der Art des Clients völlig unabhängig. Aus diesem Grund ist es auch möglich, dass Anwendungen sowohl stationäre als auch mobile Browser bedienen (Bild 19.1), wenn in der Architektur sowohl ein Web- als auch ein WAP-Server vorgesehen werden.

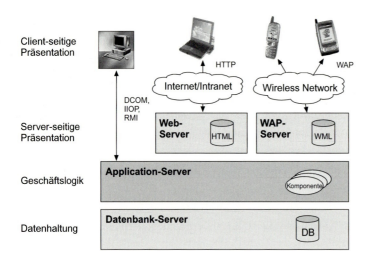

Bild 19.1 Einfache Anwendungsarchitektur für mobile Clients

Allerdings führt die Verwendung verschiedener Datenformate dazu, dass Anwendungen, die sowohl mobile als auch stationäre Clients bedienen müssen, für jede der beiden Welten eigene Inhalte, Skripts oder Templates auf der Basis von HTML bzw. WML bereitstellen müssen. Die Konsequenz sind erhebliche Redundanzen im Bereich der Datenhaltung und bei der Seitengenerierung. Zwar kann zur Vermeidung dieses Problems aus bestehenden HTML-Daten WML generiert werden, dies führt aber nicht immer zu befriedigenden Ergebnissen.

Wie Sie gesehen haben, erlaubt die XML Stylesheet Language (Kapitel 8.5.2) eine elegante Möglichkeit zur Zusammenführung beider Welten. Sie ermöglicht die Generierung der für die unterschiedlichsten Gerätetypen passenden Formate, zum Beispiel HTML oder WML mit Hilfe von gerätespezifischen Stylesheets aus einer einheitlichen XML-Darstellung.

19.1 WAP-Gateway und WAP-Server

Um von mobilen Endgeräten aus über WAP auf Unternehmensanwendungen und -daten zugreifen zu können, ist an der Nahtstelle zwischen dem Funknetz und dem Internet eine Umsetzung des WAP-Protokolls auf das HTTP-Protokoll erforderlich. Die ist die Aufgabe des WAP-Gateways (Bild 19.2).

Anschließend wird der gesendete URL an einen WAP-Server weitergeleitet, der ähnlich wie der Web-Server entweder direkt auf die gewünschte Seite zugreift oder den Request an eine Anwendung weiterleitet, die den gewünschten Inhalt erzeugt. Die Inhalte werden dann an den Client zurückgeschickt, wobei das WAP-Gateway wieder für die Protokollumwandlung, diesmal von HTTP in WAP, zuständig ist.

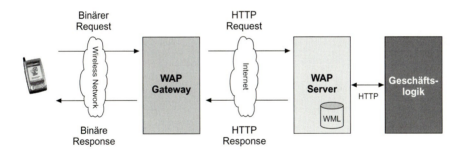

Bild 19.2 WAP-Architektur

20 Portale

Mit der Möglichkeit über einen Browser auf Informationen und Anwendungen zuzugreifen entstand auch bald der Wunsch mehrere unterschiedliche Informationsströme auf einem einzigen Bildschirm zusammenzufügen und diese an die persönlichen Bedürfnisse und Rechte der Benutzer anpassen zu können. Basierend auf HTML Frames kam es zur Entwicklung von Portalen.

Portale gibt es für unterschiedliche Zielgruppen in verschiedenen Ausprägungen. Portale wie Yahoo, Amazon oder eBay werden täglich von Millionen von Benutzern aufgerufen. Sie wenden sich an den Endverbraucher und werden deshalb als B2C (Business to Consumer) Portale bezeichnet.

Auch bei der Zusammenarbeit zwischen Unternehmen spielen zunehmend Portale eine Rolle, zum Beispiel bei der elektronischen Abwicklung von Bestellungen. Wir sprechen hier von B2B-(Business to Business)-Portalen. Sie werden auch im Rahmen elektronischer Marktplätze beispielsweise in der Automobil- oder chemischen Industrie eingesetzt.

B2E-(Business to Employee)-Portale werden von großen Unternehmen eingesetzt um den Mitarbeitern auf möglichst komfortable Weise Zugang zu unternehmensinternen Daten und Anwendungen zu ermöglichen (Bild 20.1).

Bild 20.1
Das Siemens-Mitarbeiter-Portal

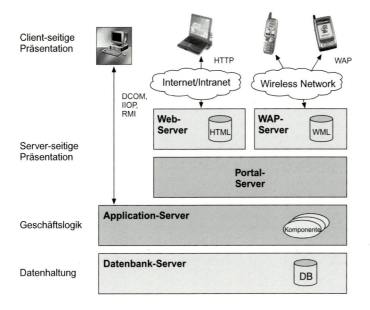

Bild 20.2 Anwendungsarchitektur mit einem Portal-Server

Alle diese Portale haben viele Anforderungen gemeinsam: Eine skalierbare Infrastruktur, leistungsfähige Präsentationsfunktionen sowie ein Framework zum einfachen Erstellen von Bausteinen für ein Portal. Von großer Wichtigkeit sind vor allem Personalisierungsfunktionen, die es jedem Benutzer erlauben, auf die für ihn interessantesten und wichtigsten Informationen zuzugreifen.

Es gibt natürlich auch spezifische Anforderungen, die vom jeweiligen Einsatzzweck abhängen. Bei B2E-Portalen werden im Allgemeinen Authentisierungsfunktionen und Funktionen zur Steuerung der Zugangskontrolle große Bedeutung haben. Auch die Möglichkeit der Integration von Unternehmensdaten und -anwendungen ist hier von großer Bedeutung. Bei B2C-Portalen spielen Hochverfügbarkeit und Skalierbarkeit eine wichtige Rolle um Kunden jederzeit einen performanten Zugang zu gewährleisten, da andernfalls sofort Umsatzeinbußen drohen würden.

Waren Portale ursprünglich unternehmensspezifische Anwendungen, so hat sich hier – zumindest in der Java-Welt – aufgrund von immer wiederkehrenden Anforderungen an Portallösungen eine eigene Produktkategorie herausgebildet, die Portal-Server. Auf der Windows-Plattform sind entsprechende Funktionen im Betriebssystem oder in speziellen Aufsatzprodukten enthalten.

In der Anwendungsarchitektur ist der Portal-Server genau wie der Web-Container der Server-seitigen Präsentationsschicht zuzuordnen (Bild 20.2), da seine Hauptaufgabe darin besteht, die auf dem Server vorliegenden Informationen in ein vom Browser darstellbares Format umzuwandeln.

20.1 Portal-Server

Die zentrale Komponente bei einem Portal-Server ist die Portal Engine. Ihre Aufgabe ist die Analyse eingehender Requests, die Aggregation von Inhalten aus unterschiedlichen Quellen und die Ausgabe auf den verschiedenen unterstützten Endgeräten (Bild 20.3).

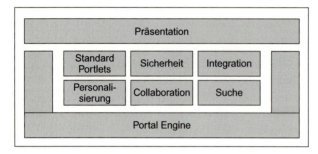

Bild 20.3
Struktur eines Portal-Servers

Die Unterteilung einer Portal-Seite in Teilfenster erfolgt durch Frames, die in Template-Dateien festgelegt werden. Die einzelnen Frames werden von Portlets bedient, die Sie sich als eine besondere Form von Servlets vorstellen können, mit dem Unterschied, dass sie nur einen Teil des Gesamtfensters bedienen. So könnte ein Portlet zum Beispiel den Posteingangskorb eines Mitarbeiters anzeigen oder Daten aus einem Bestellsystem darstellen.

Eine weitere Aufgabe des Portals ist zunehmend die Unterstützung von mobilen Endgeräten. Dies führte unter anderem aus Sicherheitsgründen dazu, dass insbesondere im B2E-und B2B-Bereich eingesetzte Portal-Server von vornherein über ein integriertes WAP-Gateway (Kapitel 19.1) verfügen.

Ein Portal-Server enthält eine Vielzahl von Funktionen, die für den Aufbau einer Portal-Seite benötigt werden. Die Benutzerverwaltung speichert die benutzer- und rollenspezifischen Informationen, die in Bezug auf die abzuwickelnden Geschäftsprozesse benötigt werden. Anwender haben die Möglichkeit, sich am Portal anzumelden und Präferenzen und Account-Informationen selbst zu verwalten. Alternativ können auch die in einem Directory Service gespeicherten Daten zum Einsatz kommen, die häufig zentral für eine Organisation oder ein Unternehmen verwaltet werden.

Beim Zugriff auf sicherheitsrelevante Anwendungen oder Daten überprüft das Sicherheitssystem zunächst die Authentizität eines Benutzers. Das geschieht bei den meisten Systemen auf der Basis von Benutzerkennung und Passwort, es kommen aber auch Public-Key-Infrastructure-(PKI)-Verfahren und digitale Zertifikate zum Einsatz. Da ein Anwender über ein Portal Zugriff auf mehrere unabhängige Anwendungen haben kann, ist Single-Sign-On-(SSO)-Funktionalität sehr wünschenswert. Damit können die Zugriffsrechte zu verschiedenen Portlets über einen einzigen zentralen Zugangscode geregelt werden.

Die Präsentationsservices haben die Aufgabe, auf den Request eines Anwenders zu reagieren, entsprechende Komponenten zu starten, die gelieferten Ergebnisse den Darstellungsmöglichkeiten des jeweiligen Endgerätes und den Einstellungen des Anwenders entsprechend aufzubereiten und auszugeben.

Jeder Anwender hat die Möglichkeit, Aufbau und Inhalte einer Portalseite an seine persönlichen Bedürfnisse anzupassen. Durch eine Analyse des Navigationsverhaltens eines Anwenders können Rückschlüsse auf dessen besondere Interessen gezogen werden. Damit können dynamisch die am besten passenden Informationsangebote ausgewählt werden. Diese Funktionalität wird häufig von E-Commerce-Seiten verwendet, um einem Kunden die für ihn interessantesten Angebote anzuzeigen.

Von Portalen aus wird natürlich auch der Zugriff auf Unternehmensanwendungen und -daten benötigt. Dazu stellt der Portal-Server entsprechende Integrationsmöglichkeiten bereit. So können J2EE-Anwendungen und über JCA auch andere Unternehmensanwendungen integriert werden. Für den Datenaustausch spielt XML eine immer größer werdende Rolle. Dienste und Anwendungen von Partnern, Kunden oder kommerziellen Anbietern können als Web Services integriert werden. Portale stellen außerdem vorgefertigte Portlets und Adapter für den Zugriff auf häufig genutzte Informationsquellen und Anwendungen bereit.

Collaboration-Funktionen helfen die Zusammenarbeit von Mitarbeitern auch über Unternehmensgrenzen hinweg zu verbessern und gewinnen zunehmend an Bedeutung. Dazu gehören beispielsweise Funktionen wie E-Mail, gemeinsame Kalender und Adressbücher oder die Unterstützung virtueller Teams. Die meisten Portal-Server enthalten auch eine eigene Suchmaschine, die es erlaubt in allen zur Verfügung stehenden Datenquellen zu suchen.

Zu einem Portal-Server gehört stets auch eine Anzahl von Standard Portlets, die für eine Reihe von verbreiteten Anwendungsfällen bereits die benötigte Funktionalität implementieren und somit als vorgefertigte Bausteine in einer Portallösung verwendet werden können.

21 Enterprise Application Integration

In den letzten dreißig Jahren ist in den meisten großen Unternehmen eine heterogene Systemlandschaft mit unterschiedlichen Hardwareplattformen und verschiedenen Betriebssystemen entstanden. Viele Anwendungen, sowohl gekaufte Standardsoftware als auch Eigenentwicklungen mit unterschiedlichen Oberflächen und Datenhaltungen, unterstützen die Geschäftsabläufe.

Bedingt durch die Globalisierung und die weltweite Vernetzung ist die Automatisierung von unternehmensweiten Geschäftsprozessen heute oft ein wesentlicher Wettbewerbsfaktor. Auch bei Fimenübernahmen oder -zusammenschlüssen ist es normalerweise notwendig Prozesse zu automatisieren und zu integrieren.

Aufgrund gewachsener, heterogener IT-Infrastrukturen ist die Integration der entsprechenden Anwendungen jedoch meistens ein sehr komplexes Problem.

Grundsätzlich unterscheidet man folgende verschiedenen Integrationsarten, entsprechend den Ebenen des Architekturmodells:

- Integration auf Präsentationsebene
- Integration auf Geschäftslogikebene und
- Datenintegration

Die erste Integrationsart, die überhaupt angewendet wurde, war die Datenintegration. Sie ermöglicht den Datenaustausch zwischen Anwendungen. Bei Mainframeanwendungen wurde dies oft durch einfache Prozeduren und Filetransfers gelöst, heute bieten Datenbanken komfortable Schnittstellen um Daten auszulesen oder zu laden. Diese Integrationsart bietet sich dann an, wenn Daten von einer Anwendung zu einer anderen lediglich weitergegeben werden müssen, wie zum Beispiel bei Data-Warehouse-Anwendungen. XML gewinnt hier wegen seiner Plattformunabhängigkeit stark an Bedeutung.

Eine reine Oberflächenintegration wird häufig verwendet, um Altanwendungen zu modernisieren. Dazu werden die Eingaben, die der Benutzer über eine grafische Oberfläche macht, auf die von der Anwendung erwarteten Kommandozeilen abgebildet. Die ebenfalls zeichenorientierten Ausgaben der Anwendung werden aufbereitet und in einem grafischen Fenster dargestellt. Häufig werden dabei mehrere Benutzereingaben zu einer einzigen zusammengefasst oder erlaubte Eingabedaten in Form von Menüs angezeigt. Natürlich ist es auch möglich mehrere, bisher voneinander unabhängige Anwendungen unter einer einzigen Oberfläche zusammenzufassen.

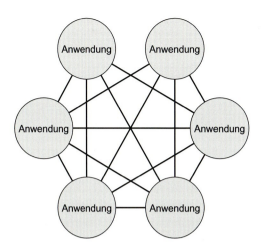

Bild 21.1
Punkt-zu-Punkt-Integration

Die Integration auf Geschäftslogikebene setzt voraus, dass die einzelnen Anwendungen über Programmschnittstellen verfügen, über die auf die Geschäftslogik zugegriffen werden kann. Während moderne, komponentenorientierte Anwendungen und in den meisten Fällen inzwischen auch Standard-Software solche Schnittstellen bieten, sind Altanwendungen meistens geschlossene Systeme, die außer der Benutzerschnittstelle keinerlei Zugang zu den Funktionen der Geschäftslogik enthalten. Neben der bereits erwähnten Oberflächenintegration werden hier so genannte Wrapping-Methoden eingesetzt. Dabei wird die Anwendung praktisch mit einer Schale versehen, die sich nach außen wie eine Komponente verhält.

In der Vergangenheit erfolgte die Integration von Anwendungen in vielen Fällen durch Punkt-zu-Punkt-Verbindungen. Dabei wurden jeweils zwei Anwendungen durch geeignete Adapter miteinander verbunden, die es ihnen erlaubten, miteinander zu kommunizieren und Daten auszutauschen. Dies führte im Laufe der Zeit zu einer oft unüberschaubaren Vielzahl von Verbindungen mit der Konsequenz, dass es immer schwieriger und teurer wurde, weitere Anwendungen zu integrieren (Bild 21.1).

Um die beschriebene Problematik auf deutlich kostengünstigere und einfachere Weise lösen zu können, wurden schließlich Integration Server entwickelt, die Technologien und Methoden zur Lösung dieses Problems auf der Basis der oben beschriebenen Integrationsarten bereitstellen.

Dabei arbeitet der Integration-Server eng mit dem Application-Server zusammen. Er stellt nicht nur den Anschluss von Standard-Softwarepaketen und Altanwendungen, den so genannten Legacy-Systemen her, sondern unterstützt auch den Zugriff auf Daten in Datenbanken und Directories (Bild 21.2).

21 Enterprise Application Integration

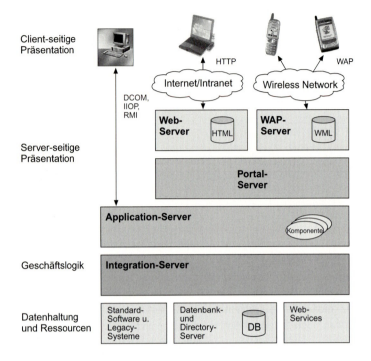

Bild 21.2 Integration-Server zum Anschluss von Anwendungen und Daten

21.1 Integration-Server

Für die Integration von Anwendungen auf der Geschäftslogikebene kann alternativ oder in Kombination entweder ein Komponenten-orientierter oder ein Message-orientierter Ansatz gewählt werden. Zunehmende Bedeutung erhält hier in Zukunft SOAP als Nachrichtenprotokoll, da es sowohl synchrone als auch asynchrone Kommunikation auf der Basis von Internet Standards unterstützt.

Die verbindungsorientierte und synchrone Kommunikation zwischen Komponenten in Form von Methodenaufrufen haben Sie bereits bei den diskutierten Komponentenmodellen kennen gelernt.

Im Unterschied dazu basieren Message oriented Middleware (MOM)-Messaging Systeme auf dem asynchronen Versenden von Nachrichten zwischen Anwendungen. MOM stellt eine Plattform bereit, die das Verschicken und Empfangen von Nachrichten über eine Message Queue oder über einen Message Bus gestattet. Die lose Kopplung macht MOM zu einer zentralen Technologie für EAI, da es hier nicht erforderlich ist, dass der Empfänger einer Nachricht jederzeit verfügbar ist.

Ein Integration-Server besteht aus einer Laufzeitumgebung, die die Architektur und die Mechanismen für die Kommunikation zwischen den Anwendungen bereitstellt. Dazu gehören Adapter für den Anschluss der verschiedenen Anwendungen und Komponenten, die es gestatten, Geschäftsprozesse zu definieren und zu automatisieren.

Integration-Server sind häufig als Hub-and-Spoke mit einem zentralen Hub (Bild 21.3) realisiert, der die Datentransformationen ausführt.

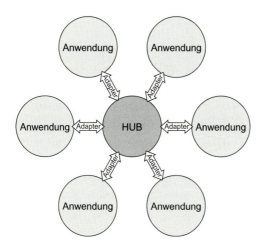

Bild 21.3
Hub-and-Spoke-Architektur

Der Anschluss einer Anwendung an den Integration-Server erfolgt über einen Adapter, dessen Aufgabe es ist, das anwendungsspezifische API auf ein für alle Anwendungen gemeinsames internes Format des Integration-Servers abzubilden. Die Hersteller von Integration-Servern liefern für Standard-Software-Systeme wie SAP, Siebel oder PeopleSoft bereits fertige Adapter mit. Auch für Middleware-Systeme gibt es fertige Adapter, z. B. ODBC, JDBC, COM+, CORBA, XML oder HTML. Für die Entwicklung von Adaptern für eigene Anwendungen gibt es entsprechende Entwickler-Toolkits.

Die Hub-and-Spoke-Architektur hat gegenüber einer Punkt-zu-Punkt-Verbindung folgende Vorteile:

- Adapter brauchen jeweils nur zu einer Anwendung zu passen, damit besteht die Möglichkeit, für Standard-Software-Pakete vorgefertigte Adapter anzubieten (z. B. durch den Hersteller).
- Die Anzahl der benötigten Adapter wächst nur linear mit der Anzahl der Anwendungen. Die Integration wird damit nicht nur billiger, sondern lässt sich auch schneller bewerkstelligen.
- Der Hub stellt einen zentralen Punkt bei allen anwendungsübergreifenden Aktionen dar und erhält damit die Möglichkeit die einzelnen ausgeführten Aktionen zu überwachen und zu steuern.

Leider gibt es noch keinen Standard, der APIs für Anwendungen festlegt, um deren Integration zu vereinfachen. Die Java Connector Architecture (Kapitel 11.7.5) ist bis-

21 Enterprise Application Integration

lang der erste Schritt in diese Richtung. Sie definiert Standard-Adapter für Anwendungen, die zu jedem J2EE-Application-Server passen, der die JCA unterstützt. Damit ist für jede Anwendung nur noch ein einziger JCA-Adapter notwendig.

Eine weitere sehr wichtige Aufgabe des Integration-Servers ist die Prozesssteuerung. Dazu verfügen EAI-Produkte in der Regel über grafische Modellierungstools zur Festlegung des Prozessablaufs, ein Repository, das die Prozessbeschreibungen speichert, und eine Process Engine, die den Prozess auf der Basis der Schnittstellen der integrierten Anwendungen steuert.

22 Multichannel-Integration

Das Zusammenwachsen von Informations- und Kommunikations-Plattformen ermöglicht es Unternehmen die Kundenbetreuung über verschiedene Kommunikationsmedien (Mail, Web-Browser, Telefon und Fax) anzubieten um die Qualität von Dienstleistungen und damit die Kundenzufriedenheit zu verbessern und zugleich die Kosten für die Kundenbetreuung zu reduzieren.

Eine neue Kategorie von Middleware, der Contact-Server, verbindet über die private Nebenstellenanlage (Private Branch Exchange, PBX) das klassische Telefonnetz einer Firma mit der Geschäftslogik ihrer Anwendungen (Bild 22.1).

Mehrere Hersteller bieten so genannte Multichannel-Integrationsplattformen an. Diese bestehen im Wesentlichen aus Servern, die auf die verschiedenen Kommunikationskanäle spezialisiert und eng miteinander integriert sind: Portale für Web-Browser und

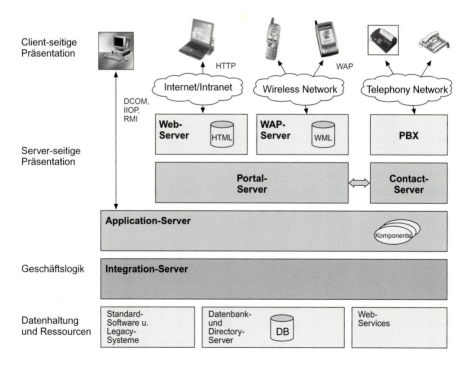

Bild 22.1 Contact-Server als Bindeglied zwischen Telefonnetz und Geschäftslogik

Voice-Browser oder Contact-Server für die Herstellung eines direkten Kontaktes mit einem Mitarbeiter eines Unternehmens, zum Beispiel einem Mitarbeiter in einem Call Center. Unter anderem werden Multichannel-Integrationsplattformen im Rahmen von CRM-(Customer Relationship Management)-Lösungen eingesetzt.

22.1 Contact-Server

Aufgabe des Contact-Servers ist es, die Kommunikation über das Telefon, die Beantwortung von E-Mails, die Kommunikation in Form von Chats oder auch das so genannte Co-Browsing, bei dem ein Agent sich direkt auf den Bildschirm des Kunden zuschalten kann, zu unterstützen.

Da diese Dienstleistungen alle von Menschen erbracht werden, sind sie kostenintensiv und fehleranfällig. Die automatisierte Wahl des Kommunikationsweges auf der Basis von Regeln führt zu einer größeren Kundenzufriedenheit und zu reduzierten Kosten.

Portal-Server und Contact-Server arbeiten eng miteinander zusammen und bilden zusammen die Front-End-Komponenten einer Collaboration-Lösung. Der Portal-Server stellt dabei die Self-Services bereit, also automatisierte Dienste, die ein Anwender selbständig bedienen kann, zum Beispiel den Zugriff auf Informationen über einen Browser, die Bedienung einer Anwendung oder die Eingabe von Daten über einen geführten Sprachdialog. Der Contact-Server liefert Services, bei denen der Anwender die Hilfe eines Menschen benötigt.

Die wichtigsten Funktionen eines Contact Servers sind

- eine gemeinsame Warteschlange zur einheitlichen Verwaltung von Anfragen aus unterschiedlichen Eingabekanälen, z. B. Telefon, Fax oder E-Mail.
- eine Routing Komponente zur Bewertung von Anfragen und zum Auffinden eines passenden Ansprechpartners basierend auf einer Routing Datenbank.
- Unterstützung von Co-Browsing, d. h. der Möglichkeit, dass sich ein Agent auf den Bildschirm eines Kunden zuschaltet.
- Schnittstellen zum CRM System zur Übergabe von Informationen über den Kunden oder zum Generieren von Web Seiten.

Schnittstellen zu Application-Server und Integration-Server ermöglichen die Steuerung von Geschäftsprozessen und den Zugriff auf Daten der vorhandenen Back-End-Systeme. Damit können zum Beispiel die Daten einer Bestellung bereits mit der Vermittlung eines Kunden an einen Mitarbeiter in einem Call Center auf dessen Bildschirm dargestellt werden.

23 Systemarchitektur einer E-Business-Lösung

In den vorhergehenden Kapiteln wurde die schrittweise Entwicklung der Systemarchitektur beschrieben. Sie ist auf der hohen Abstraktionsebene, die für die Darstellung verwendet wurde, für die J2EE- und .NET-Plattform nahezu identisch.

Auch die Systembausteine, die sich entwickelt haben, und ohne die die heute geforderte Funktionalität und Qualität von IT-Lösungen in vertretbarem Zeit- und Kostenrahmen nicht möglich wäre, sind – zumindest konzeptuell – in beiden Welten die gleichen.

Das bedeutet jedoch nicht, dass die beiden Systemplattformen gegeneinander austauschbar wären. Außer funktionalen Unterschieden, die insbesondere auf tieferen Ebenen, zum Beispiel bei der Verarbeitung von Transaktionen oder bei der Integration von Web Services sehr wohl existieren, sind Faktoren wie Kosten, Hochverfügbarkeit, Skalierbarkeit oder bestehende IT-Infrastruktur nur einige, die bei der Auswahl einer Systemplattform eine bedeutende Rolle spielen können.

Es darf auch nicht übersehen werden, dass Sie es in der Java-Welt nicht mit einer homogenen Landschaft von Systembausteinen zu tun haben. Trotz der fortgeschrittenen Standardisierung gibt es hier eine ganze Reihe von Herstellern, die Produkte mit sehr unterschiedlichen, da über den Standard hinausgehenden Eigenschaften anbieten. Insbesondere beim Zusammenspiel von Produkten unterschiedlicher Hersteller sind Fragen wie Schnittstellenkompatibilität oder Abdeckung der festgelegten Anforderungen genau zu untersuchen.

Bild 23.1 stellt die heute allgemein akzeptierte Architektur einer E-Business-Lösung dar. Wegen der historischen Entwicklung dieser Architektur sowie aufgrund der in Teil II dieses Buches besprochenen Eigenschaften von Komponentensystemen ist es hier nicht mehr notwendig, dieses Architekturbild im Detail zu kommentieren.

Der nächste Schritt in der Entwicklung zeichnet sich durch die zunehmende Standardisierung im Bereich der Web Services ab. Dadurch wird es Unternehmen neben der heute schon verbreiteten Nutzung dieser Technologie für die Integration von Komponenten und Anwendungen auf heterogenen Plattformen zusätzlich ermöglicht, Dienste von Partnern, Kunden oder Service Providern in eigene Lösungen zu integrieren und ihre Geschäftsprozesse zu automatisieren.

23 Systemarchitektur einer E-Business-Lösung

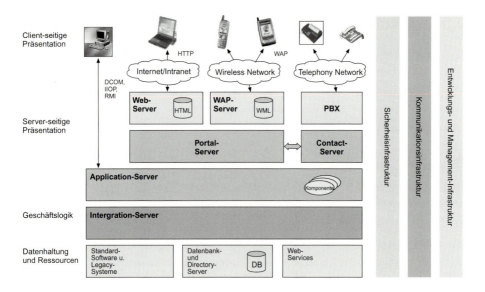

Bild 23.1 Systemarchitektur einer modernen E-Business-Lösung

Zum Abschluss sollen nur einige, bisher noch nicht angesprochene Aspekte wenigstens noch kurz erwähnt werden.

- Neben den behandelten Architekturbausteinen gibt es eine Reihe von Querschnittsthemen, die im Rahmen dieses Buches nicht behandelt wurden, die aber bei der Erstellung einer IT-Lösung unbedingt beachtet werden müssen. Von größter Bedeutung sind hier zum Beispiel die Sicherheits- und die Kommunikationsinfrastruktur, die sich über alle Ebenen (Tiers) einer Anwendung hinweg auswirken.
- Eine entscheidende Rolle bei der Implementierung und beim Betrieb einer Anwendung spielen auch die eingesetzten Werkzeuge. Die bei der Erstellung einer IT-Lösung notwendigen Arbeitsschritte wie Modellierung von Geschäftsprozessen, Softwaredesign, Programmierung sowie Komponenten-, Funktions- und Lasttest sind nur mit leistungsfähigen Werkzeugen überhaupt noch zu bewerkstelligen. Auch der zuverlässige Betrieb von Anwendungen mit Hochverfügbarkeit, Zuverlässigkeit und Performance muss mit geeigneten Management-Werkzeugen überwacht und gesteuert werden.

Literaturverzeichnis

Bücher

World Wide Web

[1] Welzel, Peter: *Datenübertragung*. Vieweg, 2001

[2] Black, Uyless: *Internet Architecture*. Prentice Hall PTR, 2000

[3] Wilde, Erik: *World Wide Web*. Springer Verlag, 1999

HTML, XML, XHTML

[4] Rebholz, Gary: *How to use HTML and XHTML*. SAMS Publishing, 2001

[5] Münz, Stefan; Nefzger, Wolfgang: *HTML Web-Publishing Handbuch*. Franzis' Verlag, 2002

[6] Harold, Elliotte Rusty: *Die XML-Bibel*. mitp-Verlag, 2002

CORBA

[7] Siegel, Jon: *CORBA 3 Fundamentals and Programming*. Wiley, 2000

Java

[8] Abts, Dietmar: *Grundkurs JAVA*. Vieweg, 2002

[9] Walsh, Aaron; Fronckowiak, John: *Java*. mitp-Verlag, 2002

[10] Arnold, Ken; Gosling, James; Holmes, David: *Die Programmiersprache Java*. Addison-Wesley, 2001

[11] Campione, Mary; Walrath, Kathy; Huml, Alison: *The Java Tutorial*. Third edition. Addison-Wesley Professional, 2001

[12] Roman, Ed; Ambler, Scott W.; Jewell, Tyler: *Mastering Enterprise JavaBeans*. John Wiley & Sons, Inc., 2002

[13] Denninger, Stefan; Peters, Ingo: *Enterprise JavaBeans TM 2.0*. Addison-Wesley, 2002

[14] Backschat, Martin; Gardon, Otto: *Enterprise JavaBeans*. Spektrum Akademischer Verlag, Heidelberg, Berlin, 2002

[15] Langner, Thorsten: *Verteilte Anwendungen mit Java*. Markt+Technik Verlag, 2002

[16] Hendricks, Mac; Galbraith, Ben; Romin, Irani; Milbery, James; Modi, Tarak; Tost, Andre; Toussaint, Alex; Basha, S. Jeelani; Cable, Scott: *Professional Java Web Services*. Wrox Press Ltd., 2002

.NET

[17] Platt: *Microsoft .NET – Eine Einführung*. Microsoft Press, 2002

[18] Thuan Thai & Hoang Q. Lam: *.NET Framework, Essentials*. O'Reilly, June 2001

[19] Prosise: *Microsoft .NET Entwicklerhandbuch*. Microsoft Press, 2002

[20] Reilly: *ASP.NET*. Microsoft Press, 2002

[21] Sceppa: *ADO.NET – Das Entwicklerbuch*. Microsoft Press, 2002

[22] Richter, Jeffrey: *Applied Microsoft .NET Framework Programming*. Microsoft Press, 2002

[23] Vasters, Clemens: *.NET Enterprise Services*. Hanser, 2002

Spezifikationen

World Wide Web

[24] *INTERNET PROTOCOL, DARPA INTERNET PROGRAM, PROTOCOL SPECIFICATION*. IETF, September 1981

[25] *TRANSMISSION CONTROL PROTOCOL, DARPA INTERNET PROGRAM, PROTOCOL SPECIFICATION*. IETF, September 1981

[26] *Uniform Resource Identifiers (URI): Generic Syntax*. The Internet Society, 1998

[27] *Hypertext Transfer Protocol – HTTP/1.1*. The Internet Society, 1999

[28] *An Extension to HTTP: Digest Access Authentication*. W3C Network Working Group, 1997

SGML, HTML, XML, XHTML

[29] International Organization for Standardization, ISO 8879: *Information Processing – Text and office systems – Standardized Generalized Markup language (SGML)*. 1986

[30] *HTML 4.01 Specification*. W3C Recommendation, 24 December 1999

[31] *Cascading Style Sheets, level 1*. W3C Recommendation 17 Dec 1996, revised 11 Jan 1999

[32] *Cascading Style Sheets, level 2*. W3C Recommendation 12-May-1998

[33] *XHTML 10.: The Extensible HyperText Markup Language. A Reformulation of HTML 4 in XML 1.0*. W3C Recommendation 26 January 2000

[34] *Extensible Markup Language (XML) 1.0 (Second Edition)*. W3C Recommendation 6 October 2000

[35] *Namespaces in XML.* World Wide Web Consortium, 14 January 1999

[36] *XML Schema Part 0: Primer.* W3C Recommendation, 2 May 2001

[37] *XML Schema Part 1: Structures.* W3C Recommendation, 2 May 2001

[38] *XML Schema Part 2: Datatypes.* W3C Recommendation, 2 May 2001

[39] *XML Path Language (XPath) Version 1.0.* W3C Recommendation 16 November 1999

[40] *XML Linking Language (XLink) Version 1.0.* W3C Recommendation 27 June 2001

[41] *XML Pointer Language (XPointer) Version 1.0.* W3C Candidate Recommendation 11 September 2001

[42] *XML-Signature Syntax and Processing.* W3C Recommendation, February 2002

[43] *XML Encryption Requirements.* W3C Note, March 2002

[44] *XSL Transformations (XSLT) Version 2.0.* W3C Working Draft 16 Auguat 2002

[45] *Extensible Stylesheet Language (XSL) Version 1.0.* W3C Recommendation 15 October 2001

[46] *XHTML™ 1.0 The Extensible HyperText Markup Language (Second Edition).* W3C Recommendation 26 January 2000, revised 1 August 2002

Mobile Endgeräte

[47] *WAP Architecture.* WAP Forum, July 2001

[48] *Wireless Markup Language.* WAP Forum, September 2001

Web Services

[49] *SOAP Version 1.2, Part 1, 2.* W3C Candidate Recommendation, December 2002

[50] *Web Services Description Language 1.1.* W3C Note, March 2001

[51] *UDDI Technical White Paper.* UDDI.ORG, September 2000

[52] *Web Services Architecture.* W3C Working Draft, 12 November 2002

CORBA

[53] *Common Object Request Broker Architecture: Core Specification.* OMG, December 2002

Sonstiges

[54] *Integration Technology for the Enterprise.* White Paper, Siemens AG, 2001

Stichwortverzeichnis

(3-Tier)-Architekturmodell 187
.NET Framework 134, 147, 160, 194-195

A

Abstract Windows Toolkit (AWT) 112
ACID 189
action-Attribut 45, 47
actor-Attribut 165
ADO.NET 145, 148-149, 160
a-Element 42
Anker 88
Anwendungsserver 187
Applets 106-109, 128, 192
Application Domains 138-139
Application Objects 94-95
Application Server 12, 117, 120, 122-123, 131-132, 147, 192-194, 203, 206, 208
ASCII 18, 24, 64
ASP.NET 146, 149, 153-158, 160, 192
Assembly 136-138, 153
ATM 16
Attribute 31, 33
Authentisierung 28, 194
AWT *siehe* Abstract Windows Toolkit

B

B2B *siehe* Business to Business
B2C *siehe* Business to Consumer
B2E *siehe* Business to Employee
bean-managed Persistence 122
bindingTemplate 178
Body 39, 166
body-Element 43, 52
Boxing 141
br-Element 41, 91
Business to Business (B2B) 198, 200

Business to Consumer (B2C) 198
Business to Employee (B2E) 198-200
businessEntity 177
businessService 177
Bytecode 104, 115

C

C Virtual Machine (CVM) 116
C# 135, 139, 141-143, 153-154, 158, 164
C++ 49, 97, 100, 105, 108, 136, 139, 141-143
CAO *siehe* Client-activated objects
Cascaded Stylesheets (CSS) 51, 71-72, 80
CCI *siehe* Common Client Interface
CCM *siehe* CORBA Component Model
CCW *siehe* COM Callable Wrappers
CDC *siehe* Connected Device Configuration
CGI *siehe* Common Gateway Interface
CGI-Anwendung 49, 128
CGI-Parameter 49
CGI-Programm 21, 25, 46-48
CGI-Skript 48-49, 128, 192
CLDC *siehe* Connected Limited Device Configuration
Client Proxy 97-98, 100-101
Client-activated objects (CAO) 146
CLR *siehe* Common Language Runtime
CLS *siehe* Common Language Specification
Codebehind-Technik 154-155
Collaboration 201, 208
Collections 115
cols-Attribut 43
COM Callable Wrappers (CCW) 148

COM *siehe* Component Object Mode
COM+ 147, 205
Common Client Interface (CCI) 131
Common Gateway Interface (CGI) 47, 49, 61
Common Language Runtime (CLR) 134-144, 147, 156, 160-161
Common Language Specification (CLS) 139, 141-143
Common Object Request Broker Architecture (CORBA) 94-96, 164, 170, 194, 205
Common Type System (CTS) 139, 141, 147
Common Warehouse Metamode (CWM) 94
Component Object Model (COM) 139, 146-148, 192
Connected Device Configuration (CDC) 116
Connected Limited Device Configuration (CLDC) 116
Contact-Server 207-208
container-managed Persistence 122
Cookie 29, 158, 172
CORBA *siehe* Common Object Request Broker Architecture
CORBA Component Model (CCM) 103
CORBA Facilities 94-95
CORBA Services 94-95, 103
CSS *siehe* Cascaded Stylesheets
CTS *siehe* Common Type System
CVM *siehe* C Virtual Machine
CWM *siehe* Common Warehouse Metamode

D

Datenbank-Management-Systeme (DBMS) 188-189
Datenbankserver 187
Datenhaltungsschicht 187

214

Datenintegration 202
DBMS *siehe* Datenbank-Management-Systeme
Deployment 123
Deployment Descriptor 120, 123-124, 126, 147
digitale Signaturen 180
digitale Signierung 89
Distributed Network Architecture (DNA) 134
DLL *siehe* Dynamic Link Libraries
DNA *siehe* Distributed Network Architecture
DNS *siehe* Domain Name Service
DOCTYPE 35, 38
Document Object Model (DOM) 89, 113, 118
Document Type Definition (DTD) 33-34, 36-37, 67-68, 87, 91, 189
Dokument, gültiges 66-67
DOM *siehe* Document Object Model
Domain Name Service (DNS) 17
DSL 16
DTD *siehe* Document Type Definition
Dynamic Invocation 98
Dynamic Link Libraries (DLL) 137-138, 144-145, 155-156
Dynamic Skeleton Interface 98
Dynamische Typisierung 98

E
EBCDIC 18
ECMAScript 58
einfache Links 86
EIS *siehe* Enterprise Informations Systems
EJB *siehe* JavaBeans
EJB Object 123-125, 128
EJB-Server 119-120
Elemente 31-33
Embedded Stylesheets 52-53
Encryption 89, 180-181
Enterprise Informations Systems (EIS) 131, 147
Entity Beans 121-123
Envelope 165, 180
erweiterte Links 87
Eventhandler 155-156
Expressions 130
Extensible Access Control Markup Language (XACML) 90
eXtensible Markup Language (XML) 61
Extensible Stylesheet Language (XSL) 71-72
External Stylesheets 52, 55

F
FCL *siehe* Framework Class Library
File Transfer Protocol (FTP) 18-19
Firewall 22-24, 146, 164, 191
fo:block-Element 82
fo:flow-Element 82-83
fo:layout-master-set-Element 81, 83
fo:page-sequence-Element 81, 83
fo:region-Element 81
fo:root-Element 81
fo:simple-page-master-Element 81, 83
form-Element 45-47, 153
Foundation Profile 116
Frame 43, 51, 91
Frameset DTD 38
frameset-Element 43
Framework Class Library (FCL) 134, 145, 148, 153
FTP *siehe* File Transfer Protocol

G
GAC *siehe* Global Assembly Cache
Garbage Collection 141
Garbage Collector 106, 136
Gateway 22, 24
Gelbe Seiten 177
General Inter-ORB Protocol (GIOP) 103
General Packet Radio Services (GPRS) 195
Geschäftslogikschicht 187
GET 25, 48, 128, 176
GIF-Format 27, 42, 50, 136
GIOP *siehe* General Inter-ORB Protocol
Global Assembly Cache (GAC) 137
Global System for Mobile Communication (GSM) 16, 195
GPRS *siehe* General Packet Radio Services
Grüne Seiten 177
GSM *siehe* Global System for Mobile Communication
gültiges Dokument 66-67

H
h1-Element 41, 51, 53
h2-Element 41, 51, 53
h3-Element 41
h4-Element 41
h5-Element 41
h6-Element 41
Header 24, 26-27, 29, 39-40, 53, 59, 78, 165-166, 169-170, 172, 180
header-Element 43, 165-166
Holderklassen 106
Home Object 123-125, 127
Home Stub 123
HotSpot 105
HotSpot Client Compiler 111
HotSpot Server Compiler 111
href-Attribut 42, 78
HTML *siehe* Hypertext Markup Language
HTML Controls 153
HTML Tidy 92
html-Element 39
HTTP *siehe* Hypertext Transfer Protocol
HTTP-GET-Request 48
HTTP-POST-Request 48
HTTP-Request 24
HTTP-Response 24, 26
HTTPS *siehe* Hypertext Transfer Protocol over SSL
Hyperlink 42
Hypertext Markup Language (HTML) 37
Hypertext Transfer Protocol (HTTP) 18-22, 26, 28-29, 46, 49, 128, 132, 146, 157, 163-164, 172, 176, 191-192, 195, 197
Hypertext Transfer Protocol over SSL (HTTPS) 28, 180

I
IDL *siehe* Interface Definition Language
IDL-Compiler 97, 100-102
IDL-Definition 97-98
IDL-Mapping 97, 99-100
IETF 22
IIOP *siehe* Internet Inter-ORB Protocol
IL *siehe* Intermediate Language
IMAP 28
img-Element 41
Inline Stylesheets 52
input-Element 45-46, 153
Inquiry API 179

Integration-Server 203-206, 208
Interface Definition Language (IDL) 96, 101
Interface Repository 98
Intermediate Language (IL) 135-136, 141-142, 153
Internet Inter-ORB Protocol (IIOP) 103, 164, 192
Internet-Protokoll (IP) 16
IP *siehe* Internet-Protokoll
IP v4 17
IP v6 17
ISDN 16

J
J# 142, 144
J2EE *siehe* Java 2 Enterprise Edition
J2EE Connector Architecture (JCA) 117, 120, 131, 133, 201, 206
J2EE CTS *siehe* Java 2 Compatibility Test Suite
J2ME *siehe* Java 2 Micro Edition
J2SE *siehe* Java 2 Standard Edition
JAR *siehe* Java Archive
Java 2 Compatibility Test Suite (CTS) 117
Java 2 Enterprise Edition (J2EE) 104, 117, 120, 123, 128, 144, 201, 209
Java 2 Micro Edition (J2ME) 104, 116, 195
Java 2 Standard Edition (J2SE) 96, 101, 104, 111-112, 117
Java API for XML (JAXP) 113, 118
Java API for XML Messaging (JAXM) 118
Java API for XML Registries (JAXR) 118
Java API for XML-based RPC (JAX-RPC) 118, 133
Java Archive (JAR) 107
Java Community Process (JCP) 104, 117
Java Data Object (JDO) 113
Java Database Connection (JDBC) 113, 118, 128, 133, 188, 205
Java Development Kit (JDK) 104, 112, 144
Java Foundation Classes (JFC) 112
Java IDL 113

Java Messaging Service (JMS) 117
Java Naming and Directory Interface (JNDI) 113, 118, 123, 127, 133
Java Native Interface (JNI) 115
Java Plug-in 111
Java Remote Method Invocation (RMI) 113, 118, 132, 146, 164
Java Runtime Environment (JRE) 111
Java Server Pages (JSP) 49, 61, 119, 130
Java Servlet API 128
Java Servlets 118, 128
Java Transaction API (JTA) 118
Java Virtual Machine (JVM) 104, 111, 116, 128, 134
Java Web Start 111
JavaBeans 114, 119-121, 125, 133, 147, 194
JavaBeans (EJB) 117-119, 121, 125
javac 108, 115
javadoc 107, 115
JavaMail 118
JavaScript 12, 45, 49, 58-60, 192
JAXM *siehe* Java API for XML Messaging
JAXP *siehe* Java API for XML
JAXR *siehe* Java API for XML Registries
JAX-RPC *siehe* Java API for XML-based RPC
JCA *siehe* J2EE Connector Architecture
JCP *siehe* Java Community Process
jdb 115
JDBC *siehe* Java Database Connection
JDK *siehe* Java Development Kit
JDO *siehe* Java Data Object
JFC *siehe* Java Foundation Classes
JIT-Compiler *siehe* Just-in-time-Compiler
JMS *siehe* Java Messaging Service
JNDI *siehe* Java Naming and Directory Interface
JNI *siehe* Java Native Interface
JPEG-Format 42, 136

JRE *siehe* Java Runtime Environment
JScript 58, 142, 144
JSP *siehe* Java Server Pages
JTA *siehe* Java Transaction API
Just-in-time-Compiler 105, 111, 135
JVM *siehe* Java Virtual Machine

K
K Virtual Machine (KVM) 116
Komponenten 13, 103, 112, 114-115, 118-121, 133-134, 136, 139, 146-147, 160, 162, 190, 193-194, 201, 204-205, 208-210
KVM *siehe* K Virtual Machine

L
LAN 16
LDAP *siehe* Lightweight Directory Access Protocol
Lifecycle-Management 146
Lightweight Directory Access Protocol (LDAP) 28, 190
Link 42-43, 86-87
link-Element 49, 55
Links, einfache 86
Links, erweiterte 87
Logging 113

M
Managed Code 134
Manifest 137, 153
Manifest-Datei 107
Markup-Sprache 30, 37, 61, 196
maxOccurs-Attribut 71
MDA *siehe* Model Driven Architecture
mehrstufiges Architekturkonzept 193
Message Bus 204
Message Driven Beans 121-123
Message oriented Middleware (MOM) 117, 204
Message Queue 145, 204
Message-Body 24-25, 27
Message-Header 24-26
method-Attribut 46
Middleware 13, 120, 124, 187-188, 192-194, 204-205, 207
MIDP *siehe* Mobile Information Device Profile
Mime 49, 109, 176

minOccurs-Attribut 71
mobile Endgeräte 104, 116, 160-161, 195
Mobile Information Device Profile (MIDP) 116
Model Driven Architecture (MDA) 94
MOM *siehe* Message oriented Middleware
Multichannel-Integration 207-208
Multi-Tier-Architektur 193, 196
mustUnderstand-Attribut 165

N

Namespaces 67-68, 83, 145-146, 148-149, 151, 153, 166
Naming-Service 19-20
Network Transfer Protocol 19

O

OASIS *siehe* Organization for the Advancement of Structured Information Standards
Oberflächenintegration 202-203
Object Adapter 99
Object Management Architecture (OMA) 94
Object Management Group (OMG) 94, 103
object-Element 49, 109
Objekt Skeleton 97-101
Objektorientierte Datenbanken (ODBMS) 189
ODBC *siehe* Open Database Connectivity
ODBMS *siehe* Objektorientierte Datenbanken
OLE-DB 148
OMA *siehe* Object Management Architecture
OMG *siehe* Object Management Group
Open Database Connectivity (ODBC) 188-189, 205
Organization for the Advancement of Structured Information Standards (OASIS) 177
OSI-Modell 16
OSI-Standard 190

P

Packages 106, 109, 112
Parser 33, 66, 89
PBX *siehe* Private Branch Exchange
p-Element 40, 52, 57

PKI *siehe* Public-Key-Infrastructure
PNG-Format 42
POA *siehe* Portable Object Adapter
Portable Object Adapter (POA) 99, 103
Portal Engine 200
Portale 198-199, 201, 207
Portal-Server 199-201, 208
Portlet 200
Port-Nummer 18, 21, 27
POST 25, 48, 128, 176
primitive types 106
Private Assemblies 137
Private Branch Exchange (PBX) 207
Proxy-Server 22-24
Public-Key-Infrastructure (PKI) 200
Publisher's API 179
publisherAssertion 179
PUT 25, 28

R

RCW *siehe* Runtime Callable Wrapper
RDBMS *siehe* Relationale Datenbanken
Reference Types 106, 140
Reflection 138
Relationale Datenbanken (RDBMS) 188-189
Remote Procedure Calls (RPC) 96, 164, 169-170, 176, 185
Remote Stub 124
Resource Adapter 131
RMI *siehe* Java Remote Method Invocation
RMI-IIOP 122
Routing 24
rows-Attribut 43
RPC *siehe* Remote Procedure Calls
Runtime Callable Wrapper (RCW) 147

S

SAAJ *siehe* SOAP with Attachments API for Java
SAML *siehe* Security Assertion Markup Language
Sandbox 110
SAO *siehe* Server-activated objects
SAX *siehe* Simple API for XML
script-Element 49, 59, 149, 154

Scriptlets 130
SDK *siehe* Software Development Kit
Secure HTTP (S-HTTP) 28
Secure Socket Layer (SSL) 28-29
Security Assertion Markup Language (SAML) 90
Security Policies 110
select-Attribut 75-76
Serialisierung 98, 114, 167, 170, 172
Server Controls 153
Server-activated objects (SAO) 146
Service Broker 163
Service Implementation Definition
 –, Port 176
 –, Service 176
Service Interface Definition
 –, Binding 176
 –, Message 175
 –, Operation 176
 –, PortType 176
 –, Types 175
Service Provider 20, 118, 163, 209
Service Requestor 163
Session Beans 121-122
Session-Management 29, 172
Session-Objekt 125, 128, 157-158
SGML *siehe* Standard Generalized Markup Language
Shared Assemblies 137
S-HTTP *siehe* Secure HTTP
signiertes Applet 110
Signierung, digitale 89
Simple API for XML (SAX) 89, 113, 118
Simple Object Access Protocol (SOAP) 118, 132-133, 146, 160, 163-168, 170, 172, 176, 180-181, 204
Single File Web Form 154-155
Single-Sign-On (SSO) 200
Skalierbarkeit 119-120, 146, 186-188, 193-194, 199, 209
Skripting 128, 144
SOAP *siehe* Simple Object Access Protocol
SOAP
 –, Body 166
 –, Encoding 167
 –, Header 165, 172
 –, Request 166
 –, Response 168

217

–, RPC 169-170, 172
SOAP with Attachments API for Java (SAAJ) 118
Software Development Kit (SDK) 107-108, 111, 114-116
SQL *siehe* Structured Query Language
SQL-Server 148
SSL *siehe* Secure Socket Layer
SSO *siehe* Single-Sign-On
Standard Generalized Markup Language (SGML) 30, 37, 61, 91
State Management 157
Statische Typisierung 97
Strict DTD 38
Structured Query Language (SQL) 113, 148, 151, 185, 188-189
style-Attribut 52, 176
style-Element 53
Stylesheets 52-53, 55

T

Tag 31, 37-41, 45, 64-65, 72
TCO *siehe* Total Cost of Ownership
TCP *siehe* Transmission Control Protocol
Telnet 18
title-Element 39-40
tModel 178
Total Cost of Ownership (TCO) 185
Transaktion 147-148, 165, 170, 187, 189
Transaktionsmonitor 133, 188-189, 194
Transmission Control Protocol (TCP) 16, 18
Two Phase Commit 190

U

UDDI *siehe* Universal Description, Discovery & Integration
UML *siehe* Unified Modeling Language
UMTS *siehe* Universal Mobile Telecommunications Service
Unboxing 141
Unified Modeling Language (UML) 94
Unified Resource Identifier (URI) 19-20
Unified Resource Locator (URL) 20-21
Unified Resource Name (URN) 20
Universal Description, Discovery & Integration (UDDI) 118, 163-164, 177, 179
Universal Mobile Telecommunications Service (UMTS) 195
unmanaged Code 136, 142-143, 147
URI *siehe* Unified Resource Identifier
URL *siehe* Unified Resource Locator
URN *siehe* Unified Resource Name
USENET 19

V

V.24 16
validierende Parser 66
Value Types 140-141
VB.NET 139, 142-143
Verschlüsselung 28, 89, 180-181
Visual-Basic 142

W

WAN 16
WAP *siehe* Wireless Application Protocol
WAP-Gateway 197, 200
Web Controls 153
Web Forms 149, 151, 153-155, 158
Web Service Description Language (WSDL) 118, 136, 163-164, 172, 175-176
Web Services 146, 158, 160, 162-164, 170, 172, 175, 177-180, 201, 209
Web-Anwendungen 117-118, 134, 145-146, 153, 157, 191
Web-Container 118, 128, 130, 133, 160, 192, 199
Webserver 22, 47-49, 130, 132
Weiße Seiten 177
Windows Forms 149, 151, 160
Wireless Application Protocol (WAP) 195-197
Wireless Markup Language (WML) 73, 196-197
WLAN 16
WML *siehe* Wireless Markup Language
wohlgeformt 66-67, 91
WSDL *siehe* Web Service Description Language

X

X.21 16
X.500 190
XACML *siehe* Extensible Access Control Markup Language
XHTML 39, 73, 91
XKMS *siehe* XML Key Management Specification
XML *siehe* eXtensible Markup Language
XML-Deklaration 64, 73, 77, 83, 91
XML Encryption 89
XML Key Management Specification (XKMS) 90
XML-Schema 68-71, 177, 189
XML Signature 89
xml-stylesheet-Anweisung 64, 72, 78
XPath 85, 88, 189
XPointer 64, 85-86, 88-89
xsd:restriction-Element 71
XSL *siehe* Extensible Stylesheet Language
XSL-Anweisung 73
XSL-FO *siehe* XSL Formatting Objects
XSL Formatting Objects (XSL-FO) 73, 80-83
XSL-Prozessor 73-74
XSL-Stylesheets 71-73
XSL Transformations (XSLT) 64, 73, 85
XSLT *siehe* XSL Transformations
xsl:apply-templates-Element 74, 78, 84
xsl:for-each-Element 76, 78
xsl:stylesheet-Element 73
xsl:template-Element 73-74
xsl:value-Element 75-76

Ottmar Krauss

DWDM und Optische Netze

Eine Einführung in die Terabit-Technologie

2002, 200 Seiten, 174 Abbildungen,
4 Tabellen, Hardcover
ISBN 3-89578-173-8
€ 47,90 [D] / sFr 72,00

DWDM (Dense Wavelength Division Multiplexing) und optische Netze sind das Rückgrat der künftigen kommunizierenden Welt. Sie ermöglichen Datenübertragungsraten im Bereich von Terabit/s, eine Größenordnung, die noch bis vor kurzem fast unvorstellbar war.

Das Buch bietet Technikern, Service- und Vertriebsingenieuren sowie Entscheidern bei Geräteherstellern, Serviceunternehmen und Netzbetreibern eine verständliche Einführung in DWDM und dessen Anwendung in den optischen Netzen der nächsten Generation.

Technische Grundlagen werden anschaulich erklärt und vermitteln so die Terminologie dieses Wissensgebietes. Viele anschauliche Grafiken unterstützen die Darstellung dieser faszinierenden Technologie.

Inhalt

Wellenlängen-Raster · Systemanwendungen · Optische Netzwerkelement-Typen · Dämpfung · Dispersion · Polarisationsmoden-Dispersion (PMD) · Nichtlineare Effekte · Koppler, Isolatoren und Zirkulatoren · Filter und Gitter · Multiplexer und Demultiplexer · Verstärker · Glasfasern · PMD-Kompensatoren · Laser und Modulatoren · Fotodetektoren · Konnektoren · Schalter · Netzwerk-Planung · Messungen und Analysen · Protokolle: ODU, OTU, MPLS, GMPLS · Netzwerkstrukturen

Walter Linnartz, Gertrud Heck,
Benedikt Schmidt, Barbara Kohlhoff

Application Management Services und Support

Softwarebetreuung systematisch planen,
Softwareanwendungen systematisch betreuen

Geplanter Erscheinungstermin: November 2003
ca. 240 Seiten, Hardcover
ISBN 3-89578-224-6
ca. € 47,90 [D] / sFr 72,00

Im Spannungsfeld zwischen Mensch, Software und Geschäft gibt es keine Patentlösungen für den Support von IT-Anwendungen. Der Alltag nach der Einführung einer Unternehmenssoftware zeigt immer wieder, dass ein hoher Bedarf an einer Entscheidungsgrundlage besteht, wie Softwaresupport organisiert und durchgeführt werden soll.

Ein strukturiertes Vorgehen bei der Planung und ein Bewusstsein für die spezifischen Anforderungen des Anwenders ermöglichen es aber Planern, IT-Betreuern und IT-Verantwortlichen, immer ein klares Bild über den Supportbedarf im eigenen Unternehmen zu haben.

Dieses Buch ermöglicht Ihnen die strukturierte Analyse und eine realistische Kosten-Nutzen-Betrachtung. Sie erkennen dabei, welche nachhaltig positiven Auswirkungen eine anwenderfreundliche Systemkultur sowie professionelle Vorgehensweisen bei der Konzeption und Durchführung von Supportmodellen haben. Beispiele aus der Praxis zeigen die großen Qualitäts- und Kostenpotenziale, die systematisches Anwendungsmanagement erschließen kann.

Inhalt

Systematisches Anwendungsmanagement: Support als Zukunftsinvestition · Das Phasenmodell des Anwendungsmanagements · Bedarfsprofiling · Erfolgsgaranten des Anwendungsmanagements

Designphase: Licht im Begriffsdschungel · Die sechs Sichten des Supports · Tools in der Designphase · Controlling und proaktive Steuerung des Supportsystems

Buildphase: IT-Sicht versus Anwendersicht · Koordination der Support-Parteien · Tools in der Buildphase · Go-Live

Operate-Phase: Software flexibel anpassen · Kontinuierlicher, proaktiver Support · Tools in der Operate-Phase · Durch systematisches Anwendungsmanagement zu Umsatzplus